Hazel Gale

Hazel Gale a découvert l'hypnothérapie cognitive en 2009. Championne du monde de kick-boxing, c'est une femme stressée et soumise à la fatigue chronique propre aux sportifs de haut niveau. L'hypnothérapie lui permettra de surmonter sa dépression et de gagner de nouveaux titres de championne. Elle est devenue thérapeute à son tour afin d'aider les autres dans leur propre combat. Elle vit en Angleterre.

Vaincre l'autosabotage

ÉVOLUTION

Des livres pour vous faciliter la vie !

Chris VOSS & Tahl RAZ
Ne coupez jamais la poire en deux
Un manuel redoutable pour négocier gagnant
par un négociateur du FBI

François BOURGOGNON
Ne laissez pas votre vie se terminer avant même de l'avoir commencée

Isabelle HUOT & Catherine SENÉCAL
Cessez de manger vos émotions
Brisez le cycle de la compulsion alimentaire

Patrick LEMOINE
Rêves, transes et autres états modifiés de conscience
Soigner son moi secret

Thomas ERIKSON
Tous des idiots ?
Apprenez à communiquer avec ceux qui vous entourent

David KWONG
Captiver et convaincre
7 principes qui changent tout

Fabrice MIDAL
Ne vous laissez plus jamais faire
L'art de triompher des emmerdes

Hazel GALE
Vaincre l'autosabotage
Comprendre et se débarrasser de ses phobies, addictions, sentiment de ne pas être à la hauteur…

Nicole BORDELEAU
Comment mieux respirer
Découvrez comment un souffle profond peut tout changer

Hazel Gale

Vaincre l'autosabotage

Contre l'autosabotage, gagnez le combat !

Traduit de l'anglais
par Jérôme Schmidt

belfond

Titre original :
FIGHT. WIN FREEDOM FROM SELF-SABOTAGE
publié par Yellow Kite,
une marque de Hodder & Stoughton Ltd, Londres
Édition publiée par l'intermédiaire de Furniss Lawton.

Cet ouvrage a précédemment paru sous le titre :
Fight. Contre l'autosabotage, gagnez le combat

FSC
www.fsc.org
MIXTE
Papier issu de sources responsables
FSC® C003309

Pocket, une marque d'Univers Poche,
est un éditeur qui s'engage pour la préservation
de l'environnement et qui utilise du papier fabriqué
à partir de bois provenant de forêts gérées
de manière responsable.

ISBN 978-2-266-30596-9
Dépôt légal : mars 2020

En mémoire de Mike Gale
À Sue Gale et Tess Gale

Première partie : La perception

Dans la première partie, il sera question d'analyse et de compréhension. Il s'agit de comprendre pourquoi nous agissons comme nous agissons, afin d'opérer des changements sur le long terme.

Deuxième partie : Le pouvoir

La deuxième partie permet de reprendre le contrôle, à la fois en soi et hors de soi. Le but est de grandir et de court-circuiter les moments d'autosabotage ; d'apprendre à garder le contrôle.

Troisième partie : Le jeu

Dans cette troisième partie, nous allons fusionner les acquis des deux premières parties et apprendre quelques processus fondamentaux susceptibles de générer des changements inconscients.

Quatrième partie : Le but

La quatrième partie vous aidera à utiliser dans votre vie quotidienne tous les outils développés dans ce livre, afin de continuer à avancer vers votre but et de rester motivé.

Préface

Le cerveau humain est l'équivalent d'un super-ordinateur. On estime à 50 000 pensées par jour sa production, et l'information y circule à environ 400 km/h. En revanche, contrairement à la mémoire présente dans un ordinateur portable haut de gamme, on estime que sa capacité de stockage est illimitée. Il n'existe aucune limite à ce que vous pouvez apprendre, si vous avez décidé de vous y consacrer totalement. De plus, votre cerveau est capable non seulement de mettre à jour l'information qu'il contient, mais aussi de se reconstruire physiquement afin d'engranger de nouvelles idées. Aucun ordinateur n'en est capable.

On a toujours tendance à penser que les troubles psychologiques ne sont pas de vrais problèmes, mais on se trompe. Environ 70 % de nos pensées sont négatives. Les gens parlent à leur thérapeute de leurs pulsions autodestructrices et de leur manque de confiance en soi en se demandant s'ils arriveront un jour à les dépasser. Pourtant, si notre cerveau est capable de se régénérer, cela signifie que nous *pouvons* nous débarrasser de ces pulsions inutiles et de nos croyances irréalistes.

Nous le faisons sans cesse. Vous croyez encore au Père Noël ? Sans doute pas. Et pourtant, à une époque, il vous semblait bien réel, non ?

Votre conscience s'auto-adapte, c'est une machine à la puissance insoupçonnée qui génère de l'intelligence. Et ce livre va vous apprendre à collaborer avec elle, plutôt que de l'affronter. Car, croyez-moi, la vie, ce n'est pas seulement lutter pour réussir. Le vrai bonheur, c'est apprendre à aimer le jeu de la vie et à en faire quelque chose de profond.

Avant-propos

par Trevor Silvester,
fondateur de l'Institut Quest
d'hypnothérapie cognitive

J'ai beaucoup appris de mon métier de thérapeute, mais j'ai surtout pris conscience que nous étions tous des combattants. Grâce au courage des patients qui m'ont fait part de leurs histoires, j'ai découvert qu'une chose nous unit tous : nous menons intérieurement des combats insoupçonnés. Et ces combats intérieurs ont très souvent des conséquences négatives et rendent nos vies plus difficiles qu'elles ne devraient l'être.

De nos jours, avec l'abondance de conseils pour aller mieux, il est difficile de trouver une méthode qui convienne. Chacune nous délivre des recommandations pour vivre une existence pleine et réussie, mais qui devons-nous écouter ? Hazel est une personne qui a souffert comme nous et qui a décidé de partager les secrets des combats intérieurs qui étaient les siens alors même qu'elle continuait à se battre sur le ring. Lorsqu'on la rencontre, on est immédiatement frappé par son intelligence, sa rapidité d'esprit et les ondes positives qu'elle dégage. Elle incarne la confiance en soi. C'est une athlète de niveau mondial, une chanteuse professionnelle et une thérapeute très talentueuse. Comment penser qu'elle pourrait avoir un quelconque problème ? Comment oserait-elle aller mal ?

Mais, comme je l'ai écrit, nous sommes tous des combattants. C'est en cela que nous sommes tous égaux.

J'ai eu toutes sortes de patients, des top models, des athlètes bardés de médailles olympiques, des P-DG puissants, des multimillionnaires, et leurs combats intérieurs les tourmentaient autant que mes autres clients chauffeurs de taxi, VRP, réceptionnistes ou ouvriers. L'expérience que Hazel partage ici avec vous – ses combats, le long voyage dans lequel elle s'est embarquée pour se libérer – et ce qu'elle va vous apprendre afin que vous vous affranchissiez de votre carcan, cela mérite une médaille d'or en développement personnel. Une récompense partagée avec tous ceux qui écouteront son histoire.

Trevor Silvester est un pionnier dans le monde de la thérapie. En 2000, il a lancé l'Institut Quest, la première école d'hypnothérapie cognitive. Quest utilise les dernières recherches en neurosciences et en psychologie pour faire évoluer sa technique, réfléchir à la notion d'hypnothérapie et redéfinir celle de l'hypnose.

En 2003, Trevor a reçu le prix Chercheur de l'année du Conseil national d'hypnothérapie pour son livre Wordweaving : The Science of Suggestion *et, en 2007, il a décroché la plus haute distinction, le*

Hartland Memorial Award, pour sa contribution à l'hypnothérapie.

Trevor a étudié auprès des plus grands pratiquants de PNL (programmation neuro-linguistique) et thérapeutes, dont Tad James et Gil Boyne. Il a publié six livres et participé à de nombreux articles.

Depuis le lancement de Quest, Trevor a accompagné la qualification de milliers de thérapeutes dans le monde entier. Hazel Gale est l'une d'entre eux.

Introduction

À propos de l'hypnothérapie cognitive Quest

> *L'hypnothérapie cognitive Quest propose un traitement rapide et efficace pour des patients dont les niveaux d'anxiété ou de dépression sont variés, élargissant ainsi le champ des possibles.*
>
> *Mental Health Review Journal*, septembre 2015

L'hypnothérapie cognitive Quest est une approche moderne qui s'appuie sur des théories et des découvertes récentes dans les secteurs de la psychologie évolutionniste, de la psychologie positive et de la théorie sociocognitive ; elle utilise des pratiques et des éléments techniques provenant de divers styles de thérapies tels que le TALN (traitement automatique du langage naturel), la Gestalt-thérapie, la TCC (théorie cognitivo-comportementale), ainsi que l'hypnothérapie traditionnelle.

Des preuves scientifiques

En 2011, l'Institut Quest d'hypnothérapie cognitive a lancé un programme de recherche visant à démontrer l'efficacité de cette approche en particulier. L'étude a utilisé les mêmes mesures que l'IAPT (*Improving Access to Psychological Therapies*). Ainsi, nous avons pu comparer directement notre pratique avec les modèles thérapeutiques les plus reconnus par les instances de santé, tels que la thérapie cognitive comportementale (TCC).

En septembre 2015, l'étude pilote a été publiée dans *Mental Health Review Journal*. Basée sur 118 cas de patients souffrant de dépression et/ou de symptômes d'angoisse, cette étude a conclu que 71 % des personnes concernées se considéraient comme guéries après une moyenne de quatre séances. Un chiffre à mettre en regard des 42 % de personnes soignées par d'autres méthodes, comme la TCC.

Comment utiliser ce livre

Mon but – à la fois dans ma pratique privée et dans ce livre – est de redonner aux gens le pouvoir d'agir en leur fournissant des outils qui leur permettront de résoudre leurs problèmes et de mettre un terme aux phénomènes de dépendance dont ils souffrent, quels qu'ils soient. Je crois sincèrement que nous pouvons tous changer, et que nous disposons déjà des ressources nécessaires pour le faire. Il suffit de comprendre comment exploiter ces ressources.

Vaincre l'autosabotage a été conçu pour vous guider à travers le processus qui consiste à cultiver votre potentiel afin d'atteindre succès, bonheur et harmonie dans vos relations. Tout au long de ce chemin, vous trouverez des témoignages, des anecdotes personnelles et des théories facilement assimilables. Quand vous aurez refermé cet ouvrage, vous maîtriserez quelques-unes des techniques les plus efficaces pour contrôler votre façon de penser, de ressentir et d'agir.

Mon intention est de vous entraîner dans le voyage thérapeutique que je propose à mes patients. Ma méthode n'est pas fixe et rigide, il m'est donc impossible d'en offrir ici une réplique exacte ;

cependant, j'ai pu identifier les processus clés et les exercices qui semblent avoir le plus d'impact sur le travail des personnes qui me consultent. Certaines idées vont résonner en vous plus que d'autres, et c'est tout à fait normal. Mais j'espère que ce qui ne vous semblera pas immédiatement le plus intéressant vous aidera tout de même à comprendre comment le cerveau humain fonctionne, et aussi à mieux appréhender les gens qui ne fonctionnent pas comme vous.

Un des buts de ce livre est d'identifier et de comprendre ceux de nos comportements et de nos réactions émotionnelles que l'on pourrait qualifier d'« autodestructeurs » afin de ne plus les laisser nous envahir. Certains lecteurs vont vouloir s'attaquer à une difficulté bien précise – comme une addiction, une phobie sociale, un problème de procrastination ou de vulnérabilité. Si c'est votre cas, alors concentrez-vous sur ce que vous voulez améliorer en particulier. Mais vous n'avez pas besoin d'avoir un « problème » à régler pour tirer pleinement profit de cet ouvrage puisqu'il s'agit surtout d'apprendre à connaître votre propre cerveau. Les exercices et les aspects théoriques présentés dans ce livre vous aideront à être un peu plus heureux ou simplement à mieux appréhender certaines dimensions de votre existence.

Note : Au cours de ce processus, vous allez devoir vous plonger dans des émotions négatives et des souvenirs qui s'y rattachent. Gardez toujours à l'esprit que si vous vous attaquez à un problème lourd, si vous avez connu des traumatismes importants dans le passé, alors certaines techniques décrites ici ne seront pas forcément bonnes pour vous. Si, à un quelconque moment de la lecture de ce livre, vous découvrez que vous touchez à certains de ces événements et que vous ne vous sentez pas d'attaque pour les affronter seul, pensez à consulter un thérapeute pour qu'il vous guide dans cette épreuve.

Le temps

Des changements profonds et inconscients ne s'opèrent pas en un clin d'œil, et si vous pensez assimiler le contenu de ce livre en seulement quelques jours, c'est un leurre. Le conseil le plus important que je peux vous donner avant que vous entamiez votre lecture est d'adopter le rythme qui vous paraîtra le plus agréable. À vouloir aller trop vite, vous pourriez vous retrouver enseveli sous les informations. Si vous vous sentez proche de la saturation, laissez votre esprit réfléchir à tout ce que vous avez lu, consacrez-vous à autre chose. Votre inconscient va traiter l'information plus efficacement si vous l'intégrez à votre système de pensée petit à petit.

Se concentrer sur les bonnes choses

Au cas où vous ne seriez pas certain de ce sur quoi vous voulez travailler, la liste ci-dessous souligne les quelques schémas autodestructeurs les plus communs, ainsi que les pensées et comportements du même acabit. Si vous vous retrouvez dans l'une de ces propositions, ce livre devrait pouvoir vous aider à résoudre ces conflits intérieurs ; entourez ou notez ces pensées contre lesquelles vous luttez le plus :

- peur incontrôlée, angoisse ou phobie ;
- ressentiment alimenté depuis longtemps contre d'autres personnes ou des circonstances externes ;
- tendance à toujours faire passer les désirs des autres devant les vôtres ;
- procrastination, impression de ne jamais aller au bout des choses, ou de ne pas réussir à tirer bénéfice d'une réussite personnelle ;
- sentiment récurrent d'échec ou d'imposture, même si votre réussite semble légitime sur le papier ;
- pensées négatives ou autodestructrices récurrentes telles que « Je ne sais pas… » ou « Je n'arriverai pas à… » ; cela peut être plus spécifique comme « Je ne suis pas bon en maths » ;
- tout trouble de l'alimentation (suralimentation ou sous-alimentation) ;
- automutilation, apitoiement sur soi-même ou laisser-aller physique ;
- prise de distances avec vos amis ou refus de toute interaction sociale ;
- addictions ou dépendances telles que l'alcoolisme, la drogue, le jeu, dépenses effrénées ou travail excessif ;
- difficulté à demander et à accepter de l'aide ;
- capacité à saboter les relations humaines et affectives ;

- dissociation des émotions (comme ne presque rien ressentir) ;
- maladies ou blessures fréquentes, toujours au mauvais moment.

Est-ce que l'une de ces propositions vous semble familière ? Si c'est le cas, ne vous inquiétez pas. En réalité, ce serait presque plus inquiétant si vous ne vous retrouviez dans aucun de ces exemples. Personne n'est exempt de tendances autodestructrices, mais certains essaient de s'en accommoder par la force et le déni. À long terme, comme nous le verrons plus tard, ce genre de mécanismes défensifs est presque toujours contre-productif.

Cependant, même si ces dysfonctionnements sont logiques, il ne faut pas les laisser dominer notre existence. Que vous ayez un problème sérieux à affronter ou simplement quelques points à ajuster, l'approche sera à peu près similaire : il s'agira de comprendre ce qui se cache sous les symptômes sur lesquels notre attention s'arrête. C'est ce que nous allons explorer dans la première partie du livre.

Les exercices à faire

Ce livre est fait pour s'adapter à chacun. Des processus sont détaillés dans presque tous les chapitres, et vous pouvez, bien sûr, vous y atteler avec vigueur si vous en ressentez le besoin. Mais ne vous sentez pas obligé de tout faire pour autant. Lorsque vous avez l'impression que l'un des exercices vous attire plus que les autres, foncez. Il n'est pas nécessaire d'avoir effectué les précédents.

Prendre ses marques

Plus important encore, ce que vous allez apprendre grâce aux exercices proposés, vous pourrez l'utiliser tout le reste de votre vie. Lorsque j'étais boxeuse, j'avais pour habitude de tester les cordes du ring avant la compétition. Vous pouvez faire de même avec ce livre. N'hésitez pas à étudier les exercices une première fois avant d'y revenir. Si vous procédez ainsi, des idées et des connexions vont apparaître et les changements se feront peut-être sans même que vous vous en rendiez compte. Vous pourrez toujours les noter au crayon plus tard. J'ai mis dans le livre une liste des exercices en page 525 afin de vous faciliter la tâche.

Tenir un journal

Le pouvoir guérisseur de coucher ses pensées sur le papier

Écrire sur ce qui est douloureux est le début de la guérison.

Pat SCHNEIDER, *How the Light Gets In*

Coucher des mots sur le papier (ou les taper sur son clavier d'ordinateur) aide à atteindre ses objectifs. Chaque patient qui vient consulter à mon cabinet apporte un petit carnet vierge pour y noter ses expériences et documenter ainsi le cheminement de ses pensées entre les différentes séances. Au fil du temps, j'ai remarqué que ceux qui utilisaient cette méthode obtenaient les changements les plus profonds et les plus rapides. Je vous conseillerais donc de vous munir d'un carnet pour prendre des notes au cours de votre lecture. Cela vous sera très utile pour les exercices mais aussi pour conserver des pensées et des sentiments importants qui traversent votre existence.

Contrairement à ce que l'on pourrait croire, cela s'avère particulièrement efficace pour les pensées négatives. Lorsque nous couchons sur le papier des idées noires, elles perdent de leur impact émotionnel. Il est difficile d'expliquer la différence entre l'idée qui rampe dans les coins sombres de notre esprit et celle qui nous contemple mollement depuis un bout de papier. C'est comme si transformer un sentiment négatif qui est en nous en une phrase complète – avec une majuscule au début et un point final – l'humanisait et la paralysait en même temps. Plus encore, un peu comme lorsqu'on parvient à ce qu'un homme politique réponde avec franchise à une question, lorsqu'on oblige ses croyances à avancer nues, il est bien plus facile de les contrer.

S'exprimer *via* l'écriture

Ces dernières décennies, des centaines d'études ont été publiées sur l'utilité de l'expression écrite, c'est-à-dire écrire de façon simple toutes les émotions ressenties dans les moments les plus difficiles de sa vie, notamment les traumatismes datant de l'enfance. Les résultats sont impressionnants et très variés. Écrire ses mauvais souvenirs vingt minutes par jour, quatre jours de suite, peut augmenter le bien-être physique et psychologique autant qu'une séance avec un thérapeute.

Voici quelques-unes des principales conclusions de la recherche menée par James W. Pennebaker et John F. Evans dans *Expressive Writing : Words that Heal*.

Améliorations physiologiques

On a constaté des améliorations considérables en matière de santé physiologique, dont une amélioration de la protection immunologique ; du fonctionnement pulmonaire ; de la mobilité des muscles en cas d'asthme ou chez des personnes atteintes d'arthrite ; une concentration plus élevée de globules blancs chez des patients porteurs du virus du sida ; une amélioration du syndrome de l'intestin irritable ; une amélioration pour les malades du cancer.

Changements psychologiques

Dans de nombreuses études, les patients ayant participé à des séances d'expression écrite ont affirmé se sentir bien plus heureux et moins négatifs (il faut d'ailleurs noter que c'est un effet à long terme car il est normal de se sentir un peu déprimé ou même totalement épuisé après avoir exposé par écrit des contenus chargés émotionnellement). Des améliorations globales en matière de bien-être et de fonctionnement cognitif ont été recensées, et les symptômes dépressifs, la rumination ou l'angoisse ont sensiblement baissé.

Changements comportementaux

On note enfin des changements comportementaux, tels qu'une amélioration des résultats scolaires, des progrès au travail (une plus grande capacité de concentration sur des tâches complexes) et un meilleur épanouissement social (les patients se sont mis à mieux communiquer avec les autres, à rire plus facilement, à utiliser des expressions plus positives).

En conclusion, cette étude montre que le recensement écrit des défis de la vie quotidienne constitue un outil étonnamment efficace pour améliorer et maintenir la santé de son corps et de son esprit. Tout au long de la lecture de ce livre, vous aurez l'occasion de profiter des bénéfices de l'écriture.

La bonne mesure

Savoir reconnaître sa progression

Au début du processus thérapeutique, vous pouvez passer à côté de changements positifs si vous ne mesurez pas objectivement votre évolution émotionnelle. Ce n'est bien sûr pas aussi simple à mesurer que sa température corporelle, mais il existe tout de même des manières de savoir à peu près comment vous vous en sortez.

Vous pouvez utiliser un tableau comme celui qui suit afin de mieux évaluer votre état émotionnel. Au fur et à mesure de votre lecture (et même après, si vous continuez à utiliser ces outils par la suite), il sera important de constater que votre score total augmente. Pour avoir des résultats plus significatifs et tenir la distance, je vous suggérerais de revenir à ce tableau de temps à autre.

Donnez à chaque phrase une note de 0 à 4.

Échelle du bien-être émotionnel	0 Jamais	1 Rarement	2 Parfois	3 Souvent	4 Tout le temps
Je suis optimiste quant à l'avenir					
Je me sens utile					
Je me sens détendu					
J'ai bien géré les problèmes					
J'ai réfléchi avec les idées claires					
Je me suis senti proche des autres					
J'ai réussi à me faire mon propre avis					
J'ai eu des idées créatives					
J'ai exprimé mon avis et mes opinions					
J'ai pris du plaisir dans mes activités					
J'ai eu le sentiment d'apprendre et d'évoluer					
J'ai eu l'impression de contribuer à quelque chose d'important					
Total					

Toute assertion qui obtient un résultat de 2 ou moins doit être examinée avec attention. Vous aurez l'occasion de vous concentrer sur les problèmes que vous devez affronter en faisant les exercices contenus dans cet ouvrage. Mais pour le moment, je vous propose d'identifier une dimension de votre existence à laquelle vous souhaitez apporter les améliorations les plus importantes. Nous reviendrons à ce questionnaire après le dernier chapitre et nous mesurerons alors votre progression.

PREMIÈRE PARTIE

La perception

C'est la partie la plus technique du livre, car elle aborde l'analyse et la compréhension de nos comportements. Pour opérer des changements sur le long terme, nous devons savoir pourquoi nous agissons comme nous le faisons. Nous allons présenter les fondements théoriques de notre approche et vous éclairer sur quelques-unes des fonctions les plus fascinantes du cerveau humain.

PREMIÈRE PARTIE : SOMMAIRE

Le tour du ring

Pof...

Pof, pof...

Pof, pof, pof... boum.

Le rythme des gants qui tapent sur le sac ne vous quitte jamais, et je l'entends entre les instructions que le coach hurle à sa boxeuse : « Ne te laisse pas emporter dans une guerre... Garde toujours la tête en mouvement... Utilise ton jab ! » Une odeur entêtante de baume du tigre et de sueur flotte dans l'air lourd de la salle de sport pleine de boxeurs prêts à livrer bataille.

Aujourd'hui, c'est le 15 décembre 2013, et je suis là pour défendre un titre national. Toutes mes vieilles peurs ont décidé de m'y accompagner. La préparation ne s'est pas très bien passée. Je récupère à peine d'un tendon froissé et j'ai un os du poignet qui est encore fracturé. Durant les dernières semaines, j'ai été incapable de frapper dans le sac ou de faire des sparring, alors je me suis contentée de m'entraîner dans mon coin. De longues heures seule, à boxer dans le vide dans un parking derrière mon appartement.

Réussir à maintenir mon poids a été compliqué. Même si sept jours d'un régime à base de jus de fruits m'ont presque permis de rentrer à nouveau dans ma catégorie, j'ai dû me lever à six heures du matin le jour même de la compétition pour éliminer le « dernier » kilo, avant de me rendre à la pesée. Au moment de cette pesée, j'étais tellement déshydratée et j'avais tellement faim que je n'avais plus aucune force. J'ai dû manquer le combat de ma meilleure amie afin de me reposer un peu dans la camionnette, en attendant mon tour.

Autour de moi, les boxeuses sont assises, leurs visages anxieux drapés d'une serviette. Chacune patiente. Seule. C'est comme si le temps, lourd, était suspendu, et que le futur – tout ce pour quoi je m'étais entraînée si dur – fonçait sur un moi tel un train lancé à pleine vitesse.

Une par une, les boxeuses sont appelées, et elles disparaissent dans le gymnase. Les victorieuses reviennent rayonnantes et prennent des selfies avec leur entraîneur et leur médaille. Les perdantes sont couvertes de bleus, dépitées ou en pleurs.

Normalement, à ce moment précis, je serais toute à ma concentration. Je me questionnerais à propos de tout : mes qualités, mon cardio, mon arrogance à penser un seul instant être capable de ça. On s'est tous retrouvés dans ce genre de situation : les mains et les jambes commencent par lâcher, le visage se fige et l'esprit ne voit plus que ce train se précipitant qui vous annonce l'horreur imminente. Même si je veux ma place aux côtés des gagnantes, je ne cesse de penser à mon adversaire. Quelqu'un m'a dit qu'elle frappait fort, que c'était une puncheuse. L'expression « Cette nana balance du lourd ! » tourne dans ma tête et je m'imagine déjà allongée au sol... battue, dépassée... finie.

Mais pas cette fois. Cette fois, mes pieds dansent d'impatience, au rythme de la corde qui siffle en passant au niveau de mes oreilles. Je suis concentrée.

Après huit années de compétition, quelque chose a changé en profondeur. Je suis désormais en pleine possession de mon corps alors que je m'apprête à aller au combat. Un pas après l'autre. Et lorsque j'entre dans le gymnase, je me sens... en paix. Comme si la foule était recouverte d'une fine couche de neige fraîchement tombée. La tranquillité de mon esprit est seulement interrompue par une petite voix qui me dit : « C'est bon, je sais faire. » Est-ce cela, croire en soi ? Ce n'est pas le genre de chose que j'avais l'habitude de me dire au moment de monter sur le ring. Mais là, ça y est. La voix est claire et distincte. Pour la première fois, je sais que je mérite de gagner.

Le combat n'est pas facile ; en effet, la fille « balance du lourd » et je me prends quelques bons coups. Mais ma concentration ne vacille pas, je lui rends ses coups, et ma confiance ne fait qu'augmenter. Je me sens dans le bon timing et j'arrive à lire ses attaques, mon esprit décide de ce que je dois faire, et de comment le faire. Pendant deux minutes, je vis dans une sorte de réalité plus molle et plus lente. L'espace semble doucement s'ouvrir devant moi. C'est comme si je voyais les coups avant même qu'ils ne partent, et les quelques millimètres de décalage qu'il leur manque pour me toucher m'apparaissent comme des kilomètres. Même lorsque je prends un coup, c'est comme s'il était amorti par mon corps.

La vraie différence entre ce combat et les autres, surtout, c'est à la fin. Nous sommes debout côte à côte, de chaque côté du juge, et je sais que toutes deux nous connaissons la décision. Cependant, au moment où l'arbitre prend ma main et la monte vers le ciel, une émotion inédite m'envahit. Je ne sais pas si c'est de la joie ou de la fierté, ou juste le sentiment du travail bien fait. Mais c'est nouveau pour moi.

Pour toutes mes victoires précédentes, lorsque je gagnais, je n'osais pas regarder le public en face, je détournais les yeux. Je ne ressentais aucune légitimité à remporter un combat : j'avais eu de la chance, ou même, c'était un succès volé. Encore un jour de chance, me disais-je. Et à y repenser, je peux avouer qu'en fait j'éprouvais toujours de la honte à gagner.

Mais cette fois, ce triomphe est le mien.

Je ne suis pas issue d'une famille de boxeurs. J'ai été élevée par des scientifiques qui s'intéressaient à la politique, à l'art et aux savoirs universitaires. Les sports de combat n'existaient pas chez nous. En revanche, ma sœur et moi avons fait de la gymnastique, du cheval et de l'athlétisme lorsque nous étions plus jeunes. À l'époque, j'avais encore une vingtaine d'années, et je ne connaissais aucun autre sport. Je venais tout juste de finir mes études d'art, et je me maintenais en forme en empilant des pots de peinture et en servant des bières à des banquiers au comptoir d'un bar londonien toujours bondé.

Un soir, après avoir suivi mon dernier amoureux en date au dojo du quartier, je me suis retrouvée dans un cours de kick-boxing presque par hasard. Je ne m'attendais pas à apprécier. Pompes et coups dans le sac ? Non, j'étais plus intéressée par les boîtes de nuit enfumées et les conversations alcoolisées de fin de soirée à propos de tout et de rien. Et pourtant, au bout de quinze minutes de découverte, j'étais accro à la sensation de frapper dans les sacs et de me frotter à d'autres corps en sueur. C'était un autre monde qui s'ouvrait devant moi, et il ne ressemblait à rien de ce que je connaissais déjà.

Ma famille n'y croyait guère. Pour mes amis, m'imaginer en tenue de sport était déjà une bonne blague. Mais pour moi, c'était un rite de passage. Lorsque je m'entraînais ainsi, je me souvenais de mes fantasmes d'adolescente, quand je me rêvais en combattante. Je voulais être cette guerrière qui bottait le cul de ses agresseurs dans la rue. J'aimais les films ou les séries avec une héroïne énergique qui balayait d'un seul coup ses adversaires masculins. Alors, quand on m'a appris à envoyer un simple coup de poing, je me suis sentie chez moi. Et quand j'ai compris que j'étais douée pour ça, je me suis dit – comme She-Ra, la princesse du pouvoir, ou Buffy, la tueuse de vampires – que j'avais trouvé ma voie.

Tandis que ma nouvelle passion devenait plus sérieuse, les verres et les salles enfumées ont disparu progressivement de ma vie. J'ai découvert une drogue encore plus forte : la compétition. Et cela m'a changée à tout jamais.

Combattre a fait de moi une personne plus forte, sans doute aucun. Mais cette force n'était pas seulement celle à laquelle on pourrait penser de prime abord. Ce n'était pas que je me sentais plus puissante parce que désormais je savais me défendre seule ou que le stress des compétitions m'avait endurcie. Même si j'ai connu tout cela, bien sûr, ce n'est pas de cette force-là que je vais parler dans ce livre. Le combat professionnel m'a lancée dans une aventure intérieure en m'ouvrant les yeux sur mes faiblesses et en m'obligeant à les prendre à bras-le-corps. C'est là tout l'intérêt de mon histoire, et non les victoires ou les titres, et je crois que c'est assez intéressant pour que je le partage avec vous.

Finalement, les défis que j'ai ratés m'ont permis de m'améliorer bien plus que ceux que j'ai réussis. La pression de la compétition a failli me briser. Je suis passée par des périodes de dépression, de troubles alimentaires et des années de fatigue chronique, tout cela pour la gloire promise d'une grande victoire ; cette récompense ne m'a jamais semblé valoir le coup, car la victoire était trop chèrement payée. Et même lorsque j'ai remporté mes titres mondiaux en kick-boxing, le sentiment d'accomplissement total et de bonheur simple que j'attendais n'était pas au rendez-vous.

Quand j'ai enfin ressenti cette sensation pour la première fois lors d'une victoire, cela dépassait largement le fait de décrocher un nouveau titre de boxe. Cela symbolisait un nouveau départ, loin de mon état d'esprit négatif, et a marqué le début d'une nouvelle ère pour moi, où j'étais en meilleure santé, où j'avais plus d'énergie et où les relations humaines étaient plus simples. Cela m'a ouvert la porte d'une carrière enrichissante et pleine, ainsi que d'une aisance au quotidien que je n'avais jusque-là jamais connue. De façon paradoxale, cela signifiait également que je pouvais quitter la boxe en paix et mettre enfin un terme à plusieurs conflits qui me taraudaient.

Tout le monde n'a pas littéralement à se battre pour retrouver son amour-propre, bien sûr. Pourtant, quand je vois mes patients, venus de tous horizons et qui affrontent la même lutte psychologique, je suis convaincue que nous savons tous ce que c'est de plonger dans la mêlée. Mais pour s'accepter soi-même, on n'a pas besoin de se battre. En tout cas, je ne crois pas qu'on y arrive de cette façon. S'accepter, cela demande d'autres valeurs.

Les chapitres qui suivent vont vous aider à vous poser les mêmes questions que celles que la boxe m'a forcée à affronter, et à y apporter une réponse. Les histoires que je vais vous raconter – les miennes mais aussi celles de mes patients – ont comme objectif de vous donner la motivation et les outils pour non seulement gagner vos propres batailles intérieures, mais aussi ressentir ce sentiment si fort de victoire que j'ai rencontré au bout du chemin. Et tout cela sans prendre un seul coup dans la figure.

ÉVOLUTION 1

Identifier l'autosabotage

Tant que vous n'avez pas conscience de votre inconscience, elle dirigera votre vie et vous penserez que c'est le destin.

Carl JUNG

[Ces mots souvent attribués à Carl Jung peuvent tout à fait être apocryphes. Je n'en ai jamais trouvé une source fiable. Mais ils résonnent parfaitement avec l'essence de sa philosophie, ainsi qu'avec un des thèmes de ce livre : mettre l'accent sur les pensées inconscientes qui dictent nos réactions et nos comportements émotionnels.]

Pour que nos vies soient transformées, notre désir de changer ne doit pas seulement se situer à un niveau de conscience ; nous devons aussi nous adresser à notre inconscient. Et pourtant, ces deux systèmes parlent des langages bien différents. Tandis que le conscient répond à la logique pure et à la raison, l'inconscient fonctionne avec le symbolisme, l'image, l'émotion et la métaphore.

Afin de s'assurer que nous n'oublions pas cette dimension inconsciente, j'ai ajouté au fil du livre quatre petites sections « Évolution », dont celle-ci. Elles sont là pour vous permettre d'analyser et de réfléchir aux métaphores que votre esprit vous présente. Ainsi, vous allez peut-être apprendre le plus important de tous les langages : celui qui vous aide à « prendre conscience de votre inconscient ».

Ces sections impliquent une visualisation créative. Vous devriez trouver cela amusant, plutôt qu'inquiétant (même si cela sera sans doute le cas pour certains). Cependant, je vous conseille de croire en vous et de vous donner toute latitude créative. Il n'y a ni bien ni mal car tout est possible. Et plus vous serez curieux et expressif dans cet exercice, plus vous progresserez. Vous êtes clairement autorisé à vous comporter ici avec l'âme d'un enfant qui déballe une nouvelle trousse de crayons de couleur à Noël. Laissez-vous aller autant que vous voulez (mais quand même n'en mettez pas sur les murs, merci !).

EXERCICE : Identifier

Dans la salle de consultation d'un thérapeute, les patients abordent toutes sortes de problèmes. Et même si des sujets reviennent souvent – angoisse en société, peur de réussir, manque de confiance en soi, autodénigrement, relations conflictuelles aux autres, peur de l'échec, addictions et autres habitudes destructrices –, on peut dire qu'aucun patient ne se ressemble. Mais si l'on met de côté ces quelques nuances, il y a toujours une constante : le moment où nous nous sentons le plus mal, c'est lorsque nous avons l'impression de ne pas contrôler la situation.

Que cela se manifeste par une incapacité à maîtriser son comportement, par le sentiment de dépendre de forces extérieures ou par une hypersensibilité, c'est la sensation d'impuissance qui est le plus difficile à supporter.

Pourtant, nous avons tous envie de relâcher la pression et ne plus être aux commandes, de ne plus contrôler. Notre réaction instinctive, qui est d'ailleurs assez inutile, est de se murer encore un peu plus dans le contrôle comme si cela pouvait nous faire oublier cette situation ou nous permettre d'y échapper. En revenant sur nos décisions les plus difficiles, nous nous disons des choses du genre : « Je ne sais vraiment pas ce que j'avais bien pu penser à l'époque », ou : « Ça m'est tombé dessus comme ça », ou encore : « Je n'étais vraiment pas moi-même ! » Pourtant, si nous voulons surmonter notre tendance à l'autosabotage, nous devons en assumer la pleine responsabilité, et pour ce faire il faut déjà reconnaître la situation et la regarder en face.

Ce premier exercice « Évolution » doit vous aider à identifier l'aspect de votre personnalité qui peut être tenu pour responsable des pensées, des sentiments ou des comportements dont vous avez envie de vous débarrasser.

ÉTAPE 1 : SE SOUVENIR

J'aimerais que vous vous rappeliez un moment récent d'autosabotage ; quelque chose que vous aimeriez beaucoup effacer de votre vie. Si vous avez une problématique bien précise à régler (phobie, addiction, etc.), imaginez le moment où ce problème était à son apogée. Sinon, choisissez quelque chose que vous avez fait, dit ou ressenti – probablement à répétition – et dont vous jugez les effets indésirables.

Fixez-vous sur un souvenir avant de continuer votre lecture. Ne vous embêtez pas à chercher le « truc parfait » : tout ce qui était désagréable conviendra pour l'exercice.

Ensuite, essayez de vous reconnecter à cette expérience négative en opérant de la façon suivante :

Remettez-vous dans la situation, afin de pouvoir retrouver ce qui se passait autour de vous à l'époque (si vous ne vous souvenez pas clairement du moment, imaginez). Ensuite, souvenez-vous de votre réaction et, le cas échéant, de celle de votre entourage. Souvenez-vous des sons et des pensées qui vous ont alors traversé l'esprit. Puis essayez d'intérioriser cette sensation afin de ressentir les émotions qui vous ont traversé ce jour-là : si vous étiez angoissé et que votre estomac s'est noué, alors essayez de recréer la même sensation ; si vous étiez en colère et que vos muscles s'étaient tendus, répétez ce mouvement.

Fermez les yeux pendant un moment afin de bien ressentir cette expérience. Puis revenez au livre.

ÉTAPE 2 : VISUALISER

Maintenant, j'aimerais que vous puissiez visualiser la part de votre personnalité qui est responsable de vos réactions à ce moment. Par exemple, si vous pensez à un trouble alimentaire ou à de l'alcoolisme, cherchez ce qui vous fait basculer ; si vous pensez à des crises d'angoisse, cherchez ce qui fait naître la peur ; si vous pensez à de la procrastination, alors cherchez ce qui vous pousse à laisser tomber votre travail et à regarder la télévision.

Imaginez que cet élément de votre psychologie possède une réalité physiologique que vous pouvez observer, comme si elle était dans la même pièce que vous – une part de vous mais avec sa propre autonomie. Puis essayez de la visualiser, tout en laissant votre esprit libre :

► *Si vous pouviez voir cette part de votre personnalité qui vous pousse à l'autosabotage, à quoi ressemblerait-elle ?*

Prêtez bien attention à ce qui vous apparaît. Vous aurez peut-être une image claire et définie, ou juste le début d'une idée. Quoi qu'il en soit, souvenez-vous-en. Pour développer cette visualisation, vous pouvez vous poser une série de questions, même sans y répondre :

- Si vous pouviez désigner cette chose, où serait-elle ?
- Est-elle grande ou petite ?
- Est-elle sombre ou claire ?
- Est-elle de forme humaine, animale ou autre ?
- Bouge-t-elle ou est-elle immobile ?
- Émet-elle du son ? Si oui, de quel genre ?

Les réponses à ces questions varient selon les gens. Les uns imaginent une forme étrange qui ressemble à un nuage sombre, un grand trou noir ou un *blob* informe. Certains voient quelque chose d'anthropomorphique : parfois le diable, ou un démon, ou un vampire. Et d'autres encore imaginent un être qui ressemble à quelqu'un qu'ils connaissent ou à eux-mêmes à un certain moment de leur vie, ou même un objet inanimé.

ÉTAPE 3 : FIXER LES CHOSES

Cette étape de visualisation peut vous sembler très difficile, mais c'est là que réside la clé de votre succès, et le chemin vers une vie plus heureuse, plus libre et plus réussie. Nous allons souvent nous y référer dans le livre, au fur et à mesure de votre lecture. Votre façon d'imaginer cette chose va évoluer avec vous, alors ne vous inquiétez pas si votre première visualisation est vague. Assurez-vous juste d'en avoir une idée un peu précise avant de continuer.

La dernière étape est donc de fixer les choses. Vous avez le choix :

a) Le dessin. Si vous avez envie de dessiner, allez page 534 afin de dessiner ce que vous visualisez, dans le cadre vide. Ou alors faites-le sur la première page du livre. Bien sûr, votre dessin n'a pas besoin d'être « réussi ». Certains se contentent d'une simple ligne ou d'un visage en colère. L'idée est d'explorer la façon dont vous percevez cette « chose psychologique » que vous portez en vous.
b) L'écriture. Si vous n'aimez pas dessiner, alors prenez quelques notes détaillant ce que vous imaginez, pour vous y référer plus tard.

L'alchimie des monstres

Quelques années auparavant, je vous aurais décrit cette « chose » comme une forme étrange, lourde et sombre. Ce n'était pas moi, pas du tout : c'était quelque chose d'autre ; une sorte de monstre spectral plein d'angoisse qui s'était installé dans mon corps et se manifestait lorsque j'étais sous pression. J'avais beau essayer, je n'arrivais pas à m'en débarrasser.

La plupart du temps, je faisais comme s'il n'existait pas, mais parfois il était trop imposant et je ne pouvais plus l'ignorer. Dans ces moments-là, j'avais peur de ce monstre de façon aussi irrationnelle que lorsque, petite fille, j'imaginais des bêtes qui nageaient sous mes pieds dans l'océan. Si je m'amusais et que je pensais à autre chose, je pouvais les oublier. Mais dès que je frôlais une algue, je me souvenais immédiatement de cette menace tapie dans l'ombre, et j'entrais dans un état de panique. Ainsi, je n'avais d'autre choix que de plonger en prenant mon courage à deux mains et de regarder sous mes pieds afin d'éloigner cette peur.

Adulte, le même sentiment d'effroi m'assaillait à l'évocation d'un échec possible ou lorsque je me sentais stupide ou faible. Je parvenais à masquer ma peur, d'autant que c'était quelque chose d'imperceptible. Mais lorsque je devais parler en public ou monter sur le ring, voire, parfois, aller à une fête avec plein de gens, elle se manifestait. Mes plus grands moments d'autosabotage – où je me sentais impuissante, perdue et sans aucun contrôle sur ma destinée – survenaient lorsque cette peur m'envahissait.

Le sport de compétition était le terreau idéal pour ce monstre qui s'alimentait de ma peur de l'échec. Plus je devais saisir les opportunités, plus ce monstre se faisait terrifiant. Finalement, la boxe m'a poussée au burn-out. Alors j'ai dû affronter la bête que j'avais nourrie toutes ces années. J'étais au plus bas à cause de ce monstre : je n'ai plus eu d'autre choix que de lui faire face.

Bien sûr, nous n'avons pas besoin de nous lancer dans quelque chose d'aussi extrême que le sport de combat pour mettre en péril notre succès, notre bonheur et notre santé. Je suis certaine que, quelle que soit ma profession, j'aurais dû affronter ce monstre à un moment ou un autre. La peur de l'échec m'avait déjà poussée à arrêter la musique et le dessin lorsque j'étais plus jeune. Malgré un succès qui semblait assuré, j'avais choisi de ne pas vivre mes passions au-delà d'un certain point car je pensais que je n'étais tout simplement pas assez douée. La nature physique du sport de combat a pourtant (et, avec le recul, je peux dire « heureusement ») créé un chamboulement si fort en moi que je ne pouvais pas l'ignorer. Si je n'avais pas suivi cette voie, j'aurais peut-être passé ma vie à fuir tout ce qui pouvait ressembler à un défi.

Votre monstre n'agit peut-être pas comme le mien. Peut-être est-il associé à la colère, à la jalousie ou à la culpabilité, plutôt qu'à la peur. Ou peut-être ne vous semble-t-il pas lié à une émotion ; peut-être est-ce une chose destructrice qui vous pousse à trop manger, trop boire, à repousser vos amis, à procrastiner, à vous ronger les ongles ou à vous comporter à l'inverse de vos véritables souhaits, sans raison apparente.

Peu importe, en fait. Ce qui compte, c'est que nous cherchions à identifier et à comprendre cette dimension de notre personnalité. C'est à ce moment-là que nous pouvons en altérer l'énergie et améliorer notre existence.

Solutions

Réfléchissez à cette question :

► *Si vous pouviez faire absolument ce que vous voulez du monstre qui est en vous, que feriez-vous ?*

Avant de continuer à lire, notez ce qui vous passe par la tête immédiatement. Et, comme toujours, sans réfléchir trop longtemps. On cherche ici une réaction instantanée, qui vient des tripes. Vous pouvez marquer cette réflexion page 539, si vous en avez envie.

Il existe deux types de réponse lorsqu'on se pose cette question. Soit on pense que son « monstre » a besoin d'amour (ou en tout cas d'une information positive), soit on veut s'en débarrasser ou lui donner un bon coup de pied aux fesses. Dans quelle catégorie vous retrouvez-vous ?

La majorité des gens sont plutôt du côté de la colère lorsqu'ils cherchent à comprendre leur tendance à l'autosabotage. Pourtant, la plupart seront d'accord pour dire qu'il ne sert à rien de s'en vouloir d'avoir pris une mauvaise décision ou d'avoir mal réagi. Se débattre avec son monstre ne constitue pas la seule option. Il existe de nombreuses façons de faire évoluer votre logiciel mental sans perdre de temps dans des combats inutiles. Dans les pages qui suivent, vous apprendrez comment fonctionne l'autosabotage. Et en avançant dans les chapitres, vous développerez tout un éventail d'outils psychologiques afin d'affronter et de déconstruire le processus qui réveille le monstre tapi dans votre esprit.

Si vous êtes prêt, commençons par découvrir comment votre esprit fonctionne.

1

L'esprit

Comprendre ses conflits intérieurs

Revenons huit ans avant mon entrée sereine sur le ring, à l'époque où je m'apprête à décrocher mon premier titre. Je participe aux championnats nationaux de kick-boxing, et je vais bientôt monter sur le ring pour disputer la finale de full-contact.

J'ai l'impression que mon corps n'est pas vraiment le mien, tandis que j'essaie de m'échauffer en coulisses. Mes coups de poing sont peu précis et mous, et j'évite consciemment de donner des coups de pied car je suis persuadée que mes jambes sont lourdes, comme pleines de sable mouillé. Comment puis-je combattre si je n'arrive même pas à lever les jambes ? J'arrête. Je préfère rester debout, immobile, accrochée à ce sol que j'aimerais voir s'ouvrir sous moi pour m'avaler tout entière.

Lorsque j'entends mon nom, je m'empare d'une cannette de Red Bull. Une dernière tentative de ressentir quelque chose – n'importe quoi – qui ressemble à de l'énergie. Mon entraîneur me l'enlève des mains, l'air dégoûté : « Bordel, qu'est-ce que tu fous ? Donne-moi ça. On y va. »

Traverser la foule de spectateurs et passer devant les autres boxeuses me semble surnaturel. Comme si je marchais à travers l'espace, dans le vide, en tout cas pas vers le ring ; j'ai l'impression d'être enfermée dans une bulle de verre très fin qui me sépare du reste du monde et de son hostilité. Mais ce silence n'est pas paisible. Il m'oblige à écouter le bruit de mon souffle et des battements rapides de mon sang au niveau de mes tempes. En dessous de tout ça, une sensation – de plus en plus forte – de peur emplit mon corps et m'implore de tourner les talons et de m'enfuir.

Je sais que je ne peux pas échapper à ce combat. Pas maintenant. S'en aller n'est pas envisageable, mais il n'y a rien en moi qui me rappelle pourquoi je me suis engagée dans cette aventure. Toutes les promesses de gloire et de joie semblent bien lointaines. J'ai l'impression de marcher, de mon propre chef, vers le lieu de mon exécution.

Je ne crains pourtant pas les coups, les bleus ou de finir en sang. La plupart des gens imaginent que les boxeurs pensent à ça avant d'entrer sur le ring. En réalité, en tout cas en ce qui me concerne, cela ne me tracasse pas plus que cela. Ce que je crains, c'est l'humiliation. Ou, pour être plus précise, j'ai peur de ne pas être au niveau des attentes des gens. Qu'à un moment, alors que je suis devant tout le monde, la supercherie éclate au grand jour et que ma vraie personnalité soit dévoilée : ma faiblesse, mon manque de talent, ma médiocrité, mon côté pathétique.

L'appel

Si seulement j'avais su à l'époque que ma peur n'était qu'un signal pour me pousser à agir, alors ce combat et de nombreux autres qui l'ont suivi auraient pu se dérouler de façon bien différente… Ce que je trouvais alors problématique était en fait l'annonce d'une existence plus libre, plus calme, plus riche en rencontres et surtout beaucoup plus intense en matière de sensations. Afin de prendre plaisir à ces trophées, je devais juste apprendre à danser avec mon esprit plutôt qu'à le combattre.

Mais pourtant, à ce moment-là, je n'étais pas prête. Je n'imaginais même pas pouvoir un jour remettre en cause ma façon de penser car je ne savais absolument pas ce qui se passait dans ma tête. Tout ce que je connaissais, c'était la peur ; le genre de peur qui me convainquait que j'étais absolument incapable.

Mon monstre a pris le contrôle sur moi ce jour précis en me servant son histoire favorite : « Tu n'es pas assez douée. » Pourtant, plutôt que de réfléchir à ce sentiment de doute et de travailler sur ce problème bel et bien réel, j'ai essayé de lui prouver qu'il avait tort en me jetant dans la bataille. Chaque fois que je franchissais les cordes d'un ring pour combattre, plutôt que d'affronter un autre être humain, j'étais devant une ombre psychologique de plus en plus forte. C'était un combat impossible à gagner.

L'expression « pensées limitatives » reviendra souvent dans cet ouvrage. Elle désigne les idées restrictives et négatives qui nous habitent – la plupart du temps à propos de nous-mêmes – et que nous considérons malheureusement comme « vraies ». Reconnaître que ces pensées limitatives existent et les remettre en cause est important car elles sont au cœur de nos plus intenses autosabotages et autres expériences douloureuses du même genre.

J'ai choisi la métaphore du monstre pour parler de ces pensées limitatives car, comme ces créatures qui vivent sous notre lit pendant notre enfance, elles ne sont pas réelles. Ce sont juste des histoires que nous nous racontons et que nous utilisons pour écrire le scénario de notre existence. Une partie adulte et raisonnable en nous sait bien que les jugements négatifs que nous portons sur nous-mêmes sont souvent de purs produits de notre imagination. Cela ne nous empêche pas de les ressentir comme des menaces réelles chaque fois qu'ils pointent leur vilain museau.

L'ironie de l'histoire, c'est que ces fables dictées par nos monstres – « Je ne suis pas digne d'être aimé », « Je suis stupide », « Je suis à côté de la plaque », « Je n'y arriverai jamais… » – sont en fait des clés indispensables de notre développement personnel. Pourtant, en essayant maladroitement de mieux nous accepter, nous cachons ces pièces vitales du puzzle à notre conscience et nous choisissons de nous concentrer – souvent sans aucun résultat – sur les symptômes qui en découlent. Plutôt que de nous attaquer aux causes de notre stress, nous cherchons un traitement à nos troubles du sommeil ; plutôt que de nous intéresser aux raisons pour lesquelles nous ne sommes jamais satisfaits de nous-mêmes, nous essayons de maigrir, ou de nous muscler, ou de devenir plus qualifiés, avec l'espoir de mieux nous accepter.

Ignorer la réalité profonde de notre mal-être ne fait qu'empirer les choses, car ces problèmes continuent à faire surface, et nous avons alors l'impression d'être les victimes de notre propre conscience.

Heureusement, il existe d'autres façons de procéder.

Si vous n'êtes pas une victime, alors...

Le voyage du héros est une métaphore très courante dans le monde de la thérapie. L'idée est la suivante : il s'agit de considérer tous les défis que vous avez dû relever dans votre vie et de vous sentir le héros, et non pas la victime, de votre histoire. C'est une idée vraiment très forte, et je l'ai souvent utilisée dans ma pratique de soin avec de très bons résultats. Pourtant, même si je trouve que l'image fonctionne bien en théorie, j'ai toujours eu du mal avec les archétypes de ce genre. Les héros égorgent les monstres, les dragons et autres créatures maléfiques afin de sauver de pauvres villageois sans défense. Si l'on suit cette métaphore, cela revient à considérer que nos démons intérieurs méritent d'être assassinés. Non seulement c'est autodestructeur, bien sûr, mais en plus c'est impossible. Tous ces démons font partie de ce que nous sommes, et nous ne pouvons donc les détruire ou les extirper de notre personnalité. De la même façon que les amputés continuent à ressentir la douleur d'un membre qu'on leur a coupé, le monstre gardera sa capacité de nuisance.

Ce n'est pas vraiment de cela qu'il s'agit : nous n'avons pas besoin d'égorger nos monstres ; nous devons seulement trouver assez de courage pour comprendre que nous nous trompons à leur sujet. Une fois que l'on a admis cela, on peut les utiliser, plutôt que de gaspiller son énergie à les combattre. Avec un peu de travail sur nous-mêmes, nos monstres nous aident à nouer des relations plus profondes avec notre entourage ; ils nous stimulent dans notre travail, améliorent notre créativité et nous en apprennent bien plus sur le monde dans lequel nous vivons que tout diplôme universitaire ou livre savant.

Une meilleure métaphore

J'ai trouvé une métaphore, autre que la victime ou le héros, qui m'a semblé plus appropriée pour décrire l'attitude face aux problèmes de la vie : c'est la métaphore de l'auteur. Dépasser les défis de notre existence ne se résume pas à détruire des pensées ou des sentiments négatifs ; il nous faut les explorer et arriver à les sublimer pour en tirer quelque chose de beau. C'est ce processus que connaît n'importe quel écrivain lorsqu'il s'attelle à son travail créatif.

Se voir comme l'auteur de sa propre existence permet d'en reprendre le contrôle. Nous pouvons « éditer » notre vie, « réécrire » le texte de nos croyances anciennes, celles qui, à une certaine époque, nous ont déterminés. On compose ainsi de nouvelles formulations de ce que nous espérons pour notre futur ; et, plus important encore, en écrivant le présent, on prend le contrôle de notre propre récit, à chaque décision prise, à chaque réponse donnée, à chaque prise de parole. Être un auteur, c'est réveiller notre être au présent et avoir la possibilité de choisir.

Mais pour ce faire, nous devons rencontrer nos monstres. Nous devons écouter les histoires destructrices que notre esprit se plaît à nous rappeler, car ce sont les brouillons sur lesquels nous devons travailler afin d'écrire notre propre histoire, une histoire plus agréable à vivre.

La normalité n'existe pas

Nous traversons l'existence avec nos seuls sentiments pour référence. Si nous sommes toujours anxieux, en colère, tristes ou blasés, nous pensons que c'est la norme. Mais ce n'est pas parce que les choses ont toujours été ainsi qu'elles doivent ne jamais évoluer.

J'ai reçu un jour ce commentaire d'un patient – appelons-le John – venu me consulter pour des soucis d'insomnie : « J'ai l'impression de me sortir de quelque chose que je n'arrivais pas à identifier ; quelque chose dont je n'avais pas conscience auparavant, mais je me sens bien plus heureux et équipé pour affronter la vie depuis que je m'en suis débarrassé. »

Avant que l'on travaille ensemble, John se réveillait au beau milieu de la nuit, observait le plafond et ruminait tout ce que son travail stressant dans le monde des médias exigeait de lui. Son monologue intérieur sans fin l'empêchait de fermer l'œil durant des heures, et ces nuits blanches commençaient à sérieusement affecter son efficacité au travail. Il était venu en thérapie avec l'intention d'apprendre des techniques de relaxation. Mais au lieu de simplement traiter le symptôme (l'insomnie), nous avons passé plusieurs séances à travailler sur l'angoisse intérieure à l'origine de son problème.

Pendant ce travail, John a choisi de faire face à son monstre. Au-delà de son obsession de vouloir toujours planifier les jours à venir, il y avait une sensation : « quelque chose de terrible » allait arriver. Ce sentiment l'habitait depuis des décennies, depuis une terrible expérience durant l'enfance, mais son esprit traitait ce monstre comme si c'était une réalité du présent. Résultat, il se retrouvait chaque nuit à passer en revue les possibles désastres du lendemain. Et, bien sûr, lorsque nous nous mettons en quête d'un désastre à venir, on en trouve toujours. Le monstre de John lui racontait une horrible histoire, ancienne et dépassée, mais ce n'est que lorsqu'il a décidé d'arrêter de l'écouter qu'il a pu en comprendre la réalité.

Nous vivons dans une époque où nous voulons tout résoudre vite. Lorsque nous tombons sur un obstacle, il est très facile d'avaler une pilule, un complément alimentaire ou n'importe quel produit miracle pour remettre les choses d'équerre. Heureusement, John a choisi l'approche psychologique plutôt que de s'en remettre aux traitements médicamenteux contre l'insomnie. Mais cela ne lui était jamais passé par la tête que le stress puisse être la cause de son problème car il ne se *sentait* pas stressé. Cette angoisse diffuse était devenue sa normalité.

La pilule magique dont John avait besoin était de se détacher de sa sensation habituelle et inconsciente d'appréhension. Une fois qu'il a été « tiré » de cela, il a de nouveau été capable de penser à son travail ou à ses relations humaines sereinement, et il a retrouvé le sommeil. John a profité de cette opportunité pour écrire une meilleure histoire sur lui-même, et son monde est devenu bien plus calme et simple à vivre.

La conscience

> *La conscience est la partie visible d'un iceberg immergé qui est constitué par le pouvoir de l'inconscient.*
>
> FREUD

C'est le moment d'évoquer certains fondements théoriques. Il existe quelques concepts clés qui vous permettront d'aborder votre monde intérieur avec une meilleure assise. J'aimerais clarifier d'abord la différence entre la conscience et l'inconscient.

Note : Il existe des différences très subtiles entre l'« inconscient » et le « subconscient ». Mais, ici, nous allons considérer qu'ils sont équivalents, et j'utiliserai donc uniquement le terme « inconscient ».

Pour beaucoup de gens, la conscience, c'est « ce qu'ils sont », ce qu'ils appellent le « moi ». C'est ce à quoi vous pensez, ce que vous ressentez, entendez, voyez, etc., en ce moment.

L'*in*conscience, pour faire simple, c'est tout le reste.

Pensez à votre oreille droite pendant un instant. Jusqu'à ce que vous lisiez ces lignes, vous n'étiez probablement pas conscient de cette partie de votre corps. Maintenant que c'est le cas, votre perception actuelle de votre oreille est venue se placer au premier plan de votre conscience. Dès que vous allez passer à autre chose, cette information va disparaître de votre esprit sans que vous vous en rendiez compte. Pour votre inconscient, en revanche, votre oreille droite existe encore, ainsi que tout ce qui est à l'intérieur de votre corps et autour de lui.

Pendant que votre conscience pense et ressent, l'inconscient s'occupe d'une foule d'autres choses. Son but est d'assurer votre survie, et il doit donc gérer vos fonctions physiques telles que la digestion, la respiration, la circulation sanguine, les barrières immunologiques, etc. Il est aussi chargé d'enregistrer et d'organiser tous vos souvenirs, tout ce qui est important pour vous, tout ce en quoi vous croyez, tout ce que vous savez faire… Ces morceaux d'information – par exemple, le fait que votre oreille droite existe – seront ensuite envoyés à votre conscience lorsque votre inconscient décidera que c'est utile que vous y prêtiez attention.

La compréhension consciente : votre capitaine

En Occident, nous avons tendance à placer la pensée très haut. Peut-être trop haut, d'ailleurs. Si haut, en tout cas, que lorsque nous sommes arrivés à une conclusion avec un raisonnement logique, nous estimons que nous sommes dans le vrai. Ce type de pensée rationnelle est le produit de la conscience, et c'est ce qui est valorisé dans notre société. Mais c'est limité.

Le premier jour de ma formation de thérapeute, mon professeur m'a expliqué la différence entre le conscient et l'inconscient en utilisant une métaphore. Depuis, j'en ai entendu beaucoup d'autres, mais celle-ci me semble être la plus parlante et la plus poétique.

La pensée consciente est le capitaine d'un bateau. Il est arrogant, bravache et il a la folie des grandeurs. Il aboie ses ordres et on l'applaudit quand ça se passe bien, mais il se met en colère et critique les autres lorsque ça tourne mal. Le capitaine crie : « Ne mange pas ce gros morceau de fromage ! » avant que vous n'enfourniez la bouchée, puis : « Je t'avais prévenu, imbécile ! » lorsque vous prenez du poids.

La pensée et le comportement inconscients sont l'équipage du navire. Et, en réalité, c'est lui, l'équipage, qui dirige le bateau. Les matelots qui le composent sont la force invisible qui sera sur le pont lors des tempêtes et des bourrasques. Ils sont aussi ceux qui combattent les pirates-bouts-de-fromage qui essaient de monter à bord.

Alors, est-ce que le capitaine a vraiment le contrôle dont il se targue ? Non. Notre capitaine-conscience ne sait pas comment faire naviguer son bateau.

La compréhension inconsciente : l'équipage

L'inconscient est responsable de nos sensations. Il fonctionne à l'intuition et est largement responsable de la façon dont nous agissons. Des études estiment qu'environ 90 % de notre comportement est gouverné par notre inconscient. Cela fait réfléchir… Vous ne choisissez donc que 10 % de vos actions chaque jour. Tout le reste est en pilotage automatique.

De plus, la conscience fonctionne environ une demi-seconde après la réalité, comme cela a été prouvé dans diverses études. Il nous faut 500 millisecondes pour traiter ce que nous voyons, entendons, ressentons, sentons ou goûtons du monde extérieur. Heureusement, donc, que le capitaine de bateau est aidé !

Le sport (en tout cas la plupart d'entre eux) illustre bien cette problématique. Il faut bien moins d'une demi-seconde à une balle de tennis pour être frappée et renvoyée de l'autre côté du filet, ou pour dégainer un coup de poing. Si l'on suivait le rythme de la conscience, les conversations… seraient… vraiment… très… lentes… Et tout ce qui tomberait d'un placard de cuisine mal rangé lorsque vous ouvrez la porte serait déjà fracassé sur le sol. Pas génial.

Contrairement au capitaine, l'équipage peut agir presque instantanément. L'inconscient n'a pas le temps d'écouter votre raisonnement logique et il agit sans attendre aucun ordre. Il utilise vos croyances, vos peurs, ce qui compte pour vous, vos expériences passées et les voix de ceux que vous avez croisés pour déterminer vos sentiments et votre comportement. Et tout cela quasiment sans en référer à votre pensée consciente.

Il existe pourtant un point d'interconnexion. Un bon capitaine sait communiquer avec les membres de son équipage, les éduquer et les influencer lorsqu'il en a besoin. Mais il faut déjà qu'il apprenne à les connaître.

Il doit savoir parler la même langue qu'eux, et mériter leur confiance. Si ce n'est pas le cas, s'il essaye tout seul de manœuvrer le vaisseau, avec sa seule volonté ou en s'isolant, il devra en payer les conséquences.

Pour le moment, je suis sûre que vous avez compris que l'inconscient est le lieu où se trouve le monstre. Comme s'y trouvent d'ailleurs aussi toutes les choses positives et utiles dont l'équipage est responsable. Car votre équipage est également capable d'introduire sur le bateau une cargaison clandestine au vu et au su du capitaine, et de la cacher discrètement dans un recoin. Votre monstre, ce sont en fait quelques membres négatifs de votre équipage. À moins que vous ne décidiez de descendre en cale et d'inspecter ce qui s'y trouve, n'importe quel esprit rebelle peut s'épanouir dans la pénombre et envoyer votre bateau dans une mauvaise direction tandis que le capitaine pique un somme.

La bataille : conscient contre inconscient

À peu près tous les problèmes évoqués par mes patients font apparaître un conflit entre ce que l'inconscient et ce que la conscience comprennent, une tension entre ce que nous pensons, ce que nous savons être vrai, et ce que nous ressentons et qui nous pousse à agir.

EXEMPLES :

La conscience dit : « Arrête de fumer. »

L'inconscient dit : « J'ai besoin d'une autre cigarette. »

La conscience dit : « Fais ton CV et cherche un boulot. »

L'inconscient dit : « C'est facile, je ferai ça plus tard. »

La conscience dit : « C'est juste une petite araignée de rien du tout. »

L'inconscient dit : « Aaaaaaaah ! Au secours ! »

De tels conflits nous mettent dans des situations incontrôlables et nous font adopter des comportements que nous aurions voulu éviter. Ce sera l'inconscient qui choisira pour vous les actions (ou, pour être plus précis, les *ré*actions) : une orgie de chocolat au beau milieu de la nuit alors que votre régime commençait à porter ses fruits ; une mauvaise décision au travail qui ruine toute chance de promotion ; une dépense insensée pour un objet totalement inutile alors qu'il faudrait économiser pour d'autres choses importantes…

Même si cela paraît contraire au bon sens, l'esprit a ses raisons d'agir ainsi. L'équipage garde le monstre à bord afin de vous protéger de ce qu'il pense être des démons encore plus menaçants et dangereux. Lorsque nous nous autodétruisons, nous avons l'impression que quelque chose en nous nous fait dévier, mais l'inconscient est persuadé que ces comportements et sentiments sont des solutions plutôt que des problèmes. Jusqu'à ce qu'il se rende compte du contraire, il continuera à convoquer ces réactions.

Le travail d'hypnothérapeute n'est plus d'induire un état de transe mais plutôt de déshypnotiser l'individu de la transe dans laquelle il vit déjà.

Stephen WOLINSKY, *Trances People Live*

Ce livre n'est pas un ouvrage sur l'hypnose ou l'état de transe. Je ne vais guère utiliser ces termes et ces notions dans les pages à venir, surtout parce que les idées toutes faites que l'on associe communément à l'hypnose – des visions animales, des orgasmes en se serrant la main ou ce genre de choses – ne sont pas très utiles. Cependant, comme la profession que j'exerce contient le préfixe « hypno », je voudrais vous expliquer le rôle de l'hypnose dans mon approche de la thérapie.

Dans l'hypnothérapie cognitive, nous ne voyons pas l'hypnose comme ceux qui en ont une pratique traditionnelle. La transe peut aujourd'hui être définie comme un état d'esprit où l'inconscient détermine le comportement bien plus que la conscience, et où les pensées de la personne sont facilement influencées par une intervention extérieure. Mais lorsque l'hypnose a fait son apparition au XVIIIe siècle, chacun pensait que le capitaine était encore aux commandes. Ainsi, l'état de transe semblait être quelque chose de totalement incroyable.

De nos jours, nous connaissons mieux l'esprit. Nous savons qu'il est rare que la conscience contrôle complètement le comportement (si tant est que cela soit possible), et que la plupart du temps ce contrôle est absolument inefficace. Lorsqu'un conducteur aguerri prend le volant, il n'a pas besoin de penser consciemment à mettre son clignotant ou à changer de vitesse car son équipage intérieur sait ce qu'il a à faire. Il entre dans une « transe de conduite de voiture », et s'il arrive à bon port, alors on peut dire que cet état d'hypnose a été utile et efficace.

Nous sommes continuellement influencés par l'information extérieure. La publicité, par exemple, est relativement hypnotique. Passez devant une publicité vantant les mérites des rasoirs Gillette, par exemple, et vous allez sûrement acheter instinctivement cette marque de lames la prochaine fois que vous irez au rayon hygiène de votre supermarché. Et pourtant aucune télécommande ni caméra invisible ne vous aura intimé l'ordre ni même suggéré d'acheter des Gillette.

Il nous faut donc revoir notre idée de l'hypnose. La plupart des spécialistes pensent aujourd'hui que la transe n'est pas un état si anormal que cela, que le sujet n'y entre pas grâce à un processus particulier, mais plutôt que c'est un phénomène naturel qui survient assez souvent. Certains d'entre nous – ceux qui sont « hautement influençables » – font de meilleurs sujets pour les spectacles d'hypnose car ils répondent plus directement à la suggestion, mais ils ne sont pas les seuls qui peuvent utiliser l'état de transe pour progresser. L'hypnothérapie ne m'a pas fait caqueter comme une poule sur commande (dommage, n'est-ce pas ?), mais cette technique m'a permis d'opérer des changements profonds. Car la transe est quelque chose que tout un chacun peut expérimenter en regardant un film, en lisant un livre ou en ayant une conversation profonde.

On peut tout à fait accepter de nouvelles idées en provenance de l'équipage. C'est important de le souligner car c'est l'inconscient qui choisit nos états de transe, aussi bien ceux dont nous ne voulons pas que ceux qui sont utiles, comme celui qui nous permet de conduire notre voiture pour aller travailler. Chercher du réconfort en se nourrissant de façon compulsive à chaque difficulté rencontrée fait entrer dans un état de transe boulimique. C'est considéré comme problématique par la conscience. Mais il est important de comprendre que l'inconscient va passer en mode « transe boulimique » parce que précisément il y voit une solution : « Ça ne va pas en ce moment. Comment aller mieux ? Ah, je sais. Le frigo ! »

Ces moments monstrueux (d'autosabotage) ne sont rien d'autre que des états de transe involontaires. Le but de notre travail, tel que nous l'envisageons dans l'hypnothérapie cognitive, n'est donc pas d'hypnotiser les gens afin de résoudre leurs problèmes, mais plutôt de les aider à se *dés*hypnotiser (ou peut-être à se *ré*-hypnotiser) lorsque les choses ne vont pas exactement comme ils le désirent.

Pour entrer dans ces états de transe, nous n'avons pas du tout besoin d'un acteur grimé qui fait de grands gestes outranciers. Nous sommes nos propres hypnotiseurs. Nous devons juste apprendre comment nous faire à nous-mêmes des suggestions efficaces.

Le monstre fumeur de Rebecca

Rebecca est venue me consulter car elle a un vrai problème avec la marijuana. Elle fume tous les jours, parfois même dès le matin. Résultat, elle n'arrive pas à faire ce qu'il faut au travail, et elle n'a pas de petit ami depuis plusieurs années. Fumer la fait se sentir mal, et pourtant elle n'arrive pas à se sortir de cette addiction car, quelque part, elle pense qu'elle en a besoin pour fonctionner.

Lors de notre première séance, j'ai posé à Rebecca une question importante : « Qu'est-ce qui changera dans votre vie lorsque vous arrêterez de fumer ? » Elle m'a répondu qu'elle changerait et qu'elle arriverait « à rencontrer un type bien et à fonder une famille ». Pour moi, ce qui était important dans sa réponse, c'est que, alors qu'elle parlait, sa voix hésitait.

Le père de Rebecca était un homme dur et colérique qui se défoulait de ses frustrations sur sa fille. On lui a répété maintes fois durant son enfance qu'elle était un « fardeau », une « ratée », et après une série de relations malsaines au début de l'âge adulte, elle en a conclu que c'était la « vérité ».

Le véritable problème de Rebecca n'est pas sa consommation de marijuana ; c'est sa peur de s'attacher aux gens (et surtout à des hommes). Se retirer dans une vie de solitude, voilà comment son inconscient a tenté d'éviter la souffrance qu'il anticipait à l'idée de créer une relation intime. Sa « transe fumeuse » était une solution à un vieux problème encore très vif. Sauf que, en fin de compte, cette solution a créé plus de problèmes qu'elle n'en a résolu.

Reconnaître cela a été très utile à Rebecca. Tout à coup, son monstre n'était plus monstrueux du tout ; il était juste la conséquence d'une erreur faite par son jeune esprit, à l'époque confronté à une situation difficile. En travaillant sur les messages que lui avait systématiquement envoyés son père, et en laissant derrière elle toutes les relations difficiles de son passé, Rebecca a réussi à s'estimer à nouveau. Elle a pris son envol et s'est émancipée. Durant ce processus, son addiction à la marijuana s'est graduellement estompée, sa carrière de graphiste a décollé et elle a fait de nouvelles rencontres en gardant à l'esprit qui ressemblait ou non à son père abusif et violent.

Votre seule réalité

> *Chacun de nous vit dans l'univers – la prison – de son esprit. En sortent des millions de fibres nerveuses fragiles et sensorielles, organisées en groupes uniquement adaptés à ressentir les états énergétiques du monde qui nous entoure : la chaleur, la lumière, la force et la composition chimique. C'est tout ce que nous ressentons directement ; tout le reste n'est qu'inférence logique.*
>
> Vernon B. MOUNTCASTLE,
> *The View From Within.*
> *Pathways to the Study of Perception*

Ce que nous considérons comme le « monde réel » est – très probablement – assez différent de la réalité extérieure effective. Il existe une multitude d'angles d'approche pour explorer ce concept. J'aimerais seulement souligner quelques points importants avant de conclure ce chapitre, car, pour ma part, cette idée m'a beaucoup fait évoluer, et j'ai trouvé fascinant d'apprendre toutes ces choses. Si vous n'aimez pas les détails trop techniques, ne vous inquiétez surtout pas : il n'est pas nécessaire de maîtriser ces concepts pour comprendre ce que je veux vous dire. Et puis votre compréhension évoluera au fur et à mesure de votre lecture. Quoi qu'il en soit, voici quelques-uns des fondements de ma réflexion.

Le filtre de réalité

Avez-vous déjà discuté avec quelqu'un qui n'a pas les mêmes opinions politiques que vous ? Ou avec quelqu'un qui croit dur comme fer aux extraterrestres alors que ce n'est pas votre cas (ou le contraire) ? Avez-vous remarqué comme ces personnes arrivent à détourner votre « preuve raisonnable » pour la faire aller dans leur sens ? N'avez-vous pas constaté qu'elles n'écoutaient pas ce que vous disiez qui aurait pu contredire leur point de vue – voire qu'elles ne l'entendaient pas ? Il ne s'agit pas seulement de conspirationnistes ou de gens obtus. Nous sommes tous un peu comme cela ! En fait, je suis certaine que vous faisiez la même chose pendant cette conversation sur les extraterrestres. Notre esprit efface, tord et généralise automatiquement l'information entrante afin de l'adapter à notre système de croyances ; il déforme ce que nous percevons pour que l'information puisse nous paraître « bonne ». Et il a beaucoup d'informations à mouliner !

Si l'on estime que l'inconscient peut traiter de 2 millions à 11 millions d'informations à chaque instant, la plupart des études suggèrent que notre conscience – ce territoire que l'on connaît un peu – ne peut en gérer en même temps que… cinq à neuf. Bref, moins. Afin de traiter les informations, l'esprit utilise une sorte d'archivage d'expériences passées, de choses qu'il tient pour certaines, auxquelles il croit, et de valeurs liées à ces croyances (entre autres variables d'ajustement). Cela lui permet de filtrer la grande quantité d'informations sensorielles brutes qui entrent. Puis il utilise ce qu'il a sélectionné pour se créer une sorte de version personnalisée du monde objectif qu'il a perçu.

Lorsque quelqu'un n'est pas d'accord avec vous et l'exprime ouvertement, ce n'est pas parce qu'il est têtu et aime vous contredire (même si c'est parfois le cas). Son esprit est peut-être tout simplement incapable de comprendre votre argumentation car celle-ci ne s'inscrit pas dans les modèles de son monde à lui.

Les monstres font parfois les difficiles

Toutes nos croyances vont déterminer la « réalité » dans laquelle nous pensons vivre. Certaines croyances seront particulières à chaque individu, et d'autres font partie de la norme culturelle, de ce qui est partagé par beaucoup, d'une forme de sagesse.

Qu'elles viennent de la société ou de notre propre construction, nos croyances les plus limitatives – nos histoires de monstres – sont des croyances que nous devrions parfois questionner. Si nous avons pris l'habitude de croire quelque chose comme « Je suis moche », tout ce qui correspond à cette idée sera accepté par notre filtre de réalité, tandis que toute information contradictoire (comme un compliment, par exemple) sera immédiatement rejetée ou transformée afin qu'elle ressemble davantage à ce que nous laissons passer ordinairement.

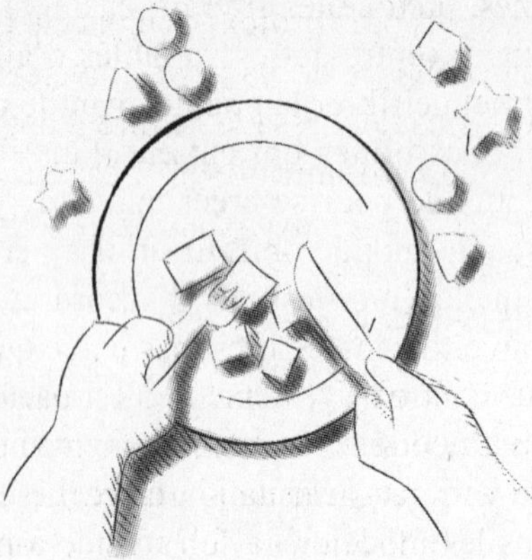

Nos monstres font parfois les difficiles, et ils vivent dans notre tête en choisissant les informations qu'ils veulent bien manger. S'ils ont l'habitude de se nourrir uniquement de rectangles disant « Je suis stupide », alors ils dévoreront joyeusement tout ce qui y ressemble et ils écarteront les cercles qui affichent « Je suis intelligent », sans réfléchir. De temps à autre, le monde leur jette un biscuit carré « Tu as bien bossé ». Lorsque cela arrive, ils ont deux possibilités : soit ils le rejettent (ce n'est pas un rectangle), soit ils le modifient à leur guise. Peut-être le carré deviendra-t-il rectangle. Peut-être dira-t-il : « Ils m'ont dit que j'avais bien bossé, mais c'est par pure politesse. » Délicieuses, ces formes oblongues !

Bien sûr, nous *pouvons* nous débarrasser de nos croyances et apprendre de nouveaux concepts au fil du temps. Cela demande un peu d'énergie et de travail, ou alors une révélation. Mais nos peurs les plus personnelles et les plus profondes empêcheront fermement certaines choses de passer à travers le filtre de réalité. Avez-vous déjà essayé de dire à quelqu'un qui se trouve absolument horrible qu'il est, en fait, plutôt séduisant ? Moi, j'ai essayé. Cela ne marche jamais.

Ce que nous ajoutons

Le filtre de réalité n'est pas le seul processus mental qui entre en jeu lorsque nous concevons le monde que nous percevons. Au-delà de l'effacement d'informations, de la généralisation et de la distorsion, l'inconscient ajoute des informations supplémentaires pour que nous créions notre version intérieure du monde qui nous entoure, une sorte de réalité virtuelle personnelle. Dans son livre *The User Illusion*, Tor Nørretranders affirme que 90 % de ce que nous voyons, entendons, ressentons, sentons ou goûtons est une pure création de notre part. Cela implique que la grande majorité de ce que nous pensons percevoir objectivement de notre environnement est intégralement fabriquée. L'information supplémentaire – qui, bien sûr, est liée à nos croyances antérieures – est ajoutée par le cerveau une fraction de seconde avant la reconnaissance consciente.

Notre cerveau arrive à créer une image convaincante qui passe pour une information réelle, comme le montre la présence d'un angle mort dans le champ de vision humain.

Nous disposons en fait de deux angles morts dans notre vision : un dans chaque œil. À l'arrière de l'œil se trouve une couche de photorécepteurs recouvrant la rétine. Le tout fonctionne à peu près comme la pellicule photo dans un appareil argentique classique. Cependant, dans cette couche, à l'endroit où le nerf optique se rattache à la rétine, il y a un trou. Cela signifie que le cerveau ne reçoit de cette partie bien précise de l'œil aucune information sur ce que nous regardons. Pourtant, malgré ce trou, nous n'avons pas de manques dans notre vision. C'est en partie parce que les angles morts de chaque œil sont dans deux endroits différents, et que l'un des deux yeux voit ce que l'autre n'aperçoit pas. Mais si vous fermez un seul œil, vous n'avez pas davantage de « trou » dans votre vision. C'est parce que votre cerveau crée une approximation à partir de ce qu'il aperçoit tout autour… pour combler le trou. Ainsi, cette partie que vous voyez est une pure invention, une supposition.

Pour vraiment voir l'angle mort qui a été comblé, vous pouvez utiliser l'image ci-dessous.

Fermez votre œil gauche ou couvrez-le avec votre main, puis concentrez-vous sur la croix avec votre œil droit. Lentement et petit à petit, approchez votre tête de l'image, puis éloignez-vous-en. À un moment – à peu près à dix centimètres de la page –, le monstre disparaît. Ne regardez pas dans sa direction pour vérifier, continuez à regarder la croix et il va tout à coup entrer et sortir de votre champ de vision périphérique.

Croyances

On peut utiliser des illusions visuelles pour démontrer comment l'esprit réagit et se construit, à partir de l'information brute qu'il reçoit, une illusion conforme à ce que vous pensez être vrai et à ce que vous vous attendez à voir. Comme Nørretranders le souligne, l'illusion qui suit « montre que nous vivons sur une planète qui tourne autour d'une étoile ».

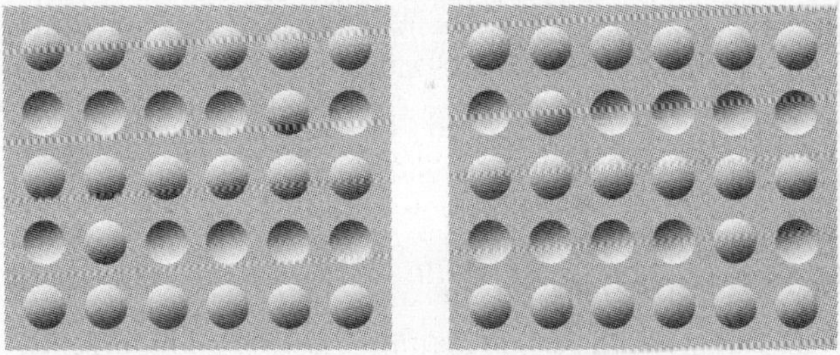

Les formes de cette image apparaissent bien comme des boutons ou des aspérités, selon que vous voyiez l'ombre au-dessus ou au-dessous du cercle. Mais il n'existe pas d'ombre à proprement parler. Ce sont juste des cercles en deux dimensions remplis d'un dégradé de gris. Comme nous avons vécu toute notre existence sur une planète qui reçoit de la lumière depuis le soleil (c'est-à-dire par le dessus), le cerveau interprète ce changement de couleur comme une ombre et voit par conséquent des cercles comme des aspérités ou des creux en trois dimensions. Même si vous savez que c'est une illusion, c'est très difficile de *ne pas* voir la troisième dimension fabriquée. Elle vous semble tellement… normale !

Il en va de même avec n'importe quel autre type de phénomène. Si c'est « normal » pour vous d'être couvert de compliments, vous remarquerez plus facilement ce genre d'informations (ou vous les fabriquerez) après une intervention pendant une réunion de travail par exemple, même si vous avez été plutôt mauvais. À l'inverse, si c'est « normal » pour vous de rater lamentablement tout exposé, car vous pensez être la personne la plus ennuyeuse au monde, alors il faudrait que vous receviez une *standing ovation* de plusieurs minutes (et plusieurs fois) pour forcer votre monstre à ingérer des biscuits ronds et positifs plutôt que son régime habituel de critiques carrées.

La construction personnelle

De manière assez évidente, c'est ce monde remodelé et fabriqué que nous utilisons pour construire nos réponses – à la fois comportementales et émotionnelles – plutôt que l'environnement réel. C'est pour cette raison que certaines personnes peuvent entrer dans une pièce bondée et penser : « C'est la fête ! », alors que d'autres se diront : « Quel enfer, il faut que je parte. » L'envie de rester danser, ou de se carapater ailleurs, c'est le genre de choses que nous connectons immédiatement au concept même du « moi ». (« Je suis un fêtard. C'est comme ça. Sers-moi un *shot* de tequila. »)

Tout au long de notre existence, nous développons des automatismes de réaction (mentale, émotionnelle et comportementale) qui s'activent lorsque nous percevons certains éléments clés. Il peut s'agir de réactions problématiques ou inhabituelles, comme celles causées par une phobie ou un stress, mais également de tous les autres traits que nous n'identifions pas facilement comme des habitudes, et qui nous sont constitutifs. Êtes-vous un lève-tôt ou un oiseau de nuit ? Un optimiste ou un pessimiste ? Êtes-vous amical ou froid ? Vous voyez-vous comme un intellectuel, un créatif, un sportif, un geek ? Notre personnalité, aussi définie semble-t-elle, est bien plus qu'une simple combinaison d'automatismes acquis. Ainsi, le temps passant, nous mélangeons ces automatismes ou ces habitudes pour créer une sorte de cartographie interne de notre identité, et ainsi construire un « moi ». Des parties de cette cartographie seront positives et efficientes, tandis que d'autres ne le seront (probablement) pas, mais si nous ne questionnons jamais les « vérités » acquises qui définissent notre identité, alors notre équipage continuera à naviguer sur l'immensité de l'océan de la vie comme s'il n'existait qu'une seule route possible sur la carte.

Le bon côté de tout cela est que nous pouvons beaucoup changer, bien plus que ce que nous imaginons. Enfin, sans perdre la tête, bien sûr. Je ne vous encourage pas à vous mettre à penser comme si vous étiez Mick Jagger et à commander une carte Visa Infinite ! Mais, une fois encore, je ne dis pas non plus que cela vous sera toujours interdit. Si vous êtes prêt à y investir des milliers d'heures (et de dollars), vous pourrez être une star, aussi bien que n'importe qui. Bon, ce ne sera pas facile. (**Note** : Si vous décrochez une carte Visa Infinite grâce à la lecture de ce livre, je veux bien un pourcentage de vos gains.)

De nouveaux horizons

En résumé, la réalité n'est pas si compliquée à inventer. Ce que nous savons consciemment d'elle n'est qu'une petite fraction de ce qu'elle est réellement, et la majeure partie de cette petite fraction est probablement déjà une invention. Génial. En revanche, même si cette idée peut sembler effrayante au début, ce n'est pas une mauvaise nouvelle du tout. S'il y a quelque chose que nous n'aimons pas dans le monde qui nous entoure, c'est peut-être uniquement le filtre, et non la réalité, qu'il nous faut ajuster. Et c'est un défi bien plus facile à relever !

Lorsque, ce jour-là, j'ai combattu au championnat national de kick-boxing, je me référais à une ancienne cartographie de la réalité. En fait, j'essayais surtout de m'en dépêtrer. Finalement, c'était comme avoir deux façons d'être sur le ring, et aucune n'était efficace. Le capitaine voulait réussir, bien sûr. J'essayais de prévoir mes enchaînements de coups plutôt que de faire confiance à mon inconscient, bien plus rapide et précis, et j'utilisais presque toute mon énergie à tenter d'ignorer le sentiment de peur qui me rongeait de l'intérieur. Mais ces efforts pour contrôler les choses étaient parfois interrompus (de façon plutôt violente) par un coup dans le visage. Le capitaine, franchement, est un très mauvais boxeur, et c'est d'autant plus vrai lorsqu'il doit affronter une bête dont il ignorait jusqu'à la présence à bord de son bateau. Seul mon inconscient – l'équipage – a œuvré pour me donner une petite chance de décrocher la victoire, mais ensuite il était malheureusement trop occupé à quitter le navire qui coulait pour se concentrer sur sa tâche initiale.

J'ai perdu le combat très largement car il y avait un autre combat, encore plus dur et plus grand, qui avait lieu à l'intérieur de ma tête. Mais mon ennemi intérieur n'allait pas jeter l'éponge une fois que la cloche du combat aurait retenti. Durant les années qui ont suivi, mon monstre m'a poussée à manger comme une gloutonne lorsqu'une pesée se profilait à l'horizon, ce qui me forçait à des purges horribles après chaque crise de boulimie. J'étais devenue tendue, anxieuse, déprimée et asociale. Mes performances étaient souvent bien en dessous de ce qu'elles auraient dû être (ou, en tout cas, mes bonnes performances me semblaient médiocres – vision rectangle) et, j'en suis persuadée, c'est la raison pour laquelle j'étais fatiguée de façon chronique : cela correspondait parfaitement au sabotage intégral de toute réussite athlétique potentielle.

Bien sûr, je n'ai pas choisi consciemment tout cela, ce n'était pas ce que je voulais. Consciemment, j'essayais désespérément de *ne pas* me laisser envahir par mes pensées négatives. J'essayais de mettre mes mauvaises performances sur le compte de la malchance ou de la fatigue, et je rationalisais mes crises de boulimie en me persuadant que tout sportif astreint à des catégories de poids en passe par là. Je voulais garder le contrôle sur tout, mais plus j'essayais, plus j'avais le sentiment que ce contrôle m'échappait.

Avancer

Je ne sais pas à quoi votre cartographie de la réalité ressemble, mais ce dont je suis certaine, c'est qu'elle s'est construite à partir de vos souvenirs et de vos croyances mêlés. Afin de changer de trajectoire ou de naviguer dans de meilleures conditions, il va vous falloir prendre ces données « à bras-le-cœur ». La suite de cette première partie va vous apprendre à reconnaître le genre d'information que votre esprit a l'habitude de consommer, ce qu'il rejette, et pour quelles raisons. Ainsi, vous allez pouvoir balayer quelques vieilles illusions et définir un trajet existentiel plus agréable.

Prenez donc votre boussole et une loupe. Il est l'heure de partir en exploration en eaux troubles.

Questionnement analytique

Pour comprendre un problème particulier

Il est possible de faire des progrès considérables en répondant à quelques questions analytiques sur ces comportements qui sont les vôtres bien que vous ne vouliez pas les avoir. Afin de mieux comprendre ces moments d'autosabotage, vous pouvez utiliser les questions ci-dessous. Elles vont vous aider à localiser spécifiquement où, quand, comment et (peut-être) pourquoi ils se produisent.

Ces questions vous seront utiles si vous avez un trait particulier d'autosabotage sur lequel vous aimeriez vous pencher en lisant ce livre. Il n'est pas nécessaire de répondre à chaque question. La plupart serviront de tremplin pour arriver à d'autres questionnements et ne constituent pas des solutions thérapeutiques en soi. Le but est que votre esprit réfléchisse à la meilleure façon pour vous de trouver des réponses au cours de votre lecture à venir.

Commencez par écrire le problème que vous avez sur une page blanche de votre carnet, puis répondez aux questions suivantes en pensant à ce problème.

Dans quel(s) contexte(s) de votre vie ce problème survient-il le plus facilement ?

Auprès de quel genre de personnes ce problème survient-il le plus facilement ?

Y a-t-il un moment ou un jour particulier où ce problème survient le plus facilement ? (Et si c'est le cas, que se passe-t-il d'autre à ce moment ?)

Comment vous jugez-vous lorsque cela arrive ?

Comment vous jugez-vous ensuite ?

Dans quel état d'esprit ce problème vous laisse-t-il ensuite ?

Y a-t-il d'autres situations dans votre vie qui vous donnent le même sentiment ? Si oui, lesquelles ?

S'il y avait un rapport entre ces deux situations différentes, lequel serait-il ?

Comment ce sabotage affecte-t-il le reste de votre journée, de votre semaine ou de votre mois ?

Est-ce que cela affecte votre rapport aux autres ? Si oui, à quel niveau ?

Est-ce que cela affecte votre idée du futur ? Si oui, à quel niveau ?

En y repensant, depuis combien de temps ce problème survient-il ?

Qu'est-ce qui était différent avant l'apparition de ce problème ?

Que se passait-il dans votre vie à cette époque ?

S'il existe des situations où ce problème ne vous affecte pas (ou des situations où vous l'oubliez de façon temporaire), quelles sont-elles ?

Qu'y a-t-il de différent dans ces situations, et comment se déclenchent-elles ?

Le but du monstre

Tous les traits autosaboteurs visent à produire un bénéfice, un gain, en parallèle des effets néfastes, qui sont eux bien plus évidents. On ne repère souvent que les effets néfastes, car, tout comme ce qu'il y avait de positif dans l'intention de Rebecca de fumer de la marijuana, les gains sont entièrement inconscients. En revanche, je peux vous garantir qu'ils existent. En répondant aux quatre questions ci-dessous, vous allez mieux comprendre le but qui se trouve derrière vos comportements indésirables.

Que gagnerez-vous à abandonner vos comportements autosaboteurs ?

Que perdrez-vous à abandonner vos comportements autosaboteurs ?

Si vous deviez garder un aspect de ce comportement, lequel serait-il ?

Si votre esprit pouvait posséder quelque chose qui vous empêcherait de tomber dans ce comportement autosaboteur, quelle serait-elle ?

2

Le monstre

La puissance de la croyance et l'élaboration du monstre

Je suis assise au bord du ring, je profite d'un des rares moments de calme dans ce lieu où l'activité est quasiment constante. Des gouttes de sueur sur mon front tombent en rythme sur le plancher. Ces petites masses en s'écrasant jouent un solo presque inaudible au beau milieu de l'orchestre symphonique de coups et de craquements qui se déchaîne autour de moi.

Le gymnase est vraiment bondé ce soir ; cet espace confiné grouille de gens de tous horizons – des banquiers se mélangeant aux ouvriers des usines du quartier – qui se sont défaits de leurs oripeaux sociaux et ont fusionné dans leur passion commune pour l'adrénaline et l'huile de coude. Par groupes, les débutants se confrontent aux bases du sport. C'est plus ou moins facile : certains se débrouillent bien et comprennent les techniques complexes comme si c'était inné chez eux ; d'autres sont moins coordonnés et doivent faire de grands efforts pour suivre le moindre enchaînement.

Sur ma gauche, au milieu du dojo, mon instructeur, Stuart, s'entraîne avec l'un de ses meilleurs combattants. Tous deux passent avec aisance d'une combinaison à l'autre. À un moment, ils rient et se font des blagues ; l'instant d'après, ils s'affrontent sans merci, se tapent à fond et font craquer mentons et côtes. Pourtant, dans cet échange impitoyable entre les deux hommes, il y a quelque chose de calme et de beau. C'est simple, fluide, puissant, concentré. J'aimerais être comme eux. Ils possèdent une qualité que l'on n'acquiert parfois qu'après des années d'entraînement, en formant son corps et son esprit à accepter ce que l'instinct conseille à tout prix d'éviter. Pour moi, c'est comme si Stuart avait réussi l'impossible, c'est une forme de perfection psychologique, et je voudrais faire pareil.

Adolescent, Stuart passait des heures aux sacs de frappe d'un dojo du nord de Londres où il avait ses habitudes, à observer les subtilités de chaque mouvement que les combattants expérimentés répétaient sans cesse afin de s'améliorer. Les maîtres pouvaient bondir comme des félins, enchaîner sans effort des dizaines de coups de pied chassés avec la grâce de danseurs. Stuart les a observés des centaines d'heures durant, il a regardé comment ils changeaient de style selon ce qu'ils voulaient obtenir, comment ils feintaient et attaquaient pour provoquer une réaction de leur adversaire et exploiter les failles qu'ils ouvraient. Il a appris l'art d'un combat joyeux et s'est créé un alter ego de combat, une sorte de joker, une seconde personnalité qu'il a utilisée ensuite pour induire ses adversaires en erreur, pour qu'ils le sous-estiment.

Rien n'avait jamais intéressé Stuart avant sa découverte du kick-boxing. À l'école, il n'arrivait pas à se concentrer. Les petits boulots qu'il commençait l'ont vite lassé. Même les séances nocturnes de jeux vidéo que ses amis aimaient tant ne l'ont pas contenté bien longtemps. Mais dans le dojo, il était dans son élément. Il s'est plongé si complètement dans ce monde du combat et des sacs de frappe couverts de sueur et de sang qu'il a appris ce que voulait dire avoir un but, mais aussi se sentir bien, enfin.

Lorsque Stuart combattait, il le faisait avec une assurance palpable. Il pouvait glisser et danser, esquiver tout type d'attaque. Il baissait ensuite sa garde, sans peur aucune, pour exciter les boxeurs qu'il affrontait. Son style de combat débordait de confiance, et pourtant Stuart était passé par les mêmes doutes que n'importe quel sportif se lançant dans la compétition professionnelle. Avant chaque combat, il disparaissait dans les toilettes de la salle de sport pour se parler à lui-même. Seul devant les vieux miroirs éclairés au néon, il se regardait droit dans les yeux. Il voyait là la somme de ses efforts. Même à la fin de sa carrière, après seulement quelques défaites en une centaine de combats, Stuart avait besoin de ce rituel pour se rassurer : oui, il était capable d'accomplir ce qu'il s'apprêtait à faire.

Lorsqu'il franchissait les cordes, aucune trace de tension n'était plus visible. Tout à son combat, il avait une complète foi en lui-même, il ne se posait plus aucune question. Au moment où les pieds de Stuart touchaient le tapis, sur le ring, son moi avait disparu. Il ne restait plus qu'une confiance altière, un calme absolu. C'était ce qu'il fallait. L'homme qui avait gagné tous ces trophées et ces ceintures n'avait cependant rien d'un simple robot ; il avait accumulé au fond de lui durant des années une palette technique sans faille.

Comment en était-il arrivé là ? Il avait confiance en son corps et en ses entraînements, et son corps avait confiance en lui. C'était comme si lui et son inconscient avaient passé un pacte dans ces moments de réflexion devant la glace juste avant le combat, et que chacun connaissait son rôle. À l'heure d'aller combattre, Stuart disait au revoir au capitaine et donnait la barre du navire au vrai patron.

Entre les rounds, pourtant, lorsqu'il s'asseyait au coin du ring et écoutait ses entraîneurs, le doute conscient revenait. C'était un moment étrange et incongru tout à fait fascinant. Les premiers mots qui sortaient de sa bouche étaient toujours : « Est-ce que je suis devant ? »

La fluidité inconsciente

L'abandon (limité) de la pensée consciente que mon instructeur utilisait pour accéder à l'état de fluidité est une sorte de Graal dans le sport. Mais les athlètes ne sont pas les seuls à avoir besoin de cette fluidité. Nous en avons tous besoin. Que vous prépariez vos enfants pour aller à l'école au petit matin ou que vous travailliez comme trader dans une banque importante, vous atteignez un niveau supérieur d'efficacité lorsque vous vous laissez porter par un inconscient non encombré (dans la mesure où vous maîtrisez ce que vous faites depuis si longtemps que votre esprit a accès à la bonne information ; vous ne pouvez pas connaître cette fluidité naturelle en terrain inconnu).

Mihály Csíkszentmihályi, auteur du livre fondateur *Flow*, définit ainsi cet état : « C'est la sensation que vos capacités sont en adéquation avec les défis qui se présentent, dans un système cohérent et logique, avec des mesures claires du degré de performance. La concentration est si intense qu'il n'y a pas de perte d'attention, pas de place pour le doute ou pour une autre pensée inquiète. La conscience de soi disparaît, et la sensation de la temporalité est modifiée. Une activité qui produit de telles expériences est si gratifiante que les gens veulent s'y adonner, pour le plaisir, sans souci des difficultés ni du danger. »

Les conditions essentielles pour atteindre une telle fluidité sont les suivantes : cette tâche doit constituer un défi et vous absorber suffisamment pour que votre attention se concentre entièrement sur elle, mais ce défi ne doit pas être excessif cependant, de façon à ce que vous ne perdiez pas votre confiance. La fluidité, par conséquent, existe uniquement dans ce petit intervalle situé entre l'autosatisfaction et l'anxiété. Lorsque nous atteignons cet état, l'équipage peut gérer de nombreuses choses en même temps, agissant simultanément avec précision, sans que nous devions consciemment réfléchir.

La fluidité, pour le dire autrement, est l'un des « états hypnotiques » positifs dans lesquels nous entrons avec plaisir si l'occasion se présente. C'est grâce à cette fluidité qu'il nous arrive de créer des choses dont nous ignorons même la source et la raison. Et – c'est très important – cet état est incroyablement agréable. Plus nos vies comportent de moments de fluidité, plus elles seront heureuses.

Au contraire, si nous sentons que notre inconscient abrite un monstre bouillonnant, nous allons intentionnellement reprendre le contrôle conscient sur nos actions. Nous savons pourtant que cela ne fonctionne pas. Ce que nous recherchons, au plus profond de nous, c'est cet équilibre magique où se tient Stuart chaque fois qu'il monte sur le ring : être capable d'éteindre notre pensée consciente et d'entrer dans un état de fluidité durant l'action, tout en pouvant faire des allers-retours entre les deux états lorsque nous voulons réfléchir, calculer ou programmer.

Comme tout le monde, Stuart a certainement eu ses propres soucis, et des comportements autosaboteurs (et ses combats n'étaient probablement pas tous aussi parfaits que ce qu'il nous semblait à nous, observateurs). Pourtant, j'ai bien l'impression que, sur le ring, il ne laissait pas sa conscience interférer, car il croyait en lui. Ni le capitaine ni le monstre ne se manifestaient durant la compétition, parce que Stuart avait établi un contrat de confiance entre le conscient et l'inconscient.

De mon côté, je vivais quelque chose de presque diamétralement opposé. Je pouvais passer cinq rounds contre des boxeurs plus lourds et plus forts que moi à l'entraînement sans être jamais traversée par le doute ou l'hésitation. Mais lorsque le regard des juges se posait sur moi, je m'écroulais. Parfois, j'essayais de me trouver une excuse en me disant que des gens comme Stuart avaient plus d'expérience. Ou j'avais honte en me comparant avec les autres, et je me demandais sérieusement pourquoi tout le monde avait l'air bien plus à l'aise que moi. À y repenser, je vois bien que mon inconscient – mes réactions, mon corps et mes capacités techniques, acquises à force de m'entraîner – aurait pu être capable de connaître une telle fluidité, même à l'époque. C'était mon manque de foi en moi qui m'empêchait de déclencher cet état.

Qu'est-ce qui bloque votre fluidité ?

Cette habitude de douter de soi-même, qui bloque la fluidité, n'est pas spécifique aux sports de combat. Nous pouvons avoir peur de monter sur scène dans des situations très diverses. Vous êtes par exemple très détendu dans une conversation avec des amis, mais vous articulez péniblement quelques mots idiots en face de personnes qui vous attirent ou vous impressionnent ; ou bien, pendant vos études, vous avez les réponses à toutes les questions chez vous, et un trou noir complet au moment de l'examen.

Dans tous les cas, une pensée monstrueuse entre en jeu. Lorsqu'une bataille entre conscient et inconscient occupe notre esprit, ni l'un ni l'autre n'est au travail et c'est pourquoi nous ne trouvons pas de solution efficace. Nous sommes dans une sorte de boucle psychologique qui peut nous paralyser au pire moment. Tout à coup, plutôt que d'écouter attentivement la personne qui nous interroge lors d'un entretien d'embauche, nous nous focalisons sur un horrible monologue intérieur à propos de notre incapacité à décrocher cet emploi, ce qui nous fait passer – et c'est très frustrant – pour un candidat peu crédible. Désastreux.

Dans ce chapitre, nous allons voir comment identifier les pensées limitatives qui alimentent notre sentiment d'infériorité et nous poussent à ne pas faire confiance à l'équipage. Pour comprendre de quoi sont faits nos monstres, nous devons nous attaquer à ce qui relie la peur, la croyance, l'effort et la honte.

Cela commence par l'une des phobies le plus couramment partagées : la peur de l'échec.

La peur de n'être « pas assez »

Ce n'est pas seulement parce qu'il nous rend heureux que l'état de fluidité nous attire, c'est aussi parce qu'il va avec le succès. Les gens qui arrivent à tracer leur route réalisent souvent de grands projets. Il y en a même qui font des choses qui paraissaient impossibles. Les performances physiques les plus spectaculaires impliquent cette notion de fluidité, depuis les patineurs sur glace et les gymnastes qui ont l'air de s'envoler jusqu'au champion du monde de Rubik's Cube qui résout le casse-tête les yeux bandés en moins de vingt secondes (comment fait-il ?). Pourtant, de façon paradoxale, c'est justement notre désir de réussite qui nous empêche d'entrer dans cet état de fluidité… nécessaire à la réussite.

Nous vivons dans un monde où la valeur d'un individu est largement corrélée à sa réussite sociale. Résultat, la peur de l'échec s'est répandue comme une épidémie. Sous une forme ou une autre, cette peur est au centre de la plupart des problèmes évoqués en thérapie. Il ne s'agit pas forcément de promotion au travail ou de performances sportives. Nous redoutons l'échec sur différents plans : personnel, sentimental, émotionnel, familial, social, physique, etc. Lorsque nous avons l'impression de ne pas être au niveau, nous doutons de nous-mêmes : nous ne sommes pas assez bons, pas assez beaux, pas assez gentils, pas assez intelligents, pas assez forts, pas assez créatifs… Chacun trouve ce qui lui manque, et parfois ce sont plusieurs qualités qui font défaut. Quelle que soit la forme de cette peur de l'échec, elle nous empêche d'être nous-mêmes, et plus elle est intense, plus nous souffrons.

Bien sûr, il est normal de se poser de temps en temps des questions. Un peu de doute est utile, sans cela nous serions horriblement narcissiques (et ce serait même assez dangereux). Cela nous aide à garder les pieds sur terre ; cela nous empêche d'être arrogants et nous pousse à nous battre. Mais quand le doute prend trop de place, cela peut nous entraîner dans des comportements compulsifs, répétitifs, ou qui nous échappent, et nous empêcher de faire ce que nous voulions.

En d'autres termes, c'est la peur de l'échec – sous une forme ou une autre – qui nous pousse vers l'autosabotage. C'est une caractéristique de ce sentiment puissant : la peur, même la plus irrationnelle, a pour point de départ une croyance.

Peur et croyance : deux vieux amants

Ce sont des croyances qui alimentent la peur. Si nous avons peur de quelque chose, cela signifie que nous y croyons. C'est une vérité plutôt intuitive, mais qui est rarement formulée.

Prenez l'arachnophobie, par exemple. Quelqu'un qui a peur des araignées croit sincèrement, dans un coin de son cerveau, que les araignées sont dangereuses. Sinon il ne sursauterait pas si violemment ni ne produirait autant d'adrénaline lorsqu'il en aperçoit une.

C'est pareil pour la peur de l'échec. Si nous avons peur d'échouer, c'est parce qu'une part de nous-mêmes croit que l'échec est réellement possible. Ou, si nous décidons de ne pas faire quelque chose que nous aimerions beaucoup faire, par crainte du ridicule ou par peur de passer pour un idiot, c'est parce que nous croyons vraiment que cela risque de révéler la « triste vérité ».

Mais ces croyances négatives ne sont pas « la » vérité. C'est très important de s'en souvenir : elles ne sont pas la vérité, elles n'en ont que l'apparence. Ce que nous croyons savoir sur nous-mêmes mérite bien souvent à peine le nom d'idées. Ce sont des hypothèses que nous avons glanées au fil de la vie puis que nous avons filtrées et transformées en « preuves » jusqu'à y croire totalement.

La croyance détermine l'action, et l'action détermine l'identité

Si ce sont des émotions négatives qui dominent notre comportement, nous ferons au final l'inverse de ce que nous voulions faire.

Trevor SILVESTER, *How to Click*

Il existe une vérité désagréable : ce que nous manifestons de nous-mêmes révèle souvent ce dont nous avons peur. Nos pensées limitatives fonctionnent en effet comme des prophéties autoréalisatrices. Nous avons tendance à faire ce que nous voulions le moins faire, simplement en le gardant sans cesse présent à l'esprit.

Vous êtes-vous déjà demandé pourquoi il était si facile de ne pas vous servir une part de gâteau au chocolat lorsque vous ne faites *pas* de régime, et si difficile quand la perspective de devoir vous mettre en maillot sur la plage se rapproche ? C'est tout simple : plus nous tentons de ne pas faire quelque chose qui pourrait confirmer une de nos peurs (« Je suis trop grosse pour être belle en maillot », ou simplement « Je suis moche »), plus nous y pensons intensément : « Je ne devrais pas manger de ce gâteau car cela va me faire encore grossir. Je ne devrais vraiment pas manger cette grosse part de gâteau au chocolat. Ne mange pas ce gâteau au chocolat ! Laisse donc ce magnifique gâteau au chocolat fondant ! Mmmm… du gâteau ! »

Et, après avoir succombé à la tentation, nous nous culpabilisons et nous recommençons : « Je savais bien que j'allais grossir. Je m'étais *promis* de ne plus en manger ! Je mérite d'être aussi moche et laide sur la plage. Pfff… Tiens, j'en reprends une part. »

Finalement, on tombe dans un cycle auto-alimenté qui renforce une croyance négative qui fonctionne ainsi :

1. La croyance engendre la peur.
2. La peur rend l'idée omniprésente.
3. L'idée omniprésente crée le comportement correspondant.
4. Le comportement alimente la peur, la confirme et la renforce. Et ainsi de suite.

Un jour, j'ai passé l'après-midi avec quelqu'un que j'avais aimé en secret pendant des années. Ce jour-là, de façon absurde, j'ai lancé un horrible juron au moins cinq fois en l'espace d'une heure. Je continuais, même si, chaque fois que je le prononçais, j'avais un peu plus honte de m'entendre. Je ne suis pas une sainte, et je peux parfois placer un bon « *fuck* », mais ce comportement ne me ressemblait pas du tout et c'était vraiment gênant. Pourquoi est-ce que j'avais choisi ce jour-là pour mal parler ? Eh bien, parce que cela me donnait une vraie bonne raison de ne pas demander à ce garçon de sortir avec moi. Alors que le mot sortait de ma bouche autodestructrice pour la cinquième fois, une petite voix intérieure m'a dit : « Tu as vu ? Maintenant, c'est sûr, tu n'es vraiment pas assez bien pour lui. Même plus besoin de tenter le coup. » J'étais heureuse de pouvoir m'accrocher encore un peu à cette excuse, car l'idée même de lui proposer de sortir ensemble me pétrifiait. Et, oui, je frémis encore aujourd'hui en me rappelant cet épisode.

L'angoisse : la peur du futur

Lorsque nous projetons dans l'avenir nos croyances fondées sur la peur, nous nous sentons encore plus mal. Notre corps réagit à l'angoisse comme si le désastre redouté se produisait sous nos yeux (mains moites, accélération du rythme cardiaque, etc.), alors que la peur concerne quelque chose qui n'est pas encore arrivé. Et si cette peur est liée à des événements qui ont effectivement eu lieu, ce sont les conséquences de ces événements qui nous inquiètent.

Une partie du problème est que lorsque nous projetons dans l'avenir une pensée négative, rien ne vient la démentir car le futur, par définition, est inconnu. C'est la raison pour laquelle l'avenir rend nos monstres encore plus effrayants.

L'inconscient procède de la façon suivante :

« Peut-être ces personnes ne vont-elles pas apprécier que je leur propose qu'on sorte ensemble. » = « Je ne vaux pas le coup. »

« Peut-être vais-je échouer à cet examen et passer pour une idiote. » = « Je suis idiote. »

Peur concernant l'avenir = croyance concernant le présent.

Au moment de traduire nos peurs et de les adapter au temps présent, il devrait être facile de trouver au moins quelques indices de leur fausseté. Pourtant, comme nous avons l'habitude depuis toujours de nous reposer sur nos croyances, nous n'allons pas plus loin.

Les messages de l'enfance : la construction des croyances

Nous disposons tous d'un éventail de croyances qui définit le monde tel que nous le connaissons, et il est aussi unique que nos empreintes digitales. Certaines croyances sont négatives, d'autres positives, mais elles viennent à peu près toutes de nos différentes expériences. Des recherches indiquent que les souvenirs pourraient faire partie d'un héritage génétique, et même que la peau reçue lors d'une greffe pourrait contenir des informations sur le passé du donneur. Mais en général, nous ne venons pas au monde avec l'idée que nous sommes nuls en maths, ou que nous sommes beaux, ou que nous sommes chanceux… Nous développons ces idées sur nous-mêmes au fur et à mesure que nous accumulons des expériences, surtout durant nos premières années d'existence.

Si un parent, un professeur, un ami d'enfance ou simplement notre interprétation d'un événement particulier nous disent que nous ne sommes pas à la hauteur, nous intégrons ce message. Si vous dites suffisamment souvent à un enfant qu'il n'y connaît rien en algèbre, il croira que c'est vrai.

Les pensées limitatives du genre « Je ne suis pas à la hauteur », « Ces gens sont trop bien pour moi », « Je ne vaux rien » ou « Je suis stupide/moche/sans intérêt » paraissent extrêmes, mais quand on est jeune il est facile d'arriver à de telles conclusions exagérées, car l'enfance est un âge de la vie où l'on pense d'une façon particulière : le monde est binaire. Les choses sont soit très bonnes, soit horribles ; nous sommes des gagnants ou des perdants ; nous sommes aimés ou détestés.

Le processus

Dans le cadre de ses études sur le développement cognitif de l'enfant, l'éducateur suisse Jean Piaget a défini quatre stades par lesquels les enfants doivent passer avant d'acquérir les capacités rationnelles d'un adulte :

1. Le stade sensori-moteur : la pensée est totalement binaire. À ce moment de son développement mental, si un enfant est mis en situation

de compétition, il ne verra que deux possibilités : perdre ou gagner.
2. Le stade préopératoire : à ce stade, une gradation basique devient possible. Notre jeune compétiteur peut comprendre le concept de deuxième ou troisième places, mais cela ne va pas plus loin.
3. Le stade des opérations concrètes : le degré de classement peut être pris en considération : « Je suis arrivé deuxième, maman. Mais j'y étais presque ! »
4. Le stade des opérations formelles : c'est à ce stade final, aux alentours de onze ou douze ans, selon Piaget, que les enfants sont capables du type de pensée que nous attendrions d'un adulte. Les jugements vis-à-vis de soi-même sont intégrés dans un système de valeurs : « J'ai perdu la course, mais ce n'est pas grave. Je préférerais être en cours de théâtre. »

La pensée exclusivement binaire est réservée au plus jeune âge, croyons-nous. Pourtant, il nous arrive parfois, bien plus tard dans l'existence, de basculer dans ce monde en noir et blanc. C'est d'autant plus vrai quand nous sommes confrontés à une émotion forte comme la peur et la colère. Si vous écoutez un adolescent (ou même un adulte) en colère, vous verrez qu'il fait un usage immodéré des déclarations absolues. La fille d'un de mes amis a dit un jour : « Je déteste *tous ceux* qui ne portent pas des Dr. Martens. » (On était dans les années 1990.) Il n'y avait pas une once d'ironie dans sa voix. À moins que vous ne portiez une paire de Dr. Martens, elle vous prenait vraiment pour un sale type, la lie de l'humanité, et n'avait que dédain envers vous. On aime s'accrocher à ses croyances… Même si cela semble ridicule, nous adorons effacer, détourner ou généraliser tout ce qui risquerait de prouver que nous avons tort.

La théorie de Piaget explique pourquoi il est si simple d'arriver à des conclusions absolues lorsque nous sommes jeunes. Enfant, nous sommes très dépendants de l'amour et du soutien des autres, et nous avons donc des raisons tout à fait vitales de vouloir impressionner nos proches. C'est pourquoi les jeunes enfants peuvent exagérer l'importance de leurs faits d'armes apparemment les plus insignifiants. Pour un enfant de cinq ans, une petite chute dans le bac à sable peut être « traumatisante », selon les circonstances.

« Ça m'est destiné ! »

La capacité mentale à s'extraire d'une vision du monde à la première personne s'acquiert en grandissant. Lorsque nous sommes jeunes, nous prenons tout personnellement. S'il se passe quelque chose de positif, nous nous en félicitons. Si c'est quelque chose de négatif, nous nous demandons ce que nous avons fait de mal. C'est pourquoi les enfants dont les parents divorcent quand ils sont très jeunes peuvent se sentir responsables de la situation. Ils ont tiré de l'événement des conclusions qui peuvent les blesser profondément : « Mes parents se sont séparés parce que *j'étais méchant* », ou : « Si ma mère/mon père est parti(e), c'est que *je ne compte pas assez* pour elle/lui. »

Notez bien que je ne condamne aucun parent qui divorce alors qu'il a de jeunes enfants. Je ne condamne pas davantage ceux qui sont déçus parce que leur enfant n'a pas de bons résultats scolaires : c'est naturel lorsque nous aimons quelqu'un de vouloir le meilleur pour lui. Il est impossible d'éviter qu'un jeune esprit ait des jugements erronés. Je crois que le mieux que les parents puissent faire est de s'efforcer de prendre les bonnes décisions compte tenu de leur situation et de s'assurer que leurs enfants sachent qu'ils sont aimés.

Tout cela pour dire que ce qui se passe au début de notre vie peut potentiellement se transformer en pensées limitatives. Mais les monstres n'ont pas pour seule origine les traumatismes les plus évidents ; ils sont le propre de l'être humain.

Toute résistance est inutile

Tout ce que vous combattez, vous le renforcez, et tout ce à quoi vous résistez persiste.

Eckhart TOLLE, *Nouvelle Terre*

Si l'on vous dit que vous n'êtes pas assez bon pour quelque chose, comment réagissez-vous ? Acceptez-vous cette critique comme une vérité absolue, ou bien recherchez-vous intérieurement quelques éléments qui prouveront le contraire ? Il faut reconnaître honnêtement que tout le monde a un petit sursaut combatif (même minime). Et même si nous n'avons pas le cran ou l'énergie de riposter, nous en avons tout de même envie.

La culture populaire utilise souvent l'archétype du héros au fond du trou qui lutte pour sa survie. L'énorme succès populaire de films comme *Rocky*, *Rambo*, *Will Hunting* ou *Le Cercle des poètes disparus* s'explique parce que nous voulons que les perdants réussissent. Nous aimons voir quelqu'un avec qui nous pouvons nous identifier se battre bec et ongles pour prouver sa valeur, car c'est ce que nous voulons faire nous aussi.

Pour Alfred Adler, un des premiers psychothérapeutes, contemporain de Sigmund Freud, tout être humain possède un sentiment d'infériorité. Nous apprenons ce sentiment d'être « moins que » au moment où nous venons au monde et où nous nous comparons à nos parents et aux personnes plus âgées dont nous avons tant à apprendre. Nous devons tous faire nos preuves, et ce depuis le plus jeune âge. Avant de faire nos premiers pas, nous tombons… et notre frère aîné se moque de nous. Allons-nous renoncer à apprendre à marcher ? Non, nous nous remettons debout et nous nous essayons à nouveau – avec plus de détermination encore – jusqu'à ce que nous y arrivions. Il en va de même avec tous les autres messages négatifs auxquels nous sommes exposés durant notre période de développement. Nous résistons aux moqueries diverses en remontant au front : « Non ! Je vais vous montrer que je ne suis pas nul/stupide/paresseux/inintéressant/limité. Regardez ce que je peux faire ! »

Convertir le message en monstre

Même si la méthode semble assez rude, le fait de résister de façon répétée et continue aux premiers signaux négatifs que nous recevons alimente le feu de notre combat intérieur. C'est pour cela que « tout ce à quoi l'on résiste persiste ».

Le psychiatre et psychanalyste du XXe siècle Carl Gustav Jung a observé que ceux de ses patients qui niaient les aspects de leur personnalité qu'ils rejetaient le plus, qui les cachaient ou essayaient de les juguler, ne faisaient que les renforcer, et que cela devenait de plus en plus problématique avec le temps. Cela signifie qu'en essayant de dominer une croyance négative, en l'affrontant ou en essayant de la supprimer, nous donnons au message qu'elle comporte plus de réalité, et nous le rendons plus douloureux pour nous.

C'est la résistance qui transforme les messages de notre enfance en monstres de notre esprit. Nous pouvons toujours essayer d'amoindrir notre sentiment d'infériorité en niant ou en ignorant les comportements que nous assumons le moins (et nous nous retrouvons à dire : « Je n'étais pas moi-même », ou : « Je ne sais pas ce qui m'est passé par la tête »). En revanche, plus nous mettrons d'énergie dans le combat contre cette partie de notre personnalité qui croit aux pensées limitatives de notre enfance, plus celles-ci vont nous effrayer et nous sembler insurmontables.

Nos monstres sont les aspects de notre personnalité qui ont résisté, ceux dont nous pensons qu'ils ne sont pas « assez bien », à leur manière. On parle de talon d'Achille, mais il s'agit souvent de plus d'une pensée limitative, et nos monstres ont donc différents outils pour nous faire nous sentir mal dans notre peau. Peu importe ce qu'ils essaient de nous dire, chaque fois qu'ils pointent à nouveau leur museau et que nous luttons contre eux, nous les nourrissons avec précisément ce dont ils ont besoin pour se renforcer et grandir.

Les monstres de la honte

Pour le dire autrement : nos monstres sont les aspects de notre personnalité dont nous avons honte. Nous refusons de les aimer, de les accepter ou même de les reconnaître comme une partie de nous-mêmes. Nous avons décidé qu'ils n'étaient pas montrables, qu'ils n'étaient pas « assez bien » pour que les autres puissent les accepter.

Je dois préciser que la honte ne s'exprime pas uniquement dans des moments pénibles, comme lorsque, disons, on se réveille à côté d'un inconnu après une nuit d'ivresse, ou qu'on est condamné pour fraude fiscale. La honte peut concerner de multiples aspects de la vie. Elle peut être sourde, discrète, insidieuse.

La honte est ce que nous expérimentons chaque fois que nous nous sentons « moins » ou « sans intérêt » d'une manière ou d'une autre. C'est aussi ce que des publicités irresponsables cherchent à nous faire éprouver par rapport à notre corps, pour nous inciter à acheter des produits amaigrissants, des protéines en poudre, des implants mammaires ou des extensions péniennes. La honte, c'est ce qu'on ressent lorsqu'on vous harcèle, qu'on vous rejette, qu'on se moque de vous, qu'on vous snobe. La honte est un état émotionnel qui nous force à cacher nos « petits secrets » : un échec, une maladie, une addiction, ce qu'on gagne, ce dont on a envie sur le plan sexuel, etc.

Brené Brown est une psychologue spécialiste de la honte. Elle dit que nous connaissons tous cet état émotionnellement destructeur. Elle le décrit ainsi : « La honte est la peur de la séparation, de la coupure – la peur que quelque chose que nous avons fait ou que nous n'avons pas fait, un idéal que nous n'avons pas atteint, un but que nous n'avons pas accompli nous rendent inapte à la connexion avec autrui. »

« Inapte à la connexion ». Voilà l'idée. Nous faisons l'expérience de la honte chaque fois que nos croyances sur nous-mêmes les plus douloureuses se réveillent. Avec ces croyances négatives, nous pensons que nous ne méritons pas que quelqu'un nous aime, ni qu'il nous consacre du temps, ni qu'il nous respecte, encore moins qu'il nous admire. Lorsque ces croyances sont activées, nous plongeons dans un monde intérieur fait d'angoisse cachée. Nous devenons encore plus étrangers à nous-mêmes, encore moins « assez bien ».

Il est important de souligner que nos pensées limitatives sont particulièrement douloureuses lorsqu'elles ont l'air vraies en étant renvoyées par les autres. Est-ce qu'une idée telle que « Je suis moche » ou « Je suis stupide » serait aussi désagréable si la personne qui y croyait était la seule sur la planète à penser ainsi ? Non, bien sûr. Nous ne pourrions pas entretenir ces idées noires si nous n'avions pas d'autres personnes à qui nous comparer. Les pensées limitatives qui nous font le plus souffrir ont un petit quelque chose en plus : « Je suis stupide... *et cela veut dire* que je suis incapable d'avoir une conversation avec quelqu'un » ; « Je suis moche... *et cela veut dire* que je suis moins bien que les autres ». C'est cette touche finale – la partie la moins visible – qui nous donne envie de combattre à tout prix les histoires de nos monstres. Et il existe de nombreuses possibilités pour le faire.

Pour contrer une vacherie que nous envoie un monstre de la honte, nous pouvons par exemple rejeter la responsabilité de nos échecs sur les autres, prétendre qu'il ne s'est rien passé, boire pour oublier, nous bourrer de nourriture ou être obsédés par le succès. Toutes ces stratégies de résistance peuvent facilement nous faire nous sentir encore moins bien. Vous aurez beau tenter de lutter contre votre sentiment de honte, vous ne gagnerez jamais car vous ne pouvez pas vous battre contre vous-même et en sortir vainqueur. En revanche, vos démons vont s'épanouir ; des aspects sombres et troubles de votre personnalité que vous ne voulez pas approcher vont se développer, et ils passeront pour encore plus monstrueux.

La réponse n'est pas la soumission pour autant. Il ne s'agit pas d'attendre d'avoir un certain âge pour se résigner à l'idée que nous ne sommes effectivement pas « assez bien » (que nous en sommes même très loin !). La solution à la honte et à son monstre, c'est l'acceptation, plutôt que la soumission. Nous devons apprendre à réintégrer en nous ces parties de notre personnalité. Mais cela ne signifie pas que nous devions vivre avec nos comportements autosaboteurs sans rien faire. Absolument pas. En intégrant nos monstres dans notre univers global, nous pouvons les contrôler, au lieu que ce soit le contraire. Avant, nous devons les ré-humaniser.

Les troubles de la nutrition de Jane

Jane est une spécialiste du régime yoyo. Lorsque nous nous sommes rencontrées la première fois, elle avait à peu près vingt-cinq kilos de trop, et elle se rongeait les ongles jusqu'au sang quand elle était sous pression.

Comme beaucoup de gens, Jane voulait qu'on la félicite pour ce qu'elle faisait, pour se sentir à la hauteur. Mais lorsqu'on la félicitait, elle pensait que ce n'était pas sincère. En fait, quelle que soit la forme de reconnaissance qu'on lui adressait – même un simple compliment –, elle se sentait mal à l'aise et avait honte.

L'outil de résistance préféré de Jane était la nourriture. Chaque fois que la honte faisait irruption dans sa vie, elle mangeait sans réfléchir tout ce qu'il y avait dans le réfrigérateur ou elle s'achetait du chocolat au supermarché. Si elle n'avait accès à aucune nourriture, elle se rongeait compulsivement les ongles. Lorsque nous avons travaillé ensemble sur un possible souvenir associé à son sentiment de honte, Jane a raconté ceci : à l'âge de sept ans environ, à l'école, on l'a félicitée pour un travail qu'elle avait copié sur une amie. À l'époque, elle avait éprouvé un vif sentiment d'imposture. Elle était très jeune quand c'était arrivé, et pourtant elle en souffrait encore, des décennies plus tard.

Le monstre de Jane pensait qu'elle ne méritait pas ces félicitations, et il lui racontait des histoires à propos de son manque de valeur chaque fois qu'il le pouvait. Avec le temps, Jane avait appris à utiliser la nourriture comme moyen d'endormir cette douleur émotionnelle qu'elle avait en elle. Malgré cela, plus elle avait accumulé de surpoids, plus sa haine d'elle-même était devenue forte.

Une fois cela bien identifié, Jane a pu se débarrasser à la fois de ce moment douloureux (la honte) et du mécanisme de résistance (la boulimie) en acceptant la partie de sa personnalité dont elle avait pensé, à un moment de sa vie, qu'elle n'était pas « assez bien ». Cette petite fille qui avait copié n'était pas si horrible. Jane n'avait eu qu'à réfléchir à cette situation infantile avec son regard d'adulte pour bien en relativiser la réalité.

Je dois aussi dire qu'il y avait d'autres facteurs qui avaient contribué à fabriquer ce monstre. Ce genre de réaction n'aurait probablement pas persisté si l'enfance de Jane s'était déroulée par ailleurs sans anicroche. Mais Jane n'a pas eu à s'attaquer tout de suite aux autres aspects de cette époque de sa vie. Elle a d'abord fait un virage déterminant pour elle, et finalement elle a pu progressivement redéfinir son rapport à la nourriture, au succès et, enfin, à elle-même.

Deux mois après sa première séance, Jane avait perdu quinze kilos. Lorsqu'elle est arrivée à mon cabinet ce jour-là, elle était transformée – pas uniquement à cause de sa perte de poids ou parce qu'elle portait de nouveaux vêtements : elle était resplendissante. Sa façon de se tenir avait changé, elle souriait beaucoup plus et semblait pleine d'enthousiasme. Jane prenait enfin soin d'elle et elle était désormais en accord avec elle-même.

La détresse du perfectionniste

Atténuer ou cacher sa honte en se bourrant de nourriture, en se soûlant, en prenant des drogues, en jouant ou en procrastinant n'est pas la seule façon de combattre ses monstres. Quelqu'un qui résiste de manière trop agressive à une pensée négative du type « Je ne suis pas assez bien » peut devenir perfectionniste. C'est étrange, et tous ceux qui correspondent à cette description vous diront que la perfection est impossible à atteindre. Dans leur esprit, rien n'est jamais « assez bien ». Je vais vous expliquer pourquoi.

Afin de résister au sentiment de n'être pas « assez bien », le perfectionniste va tenter de faire tout ce qui est en son pouvoir pour démentir ses pensées limitatives. Cela peut le conduire à brillamment réussir : il a d'excellents résultats en classe ou remporte des compétitions sportives. Il peut même écrire un best-seller ou décrocher un prix Nobel. Mais comme le message initial a été incorporé en tant que vérité, ces différentes tentatives sont pourtant vaines. En réalité, elles augmentent son sentiment sous-jacent d'infériorité et d'imposture. Plus grand est le succès, plus la bête qui marche sur ses pas se renforce. En définitive, la déception est constante, et le sentiment de honte ne fait qu'augmenter.

Lorsque nous combattons une croyance du type « Je ne suis pas assez bien » par la recherche du succès, pour prouver le contraire, nous ne faisons que répéter le même schéma. Nous mettons tous nos espoirs dans un enchaînement de pensées : « Là, je ne suis pas assez bon, mais si j'arrive à faire ceci ou cela, *alors* je le serai. » Il peut s'agir d'un titre, d'une relation amoureuse, d'un groupe d'amis, d'un corps plus musclé ou plus fin, d'une voiture – bref, tout ce qui peut constituer un objectif, une *chose* dont nous avons absolument besoin pour être enfin satisfaits.

Et pourtant, chaque objectif a comme visée de contredire la croyance initiale. Au moment où il est atteint, malheureusement, nous nous rendons compte que l'ancien et douloureux message est toujours là. Nous balayons notre victoire d'un revers de la main et nous nous concentrons sur le prochain but à atteindre. Lorsque nous sommes pris dans ce schéma, quoi que nous fassions, nous ne nous sentirons jamais bien. Tant que le message négatif traîne dans nos pensées, la honte va persister – et plus nous voudrons la combattre, plus cette partie de nous-mêmes que nous voyons comme « pas à la hauteur » sera monstrueuse.

C'était ce que je vivais lorsque je luttais pour garder la tête haute après une victoire. Même si j'avais désiré cette victoire afin de prouver à mon monstre intérieur qu'il avait tort, même si la décision des arbitres m'était favorable, la même ritournelle défaitiste continuait à tourner dans ma tête : « Non. Ça n'est pas encore ça. » Les prix étaient prestigieux, les unes des journaux, pleines d'éloges, mais cela ne comptait pas. Ce qui m'obsédait, c'était comment j'aurais pu mieux faire. Mon monstre vérifiait que je ne profite pas d'un seul moment de joie lors de ma victoire – car s'approcher trop près du succès est dangereux lorsque tu penses que tu ne le mérites pas. Alors, au lieu de célébrer ma victoire gaiement, le lendemain, je retournais à l'entraînement pour faire fondre mon corps jusqu'à l'os, en me répétant consciemment que la prochaine victoire serait « la bonne ».

Un résumé du monstre

Comme le rapport entre la peur, la croyance, la honte et la résistance est cyclique, voici un petit résumé de tout ce que nous avons vu au cours de ce chapitre.

Nous acquérons nos pensées limitatives les plus douloureuses dans l'enfance, car à cette époque de la vie nous exagérons automatiquement le sens des choses (une vision en noir et blanc du monde) et nous prenons tout personnellement (« Ça m'est adressé ! »). Une fois que nous avons internalisé le message négatif et que nous y croyons, nous allons éviter tout ce qui menace de contredire ce jugement sur nous-mêmes. C'est là que la pensée limitative devient une peur.

Ce que nous avons appelé le monstre est la partie de notre personnalité liée à ces croyances douloureuses sur nous-mêmes ; c'est la partie qui nous souffle que nous ne sommes pas « assez bien ». Au plus profond de nous, nous avons l'impression que nos limites nous rendent inaptes à la connexion avec autrui. Nous tentons de combattre cet aspect de notre personnalité en l'affrontant ou en le niant. Nous nous mentons, nous essayons de l'oublier en alignant les succès les uns après les autres, nous nous y soumettons en nous soûlant, en prenant des drogues pour ne plus rien sentir, nous le cachons en rendant tout le monde heureux sauf nous, nous essayons de nous améliorer en devenant plus mince, plus fort, plus beau, plus qualifié, plus cool, etc. Nous essayons à tout prix de cacher les traits les plus honteux de notre personnalité, mais comme « tout ce à quoi l'on résiste persiste », cela ne fait qu'empirer.

Combattre nos monstres provoque encore plus d'autosabotage car le monstre, c'est *nous*. Pour reprendre le contrôle, il faut accepter les parties résistantes de notre personnalité, et les réintégrer dans notre tout. Comme l'acceptation commence par la compréhension, dans le chapitre suivant, nous allons apprendre à connaître notre monstre un peu mieux en passant en revue tous les genres d'autosabotage qu'il inspire.

3

La zone d'(in)confort

Le chant des sirènes, un air bien connu

Cela fait déjà une semaine que je suis dans cette salle pleine à craquer, en Espagne. L'équipe anglaise est constituée d'une trentaine de combattants de différentes disciplines : des kick-boxeurs, bien sûr, et des champions de plusieurs arts martiaux. Tout se passe dans cette grande salle pavoisée avec les drapeaux de tous les pays en lice – il n'y a pas d'autre décoration, à vrai dire. Ce lieu est sombre comme une caverne et résonne beaucoup. C'est très intimidant.

Lorsqu'un membre d'une équipe est appelé pour monter sur le ring, pendant un court interlude, chacun exprime son énergie et son enthousiasme – ce qui offre un répit bien mérité dans la nervosité de l'attente. Aujourd'hui, c'est le dernier jour de cette compétition mondiale. J'ai remporté ma première médaille d'or plus tôt dans la journée, mais je réserve ma joie pour après le grand événement. C'est maintenant mon tour d'y aller et d'entrer sur le ring de full-contact pour essayer de signer un doublé.

Le premier round est compliqué. Mon adversaire est forte et je passe la plupart du temps sur mes appuis arrière, trop à mon goût. Au deuxième round, en revanche, je reprends du terrain et, à trente secondes de la cloche, je me lance en avant avec un side-kick vers le menton de l'Espagnole. Derrière elle, j'aperçois le blanc et rouge des survêtements de l'équipe anglaise et, comme mon coup est bien porté, les encouragements fusent et vont crescendo. Mon adversaire est dans les cordes, je m'approche pour lui décocher quelques directs. En un coup d'œil entre mes gants, j'aperçois comme une lueur de défaite dans ses yeux. Oui. Je connais ce regard. J'ai déjà été à sa place. « Encore un coup, me dis-je, et je vais décrocher l'or. » Ma main droite s'élance, les bras de mon adversaire s'affaissent et elle se détourne. L'arbitre doit intervenir. Le match est fini. J'ai remporté le titre.

Juste après, je grimace consciencieusement pour les photos et tout le monde me félicite, m'acclame et m'embrasse, mais il me manque quelque chose. Derrière mon sourire, je ne ressens qu'un vague soulagement de ne pas avoir perdu. Plus tard, une fois que l'adrénaline est redescendue et qu'on a ouvert le champagne, je me dis avec un peu d'espoir que téléphoner chez moi va déclencher ma joie. Pourtant, même passer ce coup de fil me semble étrange. Je ne saurai pas trop quoi dire puisque je ne ressens pas l'exaltation attendue, même pas la satisfaction du travail bien fait, et je ne pourrai pas montrer mon véritable état d'esprit. Alors j'opte pour un texto. Au moins, ils n'entendront pas ma voix pathétique.

La nuit, dans ma chambre d'hôtel, je scrute le plafond en me répétant en boucle que j'ai gagné deux finales aujourd'hui. Je cherche pourtant de quoi je pourrais être fière. Mis à part quelques coups que j'estime corrects, je suis déçue et découragée. Pire, tapi derrière cette tristesse, je vois un vieux sentiment de honte. Deux titres mondiaux le même jour, ce n'est pas assez pour l'éliminer.

Les souvenirs réactualisables

En thérapie, nous appelons « événements émotionnels significatifs » les moments de la vie des enfants où ils en viennent à avoir des jugements sur eux-mêmes. Ce sont parfois des moments qui passent inaperçus : un faux pas sur scène pendant un spectacle de Noël à l'école ou le fait de devoir effacer les dessins qu'on a faits sur le mur. C'est uniquement pour les enfants que ces événements sont importants.

En grandissant, l'inconscient garde soigneusement en mémoire tous ces moments importants afin de reconnaître instantanément toute situation similaire. Ce sont des souvenirs « réactualisables ». Ils sont comme des bulles mentales chargées de sons, de couleurs, de goûts, d'odeurs, d'associations diverses et de messages incompréhensibles. L'inconscient les considère comme une vérité, et les conserve. Ils sont accessibles et émotionnellement chargés. Leur but : que nous n'oubliions pas les leçons importantes qu'ils nous ont apprises.

C'est ce processus qui est à l'origine des phobies. Si un enfant rencontre ce qu'il croit être une dangereuse araignée, alors son inconscient va mémoriser (immortaliser) cette araignée ainsi que la croyance que « les araignées sont dangereuses », afin de rester éloigné de tout ce qui y ressemble de près ou de loin. Au cas où.

C'est ainsi que nos pensées limitatives les plus personnelles se forment. Quelque chose de désagréable arrive lorsque nous sommes jeunes ; nous en exagérons la portée (nous sommes bien jeunes encore) ; le message que nous en tirons nous envahit (« Je suis nul », « J'ai tort », « Je suis stupide », « On ne peut pas me faire confiance », « Je ne suis pas assez ceci ou cela ») ; et, pire que tout, comme ce message est régénéré grâce au mécanisme du souvenir réactualisable, il semble toujours aussi vrai chaque fois que nous nous le rappelons. Aïe.

Les problèmes sont des mauvaises solutions

La raison pour laquelle nous conservons si bien nos souvenirs réactualisables, c'est que notre esprit pense qu'ils contiennent des données importantes, qui pourraient même nous sauver la vie. Si nous reprenons l'exemple de la phobie des araignées, chaque fois qu'un arachnophobe croise la route d'une bête qui ressemble à une araignée, son esprit va revenir au moment important où il avait réussi à survivre à la menace la première fois. Cela se passe la plupart du temps en dehors du terrain conscient, et c'est ce que nous faisons tous. Nous nous jetons vers l'une de ces bulles effrayantes de souvenirs réactualisables, nous la convoquons, car notre esprit pense que nous allons y trouver la solution au problème. Malheureusement, la solution pour s'en sortir face à une araignée qui semblait si dangereuse à l'âge de cinq ans ne constitue pas la meilleure façon de réagir lorsqu'on a trente-cinq ans et qu'une petite bestiole se balade sur une table. Pourtant, l'inconscient, dévoué, mélange les deux scénarios sans les distinguer : « On dirait quelque chose de dangereux. Comment m'en suis-je sorti, déjà, la dernière fois ? Ah oui ! J'ai bondi dans les bras de l'adulte le plus proche. Faisons cela ! »

Rationnellement, on pourrait se dire que notre réaction inconsciente est problématique, mais l'inconscient choisit intentionnellement cette réponse car il pense que c'est la meilleure solution pour que nous survivions. C'est facile à comprendre lorsqu'on parle de la phobie des araignées. Ça l'est un peu moins si l'on considère une action complexe comme prendre la parole en public. Mais le mécanisme est le même : la peur, c'est la peur venue de l'inconscient. Nous adoptons une réponse automatique du type « fuir ou combattre » lors de situations où il nous semble que notre vie est menacée. Même si notre vie n'est pas réellement mise en jeu, prendre la parole est un moment de nervosité, et tout ce que nous trouvons effrayant paraît une menace pour notre vie. Il y a le public, les collègues, la salle d'examen, ou quelqu'un qui nous plaît. Notre rythme cardiaque s'accélère, notre souffle est court et nos mains sont moites. Lorsque cela arrive, l'esprit déclenche une recherche instantanée dans la mémoire afin de retrouver le souvenir réactualisable adapté. Si, enfant, dans ce genre de situation nous nous cachions, à l'âge adulte nous allons aussi battre en retraite. Si, après une mauvaise journée à l'école, nous trouvions du réconfort en mangeant les gâteaux de notre grand-mère, adultes, lorsque nous nous sentirons menacés, nous allons nous tourner vers la nourriture.

Bien évidemment, dans le lot, il y a aussi des souvenirs positifs. Mais ils sont moins importants que des souvenirs de colère ou de frayeur pour notre système inconscient qui est axé vers la survie. Finalement, même si les premiers événements importants du début de notre vie définissent ce qui est normal pour nous en créant une cartographie de nos croyances personnelles, l'esprit sera beaucoup plus attentif à ce qui nous aide à rester en vie plutôt qu'à ce qui nous rend heureux.

Généralisation

Le cercle vicieux est le suivant : plus le déclenchement de ces souvenirs réactualisables arrive à nous inquiéter, plus cela donne de réalité à ce que nous redoutons, et plus nous sommes attentifs à ce qui pourrait nous créer des ennuis. Si notre peur des cours de maths à l'école primaire restait cantonnée à cette situation bien précise, cela ne poserait pas de problème par la suite. Mais les situations de la vie sont si variées ! L'esprit est en alerte… Tout peut ressembler à une possibilité d'échec si l'on a envie de le voir ainsi. Presque tout ce que nous avons fait peut être interprété comme un échec, même si d'un autre point de vue on aurait pu dire que c'était un succès. Comme si nos comportements autosaboteurs n'étaient pas déjà assez pénibles, notre inconscient ultra-consciencieux se met à trouver de nouveaux motifs déclencheurs pour que la peur de l'échec nous envahisse, et plus il en trouve, plus la peur est intense. Le problème s'autoalimente.

Ce qui se passe dans ce cas précis, c'est que le stimulus (la chose qui déclenche le souvenir réactualisable) se généralise, et peut même sauter d'une sensation à l'autre. Imaginez quelqu'un qui a peur des araignées et qui en trouve une dans un coin sombre. Il pourrait se mettre à craindre n'importe quel autre endroit mal éclairé qui serait susceptible de dissimuler *de dangereuses araignées*. Tout à coup, la phobie de l'araignée est devenue une peur des recoins et des commodes, ce qui n'est pas pratique du tout lorsqu'on est adulte ! Cela peut être assez compliqué de devoir demander à votre conjoint de prendre le pot de confiture dans l'armoire parce qu'il est rangé dans un endroit sombre qui vous fait peur. Avec le temps et la répétition du stimulus, un comportement qui semblait contenu peut se métamorphoser et prendre une tout autre échelle.

Si nous appliquons cette idée à l'exemple (bien connu) de l'angoisse du cours de maths, cela débute par « Je suis nul en maths », puis cela devient « Je suis un nul avec les chiffres ». Et un jour, après vous être emmêlé les pinceaux dans un tableur Excel sous les yeux de votre patron, la simple idée d'aller au travail déclenche une crise d'angoisse, avec l'impression que vous n'allez jamais y arriver.

C'est pour cela que nous parlons de pensées limitatives. La petite anxiété que vous éprouviez à l'idée d'aller au travail aura finalement restreint considérablement vos chances de réussite professionnelle et d'une existence heureuse. Si vous voulez mon avis, vous avez mieux à faire que de passer vos dimanches à vous demander comment va se passer votre retour au travail le lendemain.

La généralisation, c'est lorsque le stimulus a entièrement recouvert un souvenir qui était au cœur du problème d'autosabotage et que l'on n'arrive plus à l'identifier. Si elle n'avait pas fait le lien entre ses différentes hontes, je suis certaine que Jane – du chapitre précédent – n'aurait jamais eu l'idée que sa bonne note non méritée pouvait être à l'origine de sa boulimie. (Si cela ne vous semble pas évident maintenant, ne vous inquiétez pas : dans la troisième partie de ce livre, je vous expliquerai comment identifier et recontextualiser vos souvenirs réactualisables.)

La généralisation peut aussi induire que des graines semées dans l'enfance deviennent des problèmes dont nous ne sommes même pas conscients des décennies plus tard. La plupart de mes patients ont dépassé la trentaine, et ils décrivent souvent leur enfance comme heureuse. Ils ont mené une vie stable jusqu'à quelques années avant de me consulter. Les monstres semblent surgir de nulle part, mais en réalité ils étaient cachés dans l'ombre et prenaient des forces petit à petit, sans que nous nous en rendions compte.

Bienvenue dans la zone d'(in)confort

Lorsque nous résistons au message d'un souvenir réactualisable, c'est comme si une barrière invisible était juste au-dessus de nous. Cette barrière détermine ce que nous sommes autorisés à obtenir comme succès ou comme satisfaction. Franchir cette barrière signifierait s'aventurer dans un territoire inconnu où nous pourrions trouver accomplissement, bonheur, amour, etc. Elle est comme un plafond de verre que nous aurions nous-mêmes construit. En brisant ce verre, nous prouverions que nos croyances étaient fausses, la honte qu'ils génèrent disparaîtrait et nous pourrions enfin pleinement accepter ce que nous sommes et être en paix avec nous-mêmes.

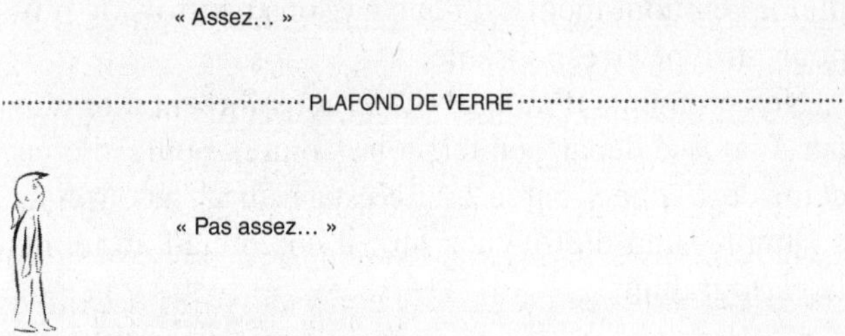

C'est un beau programme, non ? Et en plus, il est parfaitement réalisable. Seulement, ce n'est pas en combattant comme je l'ai fait que l'on peut casser ce plafond de verre. Pour goûter l'air frais qui se trouve au-dessus, nous devons d'abord convaincre notre inconscient qu'il peut sans danger laisser tomber les histoires que racontent nos monstres.

Comme la fonction des souvenirs réactualisables qui protègent nos pensées limitatives est de nous maintenir en vie, l'inconscient n'a pas envie de les abandonner. Résultat, il va saboter intentionnellement tout succès qui pourrait menacer le plafond de verre, nous empêchant de nous libérer de nos vieilles bulles de croyances. À ce stade, nous nous retrouverons dans un état qu'un patient m'a décrit un jour comme un « J'y suis presque » : nous avons l'impression que nous allons enfin atteindre notre but, mais au dernier moment nous échouons. Si nous avons toujours pensé que nous étions stupides, il nous semblera moins risqué de louper l'examen que de risquer de nous retrouver en situation de ne pas être stupides. Si nous avons toujours été le clown de service, alors notre inconscient aura plaisir à nous faire lancer une affreuse blague en pleine réunion, même si nous passons une fois de plus pour un type irresponsable.

Nos moments d'autosabotage nous forcent à retourner à la case départ, en territoire connu, même si c'est celui de l'échec, parce que c'est là que l'inconscient a l'impression d'être chez lui : il en connaît au moins la cartographie.

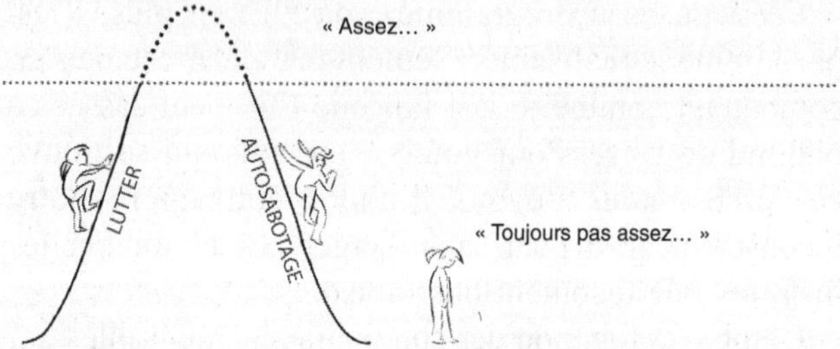

Cette glissade nous ramène en terrain connu. Notre esprit peut aussi nous entraîner vers le bas en créant une inquiétante cartographie de la réalité basée sur le thème de l'échec. Quand j'ai gagné mon titre de championne du monde en Espagne, mon monstre a trouvé une façon de me priver de tout sentiment de fierté. Il était tout simplement plus confortable pour lui que je continue à me sentir inférieure.

L'(in)confort

La zone de confort de l'inconscient peut être *in*confortable au niveau de la conscience. Comme la hauteur du plafond est définie par les croyances et les comportements qui se sont imprimés en nous pendant les premières années de notre existence, même si nous avons eu par la suite une jeunesse facile et heureuse, nous pouvons quand même nous heurter à un plafond très bas.

Vivre sous ce plafond de verre n'est pas agréable car il nous limite alors que, consciemment, nous voulons grandir. Nous n'avons pas envie d'être tout le temps dans les mêmes schémas ; nous voulons explorer, découvrir, atteindre de nouveaux sommets. Le monde soigneusement préservé par un inconscient qui a peur de la nouveauté ressemble finalement davantage à une zone d'inconfort qu'à un terrain connu et agréable. Même si nous avons essayé maintes fois de trouver une porte de sortie, nous revenons dans cette zone de soi-disant confort, en fait d'inconfort, encore et encore, car notre esprit estime que nous sommes mieux équipés pour nous protéger sur ce territoire-là. Et bien sûr, chaque fois que nous retombons dans cette zone où nous ne sommes « pas assez » ceci ou cela, nous affrontons à nouveau nos monstres de honte, ce qui les nourrit.

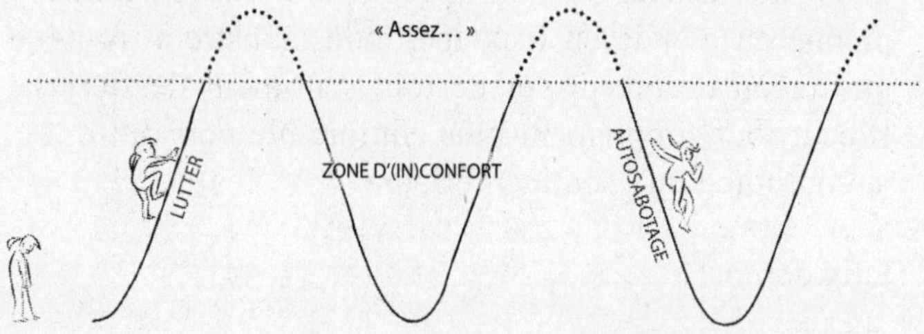

Et le schéma psychologique se répète. C'est celui de ceux qui sans cesse commencent un régime et l'arrêtent, de ceux qui partent régulièrement en cure de désintoxication, de ceux qui détruisent méthodiquement le couple ou la carrière dans lesquels ils s'engagent, etc. Une de mes patientes l'a parfaitement exprimé il y a quelques années. Le succès était pour elle comme une vague sur la crête de laquelle elle surfait. Mais quand la plage n'était plus qu'à quelques mètres, la vague la ramenait vers la haute mer.

Le syndrome de Poulidor

Alan est un triple médaillé olympique néo-zélandais. Il a toujours fait du sport : il a commencé dans l'athlétisme puis s'est mis aux sports d'hiver, où il a atteint le plus haut niveau lorsqu'il avait une vingtaine d'années. Quand nous nous sommes rencontrés, il voulait revenir à la compétition après une période d'arrêt, et participer aux championnats de bobsleigh en Autriche.

À la première séance, nous avons évoqué le concept du plafond de verre. Quand je lui ai parlé de l'idée du « J'y suis presque », il a écarquillé les yeux : il collectionnait les médailles d'argent ! Il m'a dressé la liste de toutes les deuxièmes places qu'il avait décrochées depuis son adolescence : « J'ai été deuxième aux championnats de North Islands à quinze ans, deuxième aux championnats d'Auckland à dix-sept ans. Puis j'ai concouru pour le titre national, et j'ai décroché quatre médailles d'argent. Adulte, mon meilleur résultat est une médaille d'argent en triple saut. Après un échec lors des qualifications des Jeux du Commonwealth, je me suis mis au bobsleigh. Nous nous sommes qualifiés pour les Jeux olympiques de 2006, et nous avons terminé deuxièmes dans les deux courses qualificatives – contre des équipes que, sur le papier, nous aurions dû battre. Ensuite, soit je me suis planté, soit je suis sorti de la piste de manière absurde… »

Alan connaissait donc bien la limite du « J'y suis presque », le plafond de verre de sa zone d'(in)confort. Ce qu'il voulait par-dessus tout, c'était bien sûr voir la couleur de l'or. Et c'est ce qui a fini par arriver, à un moment où il ne s'y attendait pas. Alan et son coéquipier ont gagné la course à deux de la North American Cup Circuit en 2005 (mais ils ont été seconds de la compétition). Pourtant, lorsqu'il a regardé le panneau des résultats et découvert qu'ils étaient premiers, au lieu d'éprouver la jubilation attendue, il s'est senti si triste que des larmes lui sont montées aux yeux. Cette victoire n'avait déclenché en lui qu'un grand sentiment de vide.

Un problème psychologique étrange bloquait chez Alan la possibilité du succès. Durant toute sa carrière, il n'avait jamais été capable de se souvenir de ses courses une fois qu'il avait quitté le lieu de la compétition.

Le boulot était fini, les détails de ses descentes (bonnes ou mauvaises) disparaissaient de sa mémoire. Ainsi, il lui était difficile de s'améliorer, de travailler sur ses défauts pour la course suivante. Cette amnésie plongeait d'ailleurs ses entraîneurs dans une certaine perplexité. Lorsque le sentiment de peur est très fort, nous pouvons ne pas nous souvenir de l'expérience qui l'a déclenché, pour éviter de l'éprouver. C'est un processus qui s'explique. Mais Alan s'en voulait d'oublier ainsi toutes ses courses.

Alors que la compétition autrichienne se profilait à l'horizon, Alan voulait être sûr que son monstre n'allait pas saboter cette ultime opportunité. Il ne visait pas la médaille d'or dans la mesure où il s'était inscrit à la compétition avec deux amis novices dans cette discipline. Son but était de prendre du plaisir et de se souvenir de l'expérience de glisse une fois qu'il aurait quitté la compétition.

Pour qu'il puisse atteindre ses buts, nous avons travaillé sur sa pensée limitative « Je ne vais jamais jusqu'au bout » (Alan était tout de même triple médaillé olympique – ce qui montre à quel point les histoires que nos monstres nous racontent peuvent être fausses…). L'idée était d'en réduire la portée et la menace. Conduire un bobsleigh à cent à l'heure dans un tunnel de glace est tout sauf une expérience zen, mais on pouvait combattre la peur de l'échec qui s'y ajoutait.

Nous avons utilisé des techniques comme celles qui se trouvent dans ce livre afin que ce sentiment de « Je ne vais jamais jusqu'au bout » s'éloigne. Puis, avant la course, Alan a repris le contrôle en se répétant soigneusement les visualisations qu'il s'était construites pour réussir à aborder un tournant très difficile de la piste (où il avait déjà eu des accidents dans sa carrière), et il a écouté religieusement les enregistrements que j'avais faits pour lui durant ses séances. Il devait être le plus détendu possible.

Il a fait une très belle course. Mais – bien plus important –, il a pris du plaisir sur le moment et s'est souvenu de cette expérience. Lorsqu'il m'a envoyé un message après la compétition, il m'a donné une description exacte de sa course. Il se souvenait de chaque virage. Il m'a bien raconté comment il avait négocié la courbe particulièrement difficile qui avait hanté ses rêves et ceux de tant d'athlètes avant lui. Son équipe n'avait pas remporté l'épreuve ce jour-là. Ce n'était pas grave. Alan avait décroché la plus belle des victoires, celle d'enfin *ressentir* son expérience comme tout athlète doué et expérimenté de son niveau. Et grâce à ce nouvel état mental plus lucide et vif, il saura éprouver cette sensation à nouveau.

Être heureux, c'est dangereux !

L'esprit ne choisit pas toujours la façon la plus évidente d'effectuer une opération d'autosabotage. Les zones d'(in)confort peuvent apparaître dans tous les contextes de notre existence : la carrière, le couple, la santé, les loisirs, etc. Mais si chacun d'entre nous peut un jour avoir des difficultés dans son travail, par exemple, cela ne veut pas obligatoirement dire qu'il est en train de saboter sa vie professionnelle pour retourner dans sa zone d'(in)confort. Nos monstres peuvent être bien plus fourbes que cela.

Lorsque je demande à mes patients ce qui se passait dans leur vie juste avant d'avoir tous les problèmes qui les ont poussés à consulter, ils réfléchissent longuement et réalisent que, souvent, tout allait plutôt bien. L'un avait trouvé l'âme sœur, avant d'avoir un souci de santé ; un autre avait obtenu la promotion qu'il espérait, avant d'être tout à coup incapable de jouer correctement au golf. C'est comme si la zone d'(in)confort se rappelait à nous lorsque notre standard émotionnel était dépassé, comme si l'inconscient voulait réguler tout cela. Quelle que soit la partie de notre vie que l'esprit choisit de niveler, en définitive, c'est toujours à peu près la même chose : notre bonheur est amoindri et nous sommes ramenés dans la zone d'(in)confort où notre esprit se sent le plus à l'aise.

La zone d'(in)confort au quotidien

Il n'y a pas seulement des dégringolades majeures. Presque à chaque instant, l'inconscient va œuvrer pour préserver la zone d'(in)confort. Par exemple, pour l'inquiet chronique, l'angoisse est la norme. Vous pouvez passer la plus belle journée qui soit – un pique-nique au soleil dans un parc avec vos meilleurs amis –, et il trouvera toujours un moyen de s'inquiéter. Les framboises qu'il a apportées pour le dessert sont-elles assez bonnes ? Ce n'est pas qu'il est pénible : c'est comme ça que son esprit se sent mieux.

Voici, avant de découvrir des formes moins courantes, quatre types d'autosabotage que nos monstres adoptent facilement pour nous maintenir dans notre zone d'(in)confort.

Se comparer (« Comparer, c'est souffrir »)

Se comparer aux autres est une des façons les plus simples de limiter son estime de soi. Si « moins que » est votre norme, c'est probablement une manière assez habituelle qu'a votre esprit de déclencher l'autosabotage. Il y aura toujours quelqu'un qui fera mieux que nous, c'est une simple réalité mathématique ! Nous comparer aux autres ne peut que nous conduire à des conclusions désagréables sur nos capacités et notre valeur. Même lorsque nous pensons que ce jeu de comparaison pourrait nous être favorable, le principe même de l'exercice est avant tout de questionner notre valeur.

La plupart de mes patients qui sont en guerre contre leur physique ont une relation addictive aux réseaux sociaux. Ils savent très bien que passer la journée à regarder des selfies de sublimes top models ne peut que leur faire du mal. Et pourtant, ils ont beaucoup de mal à arrêter car le chant des sirènes du monstre d'(in)confort est vraiment puissant. Se comparer à ces effigies déshydratées et à moitié affamées, déesses de perfection, les aide efficacement à rester dans leur position de « moins bien ».

S'inquiéter, s'angoisser

L'inquiétude a le pouvoir de rendre amères les plus douces framboises. Ce type d'autosabotage pirate notre lucidité, nous masque les vraies solutions et donne de l'importance à des éléments extérieurs qui semblent menaçants et nous privent de tout contrôle. Évidemment, l'inquiétude est parfois utile, mais uniquement lorsqu'elle signale les vrais dangers (et lorsque nous en tirons les bonnes conclusions). Mais si nous n'avons aucune prise sur l'objet de notre inquiétude, alors elle ne sert à rien. À part nous faire du mal.

Se mettre en colère, faire des reproches, se plaindre

Nous aimons penser que nous plaindre nous permettra de nous sentir mieux, mais à long terme, c'est tout le contraire. La colère est parfois justifiée, voire utile, mais, tout comme l'inquiétude, seulement quand nous pouvons prendre nos responsabilités (et donc pas pour nous venger, par exemple). Ces émotions négatives peuvent stagner et moisir dans notre esprit, et pendant ce temps elles nous empêchent de ressentir des choses positives : toutes ces formes de ressentiment sont une autre façon de douter du bon goût des framboises. De même, proposer une critique constructive à quelqu'un est intéressant, mais nous plaindre d'une personne auprès d'une autre ou ruminer les erreurs des gens avant de s'endormir ne fera que nous remettre dans notre zone d'(in)confort.

Faire plaisir aux autres

Faire plaisir aux autres, c'est faire passer les besoins, les demandes et les désirs des autres avant les siens sans que ce soit nécessaire. Au début, ce trait peut passer pour de la gentillesse. Mais, parfois, lorsque nous aidons quelqu'un à regonfler son ego ou lors d'un passage difficile, cela peut être une forme d'autosabotage. La différence avec la gentillesse, c'est l'intensité de cette aide. Je ne suis pas pour l'égoïsme, et je ne valide pas le comportement de ceux qui ne pensent qu'à eux-mêmes. Mais l'amour, l'aide ou le soutien ne sont sains que s'ils ne pèsent pas trop lourdement sur celui qui les donne. Ceux qui ne vivent que pour « faire plaisir aux autres » vont beaucoup trop loin, souffrent, et ils finiront par en vouloir à ceux qu'ils ont aidés.

La plupart du temps, nous ne considérons pas ces différents comportements comme des formes d'autosabotage. Ce sont tout au plus des sentiments désagréables et courants, pensons-nous. Nous avons pourtant tout intérêt à les reconnaître pour ce qu'ils sont (des moyens d'aller mal), et à toujours avoir en tête que nous sommes les seuls à pouvoir reprendre le contrôle sur eux. Je demande parfois à mes patients de noter dans leur carnet le nombre de fois où leur esprit choisit de les frustrer pour les maintenir dans une zone familière d'(in)confort. Ceux qui sont le plus touchés par ces phénomènes d'autosabotage vont passer énormément de temps le stylo à la main… Ce n'est certes pas l'activité la plus agréable qui soit, mais cela permet de souligner le temps, l'énergie et la joie potentielle qu'ils gâchent en s'accrochant à tout prix à ces territoires qu'ils connaissent trop bien.

Ouvrir les yeux sur vos croyances

Maintenant que nous avons posé quelques éléments théoriques, il est l'heure de passer à l'application pratique. En débusquant et en interrogeant nos pensées limitatives, nous pouvons agrandir notre zone d'(in)confort et créer dans notre vie quelque chose de plus excitant, de plus passionnant, de plus créatif, de plus audacieux, ou quelque chose que nous désirons intensément. Pour avoir accès à la vie meilleure que nous souhaitons, l'idée est de regarder objectivement ce qui nous freine, et de comprendre sur quoi se fondent nos actes d'autosabotage. La première étape, c'est de les connaître.

Remettre en cause ce qui est devenu notre norme

Vous avez peut-être déjà une petite idée des histoires que votre monstre vous raconte. Mais attention, il ne s'agit pas seulement de nos croyances « négatives ». Je demande habituellement à mes patients de noter ce qui se passe dans leur tête entre deux séances. Certains ont des pensées destructrices, du type « Je ne peux pas faire ceci ou cela car je ne suis pas assez bon », des pensées qui les freinent, fort logiquement. D'autres, en revanche, découvrent que ce sont des pensées positives qui ont tendance à les empêcher de prendre certains risques dont ils pourraient éventuellement tirer bénéfice : « Je ne devrais pas faire ceci ou cela car je suis quelqu'un d'intelligent, et les gens intelligents ne dansent pas sur les tables avec leurs amis. »

Tous les jugements, toutes les croyances que nous accumulons au cours de notre existence – sur qui nous sommes, qui sont nos amis, comment les femmes ou les hommes doivent se comporter, sur le couple, les émotions, sur ce qui est important, ce qu'il est possible de faire ou non, ce que nous devrions faire, ou au contraire ce qu'il est interdit de faire –, toutes ces idées s'agglomèrent et définissent notre vision de la réalité, que nous nommons « la vie », et nos habitudes, que nous appelons « moi ».

EXERCICE : Faire le tour du propriétaire

C'est un exercice facile destiné à mieux connaître les croyances qui créent votre zone d'(in)confort. Vous allez imaginer que vous faites le tour du propriétaire du monde de votre enfance. Si vous arrivez à vous souvenir du lieu où vous avez grandi (de préférence entre trois et sept ans), vous allez réveiller des souvenirs qui flottent dans votre conscience. Certains seront heureux, d'autres plus tristes, vous renvoyant à la solitude ou à l'angoisse – mais tous ces éléments dont vous vous souvenez (ainsi que d'autres que vous avez oubliés) jouent un rôle déterminant dans la vision que vous avez de vous-même consciemment ou inconsciemment.

Voilà comment faire le tour du propriétaire de votre enfance :

Imaginez-vous marchant lentement à travers toutes les pièces et les différents endroits du lieu où vous viviez (l'intérieur et l'extérieur). Dans chaque espace, faites une pause et posez-vous ces questions :

- *« Que s'est-il passé ici ? »*
« Qu'ai-je appris ici sur moi-même ? »
« Qu'ai-je appris ici sur les autres et le monde qui m'entoure ? »

Écrivez ce qui vous vient à l'esprit pour chaque endroit, sans oublier de passer par les couloirs, les salles de bains et le jardin, etc. Lorsque vous aurez fini de faire le tour de chez vous, faites la même chose pour l'école, et pour les lieux où habitaient vos amis ou d'autres membres de la famille. Prenez le temps de tout bien faire. Ne vous inquiétez pas, je vous attends !

Ce que vous allez trouver

Certains moments dont vous allez vous souvenir ont influencé l'idée que vous vous faites de vos capacités, de votre santé, les états émotionnels qui vous sont les plus familiers (et ceux des autres), vos valeurs morales et toute une série d'opinions sur ce que vous devriez ou ne devriez pas faire.

Vous remarquerez peut-être des schémas relationnels qui se sont depuis répétés. Avez-vous une relation proche et affectueuse avec vos parents, ou étaient-ils colériques, critiques ou violents ? Et votre famille, vos amis et vos professeurs ? En grandissent, y a-t-il eu des activités particulières que vous vous interdisiez de faire ? Pouviez-vous exprimer librement des émotions telles que la tristesse ou la colère ? Pouviez-vous discuter de sexualité ? Comment les conflits étaient-ils gérés ?

La façon dont notre identité adulte se construit – avec notre partenaire, nos amis, nos collègues, nos patrons, etc. – est souvent une question de zones d'(in) confort. Ceux qui ont eu des parents aimants vont attendre, et aussi percevoir, plus d'amour dans leurs relations de couple (ce n'est pas une règle absolue, bien sûr, car il y a toujours d'autres facteurs qui entrent en compte). Inversement – et encore une fois, ce n'est pas obligatoire –, ceux qui se sentaient détachés de leurs parents vont plus fréquemment rencontrer un sentiment de déconnexion avec leurs partenaires adultes. Dans les deux cas, c'est peut-être l'inconscient qui a délibérément cherché une situation de couple qui ressemble à l'(in)confortable qu'ils connaissent. Si pendant leur enfance leurs parents étaient absents, d'un point de vue émotionnel, à cause d'une situation d'alcoolisme par exemple, ils se mettront en couple avec quelqu'un qui a aussi un problème dissociatif même si, consciemment, ils veulent trouver l'opposé. Ce ne sera pas forcément un souci d'addiction, cela peut être quelqu'un qui travaille trop ou qui n'arrive pas à s'engager, bref quelqu'un qui évoque une forme d'absence, de déconnexion.

Rendre conscient l'inconscient

Tous nos souvenirs et nos croyances peuvent influencer notre comportement, mais ce sont ceux qui sont le moins conscients qui ont tendance à avoir le plus grand impact. En voici la raison : quand nous ne savons pas d'où vient quelque chose, nous prenons cela pour une réalité objective. L'exercice précédent peut vous aider à prendre conscience de l'inconscient. Savoir que nos désirs et nos comportements sont liés à la cartographie originelle de notre « moi » peut nous ouvrir de nouvelles possibilités. Nous pouvons choisir un comportement différent juste pour le plaisir de changer. Nous pouvons refuser des choses que nous faisions automatiquement sans réfléchir, et essayer un peu de nouveauté. C'est d'autant plus facile lorsque nous savons où nous avons acquis ces pensées limitatives.

Si, en faisant « le tour du propriétaire », vous vous êtes souvenu de moments particuliers qui ont pu rayer le sillon du disque de votre vie d'adulte, sachez que dans la quatrième partie de cet ouvrage (page 500) vous allez avoir la possibilité de graver à nouveau ce passage de votre cartographie de la réalité.

Lorsque j'ai décidé d'écrire ce livre, j'ai confié à de nombreuses personnes que l'idée d'avoir à faire le récit de cas concrets me rendait nerveuse. Je leur disais que je n'étais « pas bonne pour raconter ». Je me suis entendue prononcer cette phrase trois ou quatre fois avant de me dire : « Oh, mais c'est une pensée limitative ! » En réalisant cela, je me suis souvenue d'un de mes premiers professeurs de littérature, qui m'avait critiquée d'une façon particulièrement virulente. J'avais réactualisé un souvenir. Je n'ai pas eu besoin de travailler dessus, me rappeler ce souvenir m'a fait comprendre que mon angoisse d'écrire n'était plus motivée. Finalement, les passages les plus littéraires de ce livre ont été les plus agréables à écrire, et ils m'ont permis de mettre en pratique une nouvelle capacité.

Exercice : Réécrire le futur

Je choisis le bonheur plutôt que la souffrance, en toute conscience. Je libère de la place dans ma vie pour les surprises que le futur m'apportera.

Elizabeth Gilbert, *Mange, prie, aime*

Regardez tout ce que vous avez trouvé en faisant le tour du propriétaire et demandez-vous si l'un de ces vieux messages que vous avez reconnus pourrait jouer un rôle dans la part d'(in)confort de votre existence actuelle. À chaque « vérité » limitative ancienne, posez-vous cette question :

▶ *« Si quelqu'un venait et enlevait cette croyance de mon esprit pendant que je dormais, à quoi reconnaîtrais-je les jours suivants que cette pensée limitative a disparu ? »*

Afin de fournir à votre inconscient une nouvelle cartographie pour les changements que vous allez opérer, j'aimerais que vous listiez les différences qui pourraient apparaître dans votre existence au fur et à mesure que les choses s'améliorent. La règle est la suivante : *ne notez que les détails positifs*, pas les négatifs. Vous vous souvenez de la tendance à manger du gâteau au chocolat quand on se répète sans cesse de *ne pas* le faire ? Cela marche avec tout type d'autosabotage. Si vous résistez au problème en vous répétant de *ne pas* craquer, de *ne pas* trop manger, de *ne pas* regarder une saison entière d'une série télé au lieu de réviser votre examen, vous attisez les braises de votre autosabotage. Il faut vous détourner du problème pour vous attaquer à la solution.

Au lieu de dire : « Je ne vais pas être angoissé », ou : « Je ne vais pas trop manger », ce qu'il faut prendre en compte, c'est ce que vous penseriez, ressentiriez ou feriez si vous n'étiez pas angoissé ou si vous ne mangiez pas trop. Cela semble simple, comme ça, mais cela peut être très compliqué car nous n'avons pas l'habitude de regarder au-delà des limites de notre zone d'(in)confort, et c'est précisément pourquoi il est important de faire cet effort.

Mettez dans votre liste tout ce que vous aimeriez voir plus souvent dans votre vie lorsque vous aurez évacué vos pensées négatives et limitatives. Qu'aimeriez-vous faire plus souvent ? Qu'est-ce qui deviendrait plus simple ? En quoi seriez-vous meilleur ?

Prenez quelques minutes pour coucher sur le papier vos réponses.

VISUALISER

Maintenant, j'aimerais que vous visualisiez votre nouvelle façon d'être. Cela doit être vous comme vous l'êtes au présent, mais avec un nouvel éventail de croyances. Il ne s'agit pas de vous imaginer dans le futur, quand vous auriez déjà fait tout parfaitement (l'importance de ce désir sera abordée dans les deux prochains chapitres). Imaginez-vous comme si vous jouiez le rôle principal d'un film dont le sujet est l'amélioration progressive de votre existence. Vous commencez à vous comporter différemment. Vos relations avec les autres peuvent être d'un nouveau type. Observez tout cela. Notez aussi votre langage corporel plus positif, le ton de votre voix et d'autres petites choses qui expriment votre confiance retrouvée, votre calme ou votre bonheur.

Fermez les yeux, à présent, et passez quelques instants à visualiser. Tout le monde n'a pas toujours des images mentales bien claires. Si vous n'avez que des visions vagues ou des flashs, c'est très bien. Vous pouvez également vous concentrer plus sur les sensations ou les sons associés à ce scénario.

Répétez ensuite cet exercice de visualisation – quelques instants seulement – chaque jour pendant toute une semaine. Pour que cela soit simple de vous le rappeler, faites-le en allant vous coucher ou en vous brossant les dents le matin. Vous aurez peut-être l'impression que cela se déroule toujours de la même manière, ou bien de nouveaux détails apparaîtront. Souvenez-vous que c'est votre moi en progression qui agit et non pas le moi « déjà abouti ». L'idée, en cartographiant votre chemin vers la nouveauté, est de donner à votre esprit des informations nouvelles.

PASSER À L'ACTION

Plus vous allez passer de temps et d'énergie à faire cet exercice, plus vous allez réussir à opérer des changements dans la réalité. Mais ce n'est pas par la visualisation, comme par magie, que des changements vont s'opérer. Cela va vous demander quelques petites décisions conscientes également. En vous comportant plus souvent comme si c'était vrai que vous aviez changé, vous allez encourager votre esprit à réécrire vos anciennes croyances. Voici la question finale de l'exercice :

▶ *Que pourriez-vous faire, à quoi pourriez-vous participer ou que pourriez-vous dire à quelqu'un aujourd'hui, d'inhabituel mais néanmoins de positif ?*

Les changements importants prennent toujours un peu de temps. Changer est vraiment un défi. L'attrait du connu sera toujours fort, et la moindre parcelle de nouveauté peut parfois faire peur. Pourtant, chaque fois que vous hésitez, continuez à remettre en cause ce qui est pour vous la norme car, ainsi, vous brouillerez les limites de la zone d'(in)confort, et vous rendrez les changements futurs plus faciles à opérer. Ce qu'il faut, c'est de la lucidité et un peu d'action. Je pense que vous êtes prêt, désormais, donc je vous lance le défi ! Allez-y ! Faites quelque chose de différent ! Votre monstre pointe le bout de son museau ? Alors, remerciez-le de se soucier ainsi de vous, et rappelez-lui gentiment que vous avez (par exemple) envie de prendre la parole en réunion, et que cela n'a finalement rien à voir avec ce jour maudit, en classe de primaire, où vous aviez été interrogé alors que vous ne saviez pas votre récitation…

4

Le désir

Attachements inconscients et contradictions

Je suis dans le sous-sol glauque de la salle de sport. Mes pieds courent sur le tapis de la machine. Il est deux heures du matin, un jour triste et froid de décembre, et mes yeux sont rivés à l'écran qui est devant moi. Les petits chiffres rouges me rendent compte avec précision de mes performances : temps, vitesse, distance, inclinaison du corps – une sorte d'analyse objective de ce que je vaux.

Dehors, les rues sont pleines de gens bruyants qui rentrent chez eux après avoir bu des verres. Ici, au sous-sol, tout est désert ; silencieux, si ce n'est le bruit de ma course sur le tapis et le grincement fatigué du vieil engin qui roule sous mes pieds.

Dix kilomètres... Quinze kilomètres... Encore un peu plus, et ça sera bon.

Dans ma tête, je ne pense qu'à mon prochain combat. J'ai absolument besoin de le visualiser, de le contrôler.

Je prévois les coups que j'ai envie de montrer à tout le monde. Je me repasse le moment où la médaille sera autour de mon cou. Même si j'essaie de rester positive, des flashs de mes victoires précédentes – que je trouve bien peu glorieuses – n'arrêtent pas d'interrompre mon fantasme et, très vite, ma voix intérieure me dit : « Et si je n'étais pas assez forte ou pas assez entraînée ? Et si mon adversaire était plus lourde que moi ? Et si elle était tout simplement meilleure ? »

J'ai encore beaucoup de boulot.

Sur le mur face à moi, entourés de trophées rutilants, les portraits de mes entraîneurs. Ils ont l'air calmes, heureux, en bonne santé, satisfaits. Cela me rappelle ce à quoi j'aspire. C'est comme s'ils m'observaient, alors je cours plus fort, plus vite, mieux, et je sens mes jambes brûler sous moi pour suivre ce rythme.

Je sais que c'est comme cela qu'il faut faire : mon corps doit être entraîné par la force de ma volonté. Je ne vais pas m'arrêter. Je ne peux pas m'arrêter. C'est la technique des vainqueurs.

La mission

Je me souviens que je me sentais supérieure lorsque je suis rentrée à pied chez moi cette nuit-là, après ma course. Couverte de sueur, la peau des bras fumante en ce soir d'hiver, je me suis vue différente de tous ces Londoniens souriants qui arpentaient le trottoir comme moi. J'étais en mission, et rien – pas même la perspective de fêter Noël en compagnie de vieux amis – n'allait m'arrêter.

J'avais déjà fait deux longues séances d'entraînement plus tôt dans la journée, et j'étais fatiguée. Et pourtant, le besoin de continuer – trop fort pour que je puisse l'ignorer – m'avait poussée à retourner à la salle de sport. Mon besoin de succès était en train de m'épuiser, physiquement et émotionnellement, mais à l'époque j'étais aveuglée par mon but. Au lieu d'écouter mon corps (ou ma raison), j'ai continué à courir sans réfléchir. Je n'étais pas loin du burn-out.

Je n'aurais pas été capable de le dire à l'époque, mais par bien des aspects mon rapport à la boxe était comme une relation toxique. C'était l'entraînement qui dirigeait ma vie, qui me punissait si je ne tenais pas mes objectifs ; mais c'était aussi la seule chose qui arrivait à combler le manque que j'éprouvais chaque jour. La satisfaction d'avoir fait du bon travail était une promesse qui ne se réalisait jamais totalement.

La motivation

Dans les deux derniers chapitres, nous avons cherché à comprendre les blocages psychologiques qui sont en nous. Dans la deuxième moitié de cette première partie, nous allons nous intéresser à l'autre côté du problème : l'avenir, les idées positives que nous avons là-dessus. Sur notre cartographie de l'(in)confort, nous devons aussi regarder nos désirs.

L'envers du décor du désir

Lorsque je combattais, l'un de mes plus grands blocages était dû à mon désir le plus cher : je voulais être une gagnante, mais une gagnante qui n'aurait pas fait d'efforts pour l'être.

Il était pourtant évident que c'était un objectif impossible à atteindre. Mon fantasme était d'avoir une vie remplie de trophées – des trophées particulièrement brillants car ils auraient été décrochés sans effort aucun, par le seul effet de la perfection. Je ne voulais pas seulement gagner. Je voulais aussi que cela soit simple et facile. Et donc, si je ne battais pas mon adversaire d'une façon complète et absolue, j'avais honte de tenir la médaille entre mes mains. Je pensais que toute difficulté était le signe d'un échec. Le vrai problème, bien sûr, c'était que même si je gagnais facilement, la victoire ne comptait pas. En fait, je luttais sans cesse, car cette idée de « vaincre sans effort » était bien trop éloignée de la zone d'(in)confort que mon monstre m'imposait.

Cet objectif impossible était ancré au fond de mon esprit et il influençait tous mes choix. Je ne l'atteignais jamais, j'échouais et j'avais honte. J'étais angoissée et, finalement, j'ai fait un burn-out général – mais ce n'était pas à cause du ring effrayant ou du régime drastique.

EXERCICE : Comprendre vos motivations

Il est temps de passer à un nouvel exercice. Nous allons commencer par faire une liste de ce qui vous motive le plus dans un ou plusieurs contextes spécifiques de votre vie, et nous y reviendrons durant les deux chapitres suivants (vous allez donc faire cette liste par écrit).

Comme cette séquence d'exercices a une structure bien précise, vous trouverez une série de formulaires dans l'Appendice V. Je vous indiquerai la page lorsqu'il sera nécessaire de s'y référer.

CHOISIR LE BON CONTEXTE

Pensez à une partie de votre vie où vous rencontrez des conflits, où vous vous sentez coincé ou insatisfait, où vous vous autodétruisez souvent. Cela peut être une activité sportive, une activité de loisir, le travail, une relation amicale ou intime, un problème familial, etc.

Lorsque vous avez bien identifié le contexte, écrivez-le en haut du formulaire page 541 (ou sur une feuille volante si vous n'aimez pas écrire sur les livres que vous avez achetés !).

Maintenant, répondez à cette question :

► *« Qu'y a-t-il de si important pour moi à propos de… [le contexte que vous avez choisi] ? »*

Si par exemple le contexte est : « Avoir un amoureux », la question sera : « Qu'y a-t-il de si important dans le fait d'avoir un amoureux ? », et les réponses : « Être avec quelqu'un qui apprécie les mêmes choses que moi », « L'attirance sexuelle », « Avoir de longues discussions », « Avoir quelqu'un dans ma vie qui sorte la litière du chat », etc.

Écrivez les réponses qui vous passent par la tête. Si vous utilisez le formulaire de la page 544, notez toutes vos réponses en les numérotant.

Lorsque vous avez fait le tour de la question, relisez vos réponses à voix haute en utilisant cette façon de faire :

« Si j'avais [réponse 1], [réponse 2], [réponse 3] [listez toutes les choses que vous venez de noter], quoi d'autre

pourrait compter pour moi à propos de... [le contexte que vous avez choisi] ?»

Je suis presque sûre que vous n'avez pas tout trouvé du premier coup. Alors reposez-vous la question ci-dessus, et prenez bien votre temps. Puis écrivez ce que vous trouvez.

Ensuite, lorsque vous êtes bien certain d'avoir trouvé toutes les réponses, recommencez encore. (Je sais. Désolée. Mais je pense qu'il y a encore des éléments à trouver.) Relisez à nouveau la question, listez toutes les choses que vous avez dénichées, puis remarquez ce qui arrive après vous être à nouveau posé cette question :

▶ *« Si j'avais [réponse 1], [réponse 2], [réponse 3] [listez toutes les choses que vous venez de noter], quoi d'autre pourrait compter pour moi à propos de... [le contexte que vous avez choisi] ?»*

Promis, c'était la dernière fois que je vous posais cette question, donc vraiment, consacrez-y le temps nécessaire pour trouver absolument tout ce qu'il est possible de trouver.

Vous avez désormais devant vous une liste de choses qui comptent pour vous dans ce contexte particulier. Certaines sont d'ordre pratique, d'autres d'ordre spirituel. Certaines s'apparentent à des « besoins » et d'autres à des « volontés ».

Lorsqu'on m'a demandé ma liste de motivations dans le domaine de la boxe et du kick-boxing, j'ai donné ceci :

— gagner ;
— aller au bout ;
— me prouver quelque chose à moi-même ;

— être en forme ;
— être forte ;
— le sentiment de communauté ;
— avoir un défi ;
— faire quelque chose que peu de femmes font ;
— pratiquer une activité que les gens jugent réservée aux hommes ;
— me pousser à faire quelque chose d'inédit pour moi ;
— apprendre.

Voilà quelles étaient mes motivations principales ; c'était cela qui me poussait à courir sur un tapis de course à deux heures du matin et à accepter des combats même lorsque je ne me sentais pas bien. Sur votre liste, il y aura ce que votre esprit utilise pour vous motiver dans un contexte donné de votre vie.

Les valeurs

En PNL (programmation neurolinguistique), « valeurs » est le terme employé pour désigner ces motivations personnelles. Ces valeurs ne font pas que nous motiver, mais elles nous aident aussi à évaluer les actions et les décisions que nous (et les autres) prenons. Par exemple, ma valeur « gagner » m'a poussée à m'entraîner énormément et à porter un jugement négatif sur moi-même quand je loupais une séance d'entraînement. Ce n'était pas seulement un joli but utile pour le combat ; c'était une valeur à laquelle je m'accrochais de toutes mes forces.

« Valeurs » est un mot ambigu, car il est souvent utilisé dans la vie quotidienne (c'est pour cela que j'ai d'abord utilisé le terme de « motivations » pour évoquer le processus). Lorsque nous parlons de valeurs, nous pensons à des grands principes abstraits et plutôt universels tels que l'honnêteté, l'égalité ou la « responsabilité environnementale ». Ces principes sont bien évidemment des valeurs à part entière, et s'ils sont importants pour vous, ils sont probablement dans votre liste.

Pour faire simple, nos valeurs sont les choses que nous estimons importantes. Elles nous poussent à l'action et nous disent quand nous avons bien agi. Elles peuvent être très spécifiques, comme « pratiquer une activité que les gens pensent réservée aux hommes » ou plus larges comme « apprendre ». Lorsque nous les respectons, nous sommes fiers de nous-mêmes et de notre façon d'être. Lorsque nous les trahissons, nous pouvons nous sentir vraiment mal.

Mais toutes les valeurs ne sont pas au même niveau. Chaque valeur de votre liste va être à une place bien précise dans votre hiérarchie inconsciente de l'importance.

Exercice : La hiérarchie de l'importance

Regardez bien votre liste de valeurs inscrites lors de l'exercice précédent (« Comprendre vos motivations »). Pour vous, quelle est la plus importante de toutes ? Le but de l'exercice est de voir si le capitaine et l'équipage sont d'accord avec votre réponse.

Les comportements inconsciemment motivés (soit 90 % de nos actions) seront sélectionnés par l'équipage à partir de votre liste de valeurs ainsi que vos croyances.

Les valeurs situées tout en haut de la hiérarchie inconsciente vont prendre le dessus et auront la plus grande importance. Si l'esprit pense que nos buts les plus importants sont satisfaits, il consacrera moins de temps ou d'énergie à ceux qui viennent derrière.

Souvent, pourtant, ce que nous pensons être consciemment de la plus grande importance ne sera pas ce que l'inconscient met en haut de sa liste, donc il faut bien y voir clair. Afin d'identifier ce que l'équipage estime, lui, être le plus important, vous allez jouer à un petit jeu avec vos valeurs. Voici comment procéder :

Prenez les deux premières valeurs inscrites et posez-vous la question suivante :

▶ *« Si je pouvais avoir [valeur 1] et pas [valeur 2], laquelle garderais-je ? »*

Bien sûr, cela ne vous irait pas tout à fait puisque ces valeurs sont deux choses qui vous tiennent à cœur, mais si vous deviez *absolument* vous débarrasser de l'une d'elles, laquelle garderiez-vous ?

Note : Gardez bien en tête que parfois la question aura l'air illogique. Si vous tombez sur « grandir » contre « apprendre », par exemple. Vous ne pouvez bien évidemment pas avoir l'un sans l'autre, mais vous devrez tout de même répondre à la question *comme si* vous *pouviez* choisir. Si vous pensez finalement que les deux valeurs sont absolument équivalentes, vous pouvez les amalgamer, mais réfléchissez bien auparavant.

Pour connaître la réponse de l'équipage, il faut décider à l'instinct et non pas prendre la chose qui *devrait* (capitaine) être la plus importante. Suivez votre instinct qui vous chuchote : « Ah, ouais... C'est vraiment *ça* que je veux, plus que l'autre valeur. » Soyez honnête. C'est un exercice personnel et secret.

Disons que vous gardez votre première valeur. Continuez en vous posant la même question, mais avec la troisième valeur :

► *« Si je pouvais avoir [valeur 1] et pas [valeur 3], laquelle garderais-je ? »*

Là encore, fonctionnez à l'instinct. Puis gardez la valeur qui a gagné pour passer à la valeur 4, etc. Passez toute la liste en revue – c'est indispensable. À la fin, vous aurez votre valeur inconsciente la plus importante dans ce contexte.

Et le vainqueur est...

Est-ce que la valeur qui a gagné est celle à laquelle vous vous attendiez ? Plus important encore, était-ce l'une des premières choses que vous aviez notées ? Je ne sais pas ce que vous avez écrit, mais très souvent, en pratique, la valeur numéro 1 de l'inconscient sera l'une des choses que l'on a mises sur la liste après avoir fait plusieurs fois le tour de la question. Cela signifie que les motivations qui nous dirigent réellement ne sont pas toujours les choses que nous considérons comme primordiales dans nos prises de décisions conscientes. C'est comme cela que l'on peut se retrouver dans un métier ou dans un couple qui ne nous conviennent pas. Notre instinct essaye de nous tirer dans une direction, mais c'est avec notre conscience que nous choisissons, avec notre liste de valeurs, et nous pouvons partir sur la mauvaise voie, et être déçus et frustrés.

Si je faisais une séance avec vous dans mon cabinet de thérapeute, nous passerions plusieurs fois en revue toutes ces valeurs afin d'établir une liste hiérarchisée de vos valeurs dans le contexte choisi. Une fois que nous aurions trouvé votre valeur inconsciente la plus importante, nous recommencerions depuis le début pour trouver la deuxième, et ainsi de suite. Cette liste peut être très utile pour identifier des conflits intérieurs, la vraie raison d'un manque d'enthousiasme ou de certains échecs, et bien sûr les stratégies d'autosabotage.

En page 542, vous trouverez un autre formulaire où vous pourrez lister vos valeurs dans l'ordre. Je vous conseille de faire ce petit exercice jusqu'au moment où vous aurez votre top 3 de valeurs. Ensuite, si vous n'avez pas le temps de poursuivre, vous pouvez les organiser à l'instinct.

Changer à tout prix

Pas plus que d'autres croyances, aucune de nos valeurs n'est gravée dans la pierre, heureusement. Un peu de bon sens peut nous remettre sur de bons rails. On peut arriver à prendre de nouvelles et de bonnes décisions même lorsque l'inconscient essaye d'imposer ses choix, car la connexion entre nos désirs profonds et les comportements qu'ils génèrent marche dans les deux sens. Nos croyances et nos valeurs déterminent nos actions, mais si nous agissons différemment assez longtemps, et avec suffisamment de constance, l'esprit réajustera son idée de ce qui est vrai et/ou important pour rester constructif.

Cela fonctionne de la même manière pour ce qui est positif et pour ce qui est négatif. Si vous avez décidé de dire un mensonge chaque jour, votre esprit va (probablement) rétrograder peu à peu la valeur honnêteté dans votre hiérarchie. En revanche, si vous décidez de relever un nouveau défi chaque matin, alors votre esprit va se concentrer sur l'apprentissage et la nouveauté. Ainsi, tandis que les motivations désirables seront mieux classées dans votre hiérarchie, cela vous paraîtra de plus en plus naturel de vivre d'une façon qui répond à ces valeurs. Opérer de tels changements demande un peu de détermination, mais l'approche « Forcez-vous jusqu'à ce que cela devienne naturel » est une stratégie efficace. Là encore, tout commence par un petit jeu avec la liste.

Réfléchissez à ces questions :

► *Si vous pouviez remonter l'une de ces valeurs du bas jusqu'en haut de la hiérarchie, laquelle serait-ce ?*
Si vous deviez rajouter une valeur à cette liste, laquelle serait-ce ?
Enfin, si aujourd'hui vous deviez faire quelque chose qui corresponde à l'une de ces valeurs désirables (et ainsi encourager votre esprit à s'y référer plus souvent), quelle serait-elle ?

Si vous répondez sans hésiter à la dernière question, vous pouvez agir tout de suite. Souvenez-vous que si cette idée est en dehors de votre zone d'(in)confort, votre monstre ne va pas l'aimer. Il s'est même peut-être déjà mis à vous parler pour vous convaincre de laisser tomber, mais cela ne veut pas dire que vous ne pouvez pas le faire. Allez-y. C'est un nouveau défi que je vous lance !

Le conflit professionnel d'Amy

Amy travaille pour un fonds d'investissement. Depuis son plus jeune âge, elle aime les chiffres et, comme elle a l'esprit d'entreprise, elle a quitté le lycée relativement tôt, pour se lancer dans le monde de la banque. Lorsque nous nous sommes rencontrées, Amy avait une trentaine d'années et était à un poste de direction. Sa vie, en apparence du moins, aurait pu susciter la jalousie de beaucoup de ses anciens amis de lycée. Elle était très bien payée. Elle avait beaucoup voyagé, elle avait connu de nombreuses entreprises, dans différents pays. Elle excellait dans son travail. Pourtant, Amy n'était pas heureuse. Elle était constamment habitée par le sentiment que quelque chose n'allait pas.

Notre première séance s'est exclusivement concentrée sur une analyse de ses valeurs. Amy m'a parlé avec passion de sa liste de valeurs au travail. Il y avait l'intégrité, le respect mutuel, la résolution de problèmes, le travail d'équipe, les idées, la bienveillance envers les plus vulnérables, le courage, la liberté et la flexibilité. Mais la réalité du travail d'Amy était celle de banques où les rapports humains sont très hiérarchisés, et où finalement l'exploitation de l'autre et le profit dominent… Amy n'arrivait pas à concilier cette réalité avec les principes selon lesquels elle voulait mener son existence.

Amy avait bien essayé de faire sienne la culture professionnelle de son secteur d'activité, mais son sentiment d'insatisfaction perdurait car il lui manquait quelque chose de central. Tout en haut de ses valeurs, elle avait inscrit ces mots : « Échange de véritables valeurs ». Elle voulait travailler avec des gens qui auraient uni leurs forces, tous égaux, pour résoudre des problèmes plus vastes. Elle voulait contribuer à de grandes causes plutôt que de sentir qu'elle était en train de profiter des autres et qu'elle-même était dirigée par des gens qui se considéraient comme supérieurs à elle. Son travail n'avait rien à voir avec ses ambitions profondes, et elle vivait dans un état d'angoisse et d'insatisfaction constantes.

Amy a donc pris conscience du fait qu'elle ne respectait pas les valeurs qui étaient fondamentales pour elle. Elle a ensuite cherché comment améliorer son environnement professionnel. Elle a d'abord modifié ses relations interpersonnelles au travail. Il lui fallait éviter les luttes internes, courantes dans les grandes entreprises, qui pouvaient la bloquer et littéralement la paralyser, ce qui était une forme d'autosabotage. Elle a pu affronter ses collègues les plus autoritaires et en faire un jeu. Une fois qu'elle a repris confiance en elle, Amy a eu l'idée de développer un nouveau système de consulting pour les entreprises qui respectait beaucoup plus ses valeurs. Plutôt que de s'adapter à sa zone d'(in)confort, Amy a pris les choses en main et s'est inventé une façon de travailler bien à elle, gratifiante et dont elle était fière.

Les besoins

Notre bien-être n'est pas seulement corrélé à nos valeurs. Quand notre inconscient choisit nos comportements, il suit son propre classement. C'est notre liste de besoins.

Les besoins faussent les valeurs. Ils sont au-dessus. Je peux être tout à fait sincère quand je dis que l'honnêteté est une valeur très importante pour moi. Mais si je suis affamée depuis des jours, est-ce que je serais prête à mentir pour obtenir quelque chose à manger ? Bien sûr que oui.

Le niveau de notre stress dépend de la satisfaction de nos besoins. Analyser nos propres besoins sera donc très utile pour augmenter notre bien-être, réduire notre anxiété et reprendre le contrôle sur nous-mêmes lorsque nos monstres fomentent une révolte.

Les différentes thérapies apportent diverses définitions des besoins humains, mais elles reviennent à peu près aux mêmes principes. Le modèle que je préfère distingue six catégories de besoins humains :

1. Besoin de sécurité
2. Besoin de variété
3. Besoin de reconnaissance
4. Besoin d'amour et de connexion
5. Besoin d'évolution
6. Besoin de contribution

La satisfaction équilibrée de ces six besoins est nécessaire pour se sentir bien. Pourtant, la plupart des gens vont constamment choisir en priorité l'un (ou plusieurs) d'entre eux par rapport aux autres, et négligeront certains besoins. Le problème, c'est que lorsqu'un besoin n'est pas satisfait, l'inconscient va se réveiller et tenter de le satisfaire par tous les moyens, et surtout par ceux qu'il connaît et qui se trouvent dans la zone d'(in)confort.

Regardons en détail ces six besoins, afin de déterminer où se trouvent vos priorités :

1. Besoin de sécurité

Ce besoin est essentiel au mécanisme de survie. Il recouvre la plupart des besoins humains de base, tels que respirer, boire de l'eau, se nourrir, avoir un toit et un lieu bien à soi, mais aussi ne pas être menacé, se sentir bien et avoir un certain contrôle de soi. Le monstre s'occupe beaucoup de ce besoin et le satisfait dans sa zone d'(in)confort.

Comme avec tous les besoins, il y a des façons saines ou malsaines de satisfaire le besoin de sécurité. Certaines personnes font des choix autonomes et prennent leurs responsabilités. Ce qui est sain. D'autres essayent de garder le contrôle en imposant leurs choix aux autres, ou ne savent pas ce qu'il faut faire et sont paralysés. Ces stratégies ne sont ni saines ni efficaces.

Lorsque nous priorisons ce besoin par rapport aux autres, nous allons prendre peu de risques. Quelqu'un qui a l'habitude de se concentrer sur ce besoin aura sûrement de nombreux comptes d'épargne mais aura du mal à changer de travail ou à déménager, ou il sera sur la défensive si on lui demande de modifier ses plans ou s'il faut être spontané. C'est encore une question de zone d'(in)confort. Une trop grande importance portée à ce besoin de sécurité revient à préférer faire quelque chose d'un peu nul mais de sûr, plutôt que de s'exposer à l'incertitude de la nouveauté (et donc de l'évolution).

2. Besoin de variété

Nous avons besoin de variété, de changement, de surprise, d'excitation dans notre vie ; c'est une question de joie et de stimulation. Si nous plaçons la variété en haut des priorités de nos besoins, nous allons passer pour quelqu'un de très dynamique. Le côté négatif, c'est que souvent nous allons agir de façon irresponsable ou prendre de trop gros risques. Le stéréotype des personnes qui priorisent ce besoin va être quelqu'un qui marche à l'adrénaline, qui change de boulot tous les trois mois ou qui papillonne d'une relation à l'autre sans jamais se poser. Une façon plus saine et plus équilibrée de répondre à ce besoin peut tout simplement être de mieux découper son temps : arrêter de travailler à un moment précis et se réserver un temps pour les loisirs ensuite. On peut aussi choisir de prendre parfois un petit risque, mais sans frénésie. Ou d'avoir une vie sociale riche tout en étant en couple, pour ne pas passer tout son temps avec la même personne.

3. Besoin de reconnaissance

C'est le besoin de se sentir important, respecté et apprécié, bref, reconnu. Si ce besoin est géré de façon saine, on aura des relations égalitaires et respectueuses avec les autres, avec peut-être une belle carrière en accord avec nos valeurs (si les autres besoins ne sont pas négligés).

S'il est géré de façon malsaine, le besoin de reconnaissance peut vite dégénérer en désir d'être considéré comme « unique » ou « spécial ». Dans ce cas, nous devrons lutter pour y arriver, pour être admirés, pour être le leader ou pour gagner, et nous serons sans cesse en train de nous comparer. Ainsi, nous serons dépendants de récompenses symboliques : le dernier gadget à la mode, une voiture de sport, ou un titre ronflant ou un partenaire au physique avantageux. Ce besoin entre souvent en concurrence avec le besoin d'amour et de connexion : ceux qui ont besoin d'être sans arrêt reconnus vont négliger leurs relations ou leurs loisirs au profit de leur carrière.

4. Besoin d'amour et de connexion

C'est le besoin d'aimer, d'être aimé et d'établir des relations fortes. Toutes ces choses sont bonnes. Mais il peut arriver qu'on y mette trop d'emphase au point de sacrifier le besoin de reconnaissance (et aussi d'autres besoins de cette liste) : on peut faire passer nos propres besoins après ceux des autres et être pris au piège de l'envie de « faire plaisir aux autres ».

Si nous n'arrivons pas à trouver l'amour ou à avoir des amis (ou si nous ne percevons pas les signaux d'amour ou d'amitié qu'on nous envoie, à cause de nos pensées limitatives), nous pouvons tenter de satisfaire ce besoin en nouant des relations avec des animaux, des peluches, ou avec notre habitat. Plus problématique, nous pouvons aussi développer des liens sous forme d'addiction à la cigarette, à l'alcool ou aux drogues, à défaut d'entretenir des relations interpersonnelles. Si nous découvrons ces substances à l'adolescence, à un âge où nous cherchons à tout prix à nous faire des amis, cela peut être particulièrement dangereux.

Une étude a démontré que les jeunes qui commencent à boire avant l'âge de quinze ans ont quatre fois plus de risques de tomber dans une dépendance vis-à-vis de l'alcool à un moment de leur vie d'adulte. Lorsque je travaille avec des patients qui veulent abandonner le tabac, l'alcool ou la drogue, nous nous attaquons aux associations anciennes entre cette substance et le sentiment de connexion, qui sont inscrites dans leur esprit.

5. Besoin d'évolution

C'est le besoin de sentir que l'on se développe, que l'on apprend, que l'on s'améliore. Cela peut se situer au niveau physique, émotionnel, intellectuel ou spirituel. Satisfaire ce besoin de façon équilibrée et saine, c'est par exemple être excité devant de nouveaux défis, être peu dépendant des autres (ou des résultats) et éprouver du plaisir dans les phases d'apprentissage. Ceux qui priorisent ce besoin peuvent bien réussir dans la vie car ils savent que l'échec fait inévitablement partie du processus d'apprentissage, et ils ne le craignent donc pas. Ils peuvent aussi être assez détachés de toute propriété matérielle, car la vie est pour eux un mouvement et ils n'ont pas besoin de ce genre d'attachements.

Le côté négatif, c'est que ces personnes qui ont fait de ce besoin leur objectif principal peuvent connaître du stress et de l'angoisse s'ils n'arrivent pas à atteindre de nouveaux sommets, et qu'ils peuvent négliger leurs relations humaines et s'isoler lorsqu'ils luttent pour s'améliorer eux-mêmes.

6. Besoin de contribution

C'est le besoin de sentir que nous faisons partie d'un tout, que nous y apportons notre contribution. C'est le désir de nous sentir connectés à quelque chose de plus grand que nous, et de redonner au monde et aux autres un peu de ce qu'on nous a donné (c'est ce besoin insatisfait qui empêchait Amy de se sentir bien à son travail). Le besoin de contribution peut concerner un individu, un groupe de gens, un mouvement, la société en général ou n'importe quelle cause, animale ou environnementale (cela dépend de chacun). Tout comme l'amour et la connexion, ce besoin peut devenir malsain si nous le satisfaisons pour « faire plaisir à l'autre » et non pas sincèrement.

Ce besoin est souvent négligé car il est facilement dépassé par les cinq autres. Pourtant, c'est un véritable besoin, pas moins important que les autres, et sa non-satisfaction peut être une cause de stress : on peut se sentir vide ou inutile.

Faire un audit intégral de nos besoins

Afin de savoir si vos besoins sont satisfaits ou non, répondez aux questions suivantes en utilisant une échelle de 1 à 7 (1 signifiant « pas du tout », et 7, « tout à fait »).

SÉCURITÉ

- Vous sentez-vous en sécurité dans les grands domaines de votre vie (chez vous, à votre travail, dans votre environnement quotidien) ?
- Avez-vous l'impression de garder le contrôle sur votre vie la plupart du temps ?

VARIÉTÉ

- Pensez-vous que votre vie est assez variée ?
- Y a-t-il des choses dans votre vie qui vous excitent ?
- Y a-t-il quelque chose d'amusant dans chaque domaine de votre vie ?

RECONNAISSANCE

- Pensez-vous que vous êtes quelqu'un de respecté, de reconnu ?
- Avez-vous le sentiment d'être compétent et d'aller au bout des choses dans au moins un domaine de votre vie ?

AMOUR ET CONNEXION

- Pensez-vous recevoir assez d'attention ?
- Pensez-vous donner assez d'attention aux autres ?
- Avez-vous le sentiment d'appartenir à un groupe, à une communauté ?
- Avez-vous un amoureux ou un ami – une relation où vous êtes accepté tel que vous êtes ?

ÉVOLUTION

- Vous remettez-vous en cause physiquement et/ou intellectuellement de manière régulière ?
- Avez-vous le sentiment d'évoluer et d'apprendre encore des choses dans au moins un des domaines de votre vie ?

CONTRIBUTION

- Trouvez-vous que vous contribuez à quelque chose de plus important que vous ?
- Trouvez-vous qu'au moins un domaine de votre vie possède un but important ?

Il faut regarder avec attention les questions auxquelles vous aurez mis 3 ou moins. En complément, posez-vous cette question supplémentaire :

« Que puis-je faire concrètement pour pouvoir mettre une note au-dessus de 4 ? »

N'oubliez pas que votre monstre a sûrement dû se réveiller et qu'il va protester à l'idée que vous fassiez des changements. Satisfaire vos besoins d'une nouvelle façon (plus saine) va vous éloigner de la zone d'(in)confort. Mais, une fois encore, cela ne signifie pas que vous n'allez pas y arriver. (J'ai un stock important de défis à vous lancer !)

Les valeurs pour satisfaire vos besoins

Les valeurs qui nous poussent à agir (celles de la liste que vous avez faite page 542) nous permettent souvent de satisfaire nos besoins. Pour le dire simplement, nos valeurs sont autant de stratégies pour satisfaire nos besoins. Au fil de notre existence, nous acquérons, nous construisons nos propres stratégies. Si nos parents, nos proches et les gens que nous avons fréquentés durant nos années de formation ont réussi à satisfaire leur propre besoin de reconnaissance en réussissant leurs études, nous pouvons faire de même et apprécier de décrocher un bon diplôme ou d'exceller dans notre travail. Si nous avons été très aimés et qu'on nous faisait souvent des câlins, le contact physique va peut-être se situer tout en haut de nos valeurs relationnelles.

Lorsque nous n'avons qu'une seule stratégie pour satisfaire un besoin, alors nous pouvons développer une addiction à cette chose, quelle qu'elle soit. Pour quelqu'un qui se sent exister lorsqu'il reçoit des félicitations au travail, par exemple, l'addiction au travail peut devenir un problème.

Reprenez votre liste de valeurs rangées par ordre hiérarchique. Prenez chaque valeur l'une après l'autre et assignez-lui le besoin qui lui semble le plus lié (il peut y en avoir plusieurs). Les besoins spécifiques que vos valeurs sont censées satisfaire vont devenir évidents.

Prenez votre temps avant de continuer votre lecture. Voici à nouveau les six catégories de besoins, afin que vous n'ayez pas à revenir en arrière dans le livre :

1. Besoin de sécurité
2. Besoin de variété
3. Besoin de reconnaissance
4. Besoin d'amour et de connexion
5. Besoin d'évolution
6. Besoin de contribution

Et ma liste de valeurs (dans le contexte particulier du combat) avec les besoins associés était la suivante :

- gagner (reconnaissance) ;
- aller au bout (reconnaissance) ;
- me prouver quelque chose à moi-même (reconnaissance) ;
- être en forme (reconnaissance, sécurité) ;
- être forte (reconnaissance, sécurité) ;
- le sentiment de communauté (amour et connexion) ;
- avoir un défi (évolution) ;
- faire quelque chose que peu de femmes font (reconnaissance, contribution) ;
- pratiquer une activité que les gens jugent réservée aux hommes (reconnaissance, contribution) ;
- me pousser à faire quelque chose d'inédit pour moi (variété, évolution) ;
- apprendre (évolution).

De façon évidente, lorsque je me suis mise à la boxe, mon esprit était concentré sur le fait de satisfaire le besoin de reconnaissance par-dessus tout. Le fait de m'entraîner répondait aux autres besoins, mais mon obsession première était d'être « meilleure que les autres ». J'ai un peu honte de l'avouer, mais c'était la vérité. Et c'est aussi parce que mon monstre me racontait une histoire qui niait tous mes efforts à répondre à ce besoin qu'il était si criant au début de ma carrière.

Les besoins de base

Les gens qui se concentrent avant tout sur l'un des quatre premiers besoins (sécurité, variété, reconnaissance, amour et connexion) ont tendance à se sentir plus limités que ceux dont l'énergie est dirigée vers l'évolution et la contribution. C'est en partie parce que les quatre premières catégories fonctionnent en paire d'opposés : sécurité contre variété, reconnaissance contre amour et connexion. Ceux qui se concentrent sur la sécurité vont sûrement mettre en danger leur besoin de changement (et vice versa), tandis que ceux qui portent plus d'attention à la reconnaissance mettront de côté l'amour et la connexion (et vice versa). Un intérêt trop marqué sur l'un des quatre premiers besoins causera un déséquilibre global.

Plus important encore, ce qu'ont les quatre premiers besoins en commun, c'est qu'on les ressent encore plus fortement s'ils sont délaissés. Ce genre de besoins sont nommés « besoins de base », car nous nous rendons vite compte de leur existence lorsqu'ils sont insatisfaits. Plus le manque est important, plus vous allez ressentir ce besoin et plus cela aura d'influence sur votre comportement. La façon la plus simple de comprendre ce concept est de penser à la faim. Moins vous avez à manger, plus vous allez ressentir la faim, et plus vous allez consacrer d'énergie à la recherche d'un repas.

Cela signifie que si nous avons du mal à satisfaire ces besoins de base, alors nous allons avoir une sensation de manque. Mais cela ne veut pas obligatoirement dire que nous avons un manque objectif de ce genre de choses dans notre vie. Parfois, c'est juste une sensation. Le problème, c'est que, très souvent, plus nous luttons, plus ce manque se fait urgent, ce qui fait que nos efforts ne font que faire paraître le vide plus grand encore. J'ai travaillé avec des patients qui avaient eu une enfance difficile et mettaient donc la majeure partie de leur énergie à satisfaire leur besoin de sécurité. Cette décision inconsciente coûte cher car la certitude absolue est très rare (mis à part qu'il nous faut mourir et payer des impôts, bien sûr). Finalement, les gens qui cherchent la sécurité avant tout ont l'impression qu'aucun de leurs besoins n'est satisfait. D'après mon expérience, ceux qui passent leur vie à vouloir satisfaire ce besoin sont ceux qui se sentent les plus bloqués dans leur existence, les plus déconnectés, les plus perdus.

Mais il n'y a pas que cette quête de la sécurité qui peut limiter notre sensation de satisfaction. Si nos besoins de variété, de reconnaissance et d'amour et de connexion ne sont pas satisfaits, cela va nous perturber, dominer notre inconscient et pousser notre monstre à réagir.

1. Sécurité 2. Variété 3. Reconnaissance 4. Amour et connexion	Besoins de base
5. Évolution 6. Contribution	Besoins d'évolution

Les besoins d'évolution

Les besoins d'évolution fonctionnent différemment des besoins de base. Plutôt que d'être ressentis lorsqu'ils ne sont pas satisfaits, ces besoins continuent à se manifester et à croître même lorsqu'ils sont satisfaits. Mais comme ils ne sont pas du même acabit que les besoins de base et sont plutôt une force positive qui demande toujours plus, leur présence dans notre conscience n'est ni douloureuse ni désespérée : ils sont plutôt une source d'inspiration.

L'idée est la suivante : une fois que nos besoins de base ont été suffisamment satisfaits, notre attention va s'éloigner de la douleur du « pas assez » pour s'attarder sur les choses qui nous font sentir que nous évoluons et que nous grandissons. Les besoins d'évolution s'expriment lorsque nous entrons dans un stade de développement personnel. Ils génèrent une énergie à part entière, qui nous donne envie de faire de plus en plus de choses : c'est la créativité, l'inspiration, le « but dans la vie », la spiritualité et le fait de toujours apprendre, de progresser.

Les besoins d'évolution sont importants parce qu'ils nous enthousiasment. Grâce à eux, la vie ressemble moins à une perpétuelle course-poursuite, et devient un agréable voyage.

Au fur et à mesure qu'un patient résout ses problèmes, je lui demande de moins se concentrer sur ses besoins de base et de remonter ses besoins d'évolution dans la hiérarchie. S'il consacre une bonne part de son énergie à satisfaire son besoin de développement personnel ou de contribution à la communauté, il se sentira plus libre de changer, de grandir, de se développer et il aimera le processus qui accompagne tout cela. Cela ne signifie pas que le doute disparaisse complètement. Mais il peut être dépassé par un état d'esprit plus positif et plus satisfaisant.

Le besoin de contribution est particulièrement puissant car il a le pouvoir de satisfaire tous les besoins de base : un sentiment de sécurité naît du fait que nous contribuons à quelque chose, et que nous décrochons une place dans le monde ; il y a davantage de variété dans notre vie car il existe de nombreuses façons de contribuer ; le besoin de reconnaissance est comblé par le fait de faire des choses utiles et appréciées ; et un sentiment de connexion découle des relations que vous établissez entre vous et ceux avec qui vous travaillez ou que vous aidez.

Pour en arriver là, nous devons d'abord nous assurer qu'il n'existe pas de programme inconscient bloquant la saine satisfaction de nos besoins de base. Nos monstres et nos pensées limitatives pourraient bien nous mettre des bâtons dans les roues…

Les croyances de nos monstres et les opportunités manquées

Les pensées limitatives ont le pouvoir de bloquer la satisfaction de nos besoins de façon chronique. Par exemple, si quelqu'un est envahi par une pensée limitative du genre « Je ne peux pas être aimé », « Je ne suis pas à ma place » ou « Je suis une personne horrible », il y a des chances qu'il ressente que son besoin d'amour et de connexion crie famine. Cela ne veut pas nécessairement dire qu'il ne sera pas aimé, apprécié ou considéré comme important, c'est juste que son filtre de réalité peut ne pas laisser arriver à son cerveau les preuves de sa connexion avec autrui, et qu'il se sentira toujours largué dans ce domaine. Ceux qui sont ainsi vont lutter et se débattre pour établir des relations amicales ou amoureuses, au détriment de tous les autres besoins. Cela peut par exemple les amener à avoir des relations extraconjugales dans l'espoir inconscient de trouver de l'amour, même s'ils ont une bonne relation avec leur partenaire régulier. (Ici, je ne suis pas en train d'excuser l'infidélité, je propose juste une explication à l'énigme suivante : pourquoi les gens qui ne veulent absolument pas tomber dans l'infidélité finissent parfois par y succomber.)

Certains vont se tourner vers la drogue, l'alcool, le jeu, l'addiction au sport ou à la cigarette pour se sentir connectés à quelque chose. Tous ces comportements vont en vérité donner raison à la pensée limitative originelle. Et une fois encore, cela n'aboutit qu'à nourrir le monstre.

Si nous ne faisons pas ce travail de rendre conscient l'inconscient, nos besoins, nos valeurs et nos pensées limitatives vont brouiller notre vision de la situation. Comme ce ne sont pas des considérations rationnelles, ces choses se présentent sous couvert de pulsions, et non pas de pensées logiques. Nous avons beaucoup plus de risques de suivre ces pulsions et de nous retrouver à faire quelque chose que nous regretterons plus tard. Bien sûr, nous tenterons bien d'expliquer nos comportements indésirables en essayant de les rationaliser *a posteriori* : « J'ai couché avec mon collègue parce que j'étais soûl », « J'ai fumé une cigarette parce que Manchester a perdu le match » ; « J'ai joué de l'argent parce que je pensais que c'était le meilleur moyen de me refaire et de payer ma dette ». Mais ces rationalisations sont de pauvres excuses qui sortent de la bouche du capitaine. Seul l'équipage sait vraiment comment mener le bateau à bon port.

En faisant remonter à la surface nos motifs inconscients, nous pouvons être plus lucides. Ce n'est que lorsque nous savons vraiment pourquoi, par exemple, nous sommes affectivement instables (besoin d'amour) ou nous mentons aux autres (besoin de reconnaissance), que nous pouvons chercher des stratégies alternatives pour satisfaire ces besoins d'une manière plus saine.

EXERCICE : Envisager de meilleures stratégies

Afin d'amorcer des changements positifs tout de suite, vous pouvez prendre des décisions conscientes en accord avec vos besoins à satisfaire et votre hiérarchie de valeurs.

Commençons avec le lien direct entre les besoins et l'autosabotage. Ce petit exercice se fait en trois temps :

ÉTAPE 1

Écrivez un trait autosaboteur que vous avez (par exemple : « procrastination », « boire un soir de semaine »).

ÉTAPE 2

Quel(s) besoin(s) ce comportement est-il censé satisfaire ?

ÉTAPE 3

Posez-vous la question suivante :

▶ *« Si je pouvais faire quelque chose d'autre afin de m'assurer que ce besoin soit satisfait de façon plus saine, que ferais-je ? »*

Par exemple, quand quelqu'un qui devrait étudier pour son examen n'arrive pas à résister à l'envie d'aller boire des verres, il le fait pour oublier le stress de l'examen, mais il essaye peut-être de satisfaire son besoin d'amour et de connexion ou son besoin de variété. Ces deux besoins peuvent cependant être contentés autrement et sans avoir une gueule de bois terrible le lendemain. Peut-être cette personne devrait-elle tout simplement prévoir d'aller voir un match de football avec des amis à la fin de la journée, histoire de se changer les idées, ou de jouer à un jeu ou de faire de la musique de temps en temps. Notre cerveau fonctionne mieux lorsqu'il passe d'une tâche à une autre, plutôt que quand on le force à faire la même chose douze heures d'affilée. En abordant le problème de cette façon, les pauses deviennent aussi productives que le processus de travail en lui-même – à condition d'en contrôler la nature et la fréquence.

Prenez le temps de faire l'exercice ci-dessus en trois étapes, si vous ne l'avez pas encore fait.

Exercice : Stratégies de valeurs

Maintenant, regardez à nouveau la liste complète de vos valeurs pour un contexte spécifique (utilisez celle où vous avez connecté valeurs et besoins, page 541).

Pour avoir une idée des besoins qui pourraient être en déficit chronique dans cette situation, et pour trouver comment vous pourriez remédier à ce problème, répondez à ces deux questions :

► *Quel besoin de base revient le plus souvent dans votre liste (ou, si c'est le cas, lequel domine la hiérarchie) ?*
Si un besoin de base domine, c'est qu'il n'est pas satisfait pleinement : quel changement pratique pourrait, dans ce contexte, mieux satisfaire ce besoin ?

Prenez note de toutes les idées qui vous passent par la tête.

Puis, afin d'encourager votre esprit à oublier un moment les besoins de base, attardez-vous sur les besoins d'évolution. Répondez à ces questions :

► *Si vous deviez donner plus d'importance à un de vos besoins d'évolution, qu'est-ce qui deviendrait plus important pour vous dans ce contexte ? Et à quoi consacreriez-vous plus de temps ?*
S'il y avait une façon de contribuer à quelque chose d'autre (et de plus important) dans ce contexte, comment feriez-vous ?

Si vous avez les réponses à ces questions, alors vous savez quoi faire... Le défi est lancé !

Le piège de valeurs de Fiona

Fiona est écrivain et artiste. Elle est venue me consulter car elle sentait qu'à certains moments il lui semblait que sa tête heurtait violemment le plafond de verre au-dessus d'elle et que cette limitation affectait son travail, sa santé et ses relations aux autres.

Fiona avait déjà publié plusieurs recueils de poésie et elle avait quasiment fini d'écrire un roman, mais ses créations n'avaient pas eu beaucoup de succès, même si de nombreux éditeurs avaient manifesté leur intérêt. En trente ans de vie active, Fiona avait réussi d'un point de vue financier. Elle travaillait comme rédactrice en chef et directrice des médias d'un parti politique d'envergure nationale, elle avait sa propre entreprise de paysagisme et elle occupait d'importantes fonctions dans divers projets. Pourtant, aucune de ces activités rémunérées ne l'avait satisfaite. Elle se sentait coincée. Le système lui paraissait étouffant, elle n'avait plus envie d'obéir à un patron. En fin de compte, elle avait fait un burn-out (un peu comme celui dont j'avais été moi-même victime).

Lorsque nous avons évoqué son rapport au travail, elle a mis des mots sur le conflit qui était en elle : quoi qu'elle fasse, elle pensait que cela n'irait pas. Elle n'arrivait pas à envisager que son travail de création puisse lui rapporter de l'argent, et l'idée de revenir dans le monde de l'entreprise était pour elle comme une menace de mort spirituelle. Elle était coincée entre ses idéaux impossibles et un emploi financièrement viable qu'elle considérait comme un enfer.

Dans ce genre de situation, lorsque les gens expriment leurs désirs au beau milieu d'une myriade de contradictions – du style « Je veux vraiment faire ceci ou cela mais je ne peux pas car… » ou « Je sais que ça a l'air idiot, mais j'aimerais vraiment… » –, je m'attarde toujours sur la structure de leurs valeurs et de leurs croyances liées à ce contexte, ce conflit. C'est au sein de ce système de pensée que se trouve la faille psychologique à l'origine du problème.

Lorsque j'ai demandé à Fiona ce que le mot « travail » signifiait pour elle, elle a eu comme un flash venu de son enfance et elle m'a dit : « Oh, là là ! Je n'aime *pas du tout* ça ! On dirait… Comme quand j'étais petite et que je devais cirer les bottes de mon père pour 25 cents. »

Fiona a grandi dans les années 1970 dans le Yorkshire, et elle a appris la valeur de l'argent durement gagné, au sein d'une famille où l'effort était la valeur suprême – une question de dignité, d'honneur, de sacrifice. Sa grand-mère avait élevé seule sa famille, malgré la pauvreté de l'après-guerre, menant de front plusieurs petits boulots, et son père avait tout fait pour que sa fille comprenne qu'il fallait « gagner sa croûte » : il ne lui donnait pas d'argent de poche, contrairement aux parents des amis de Fiona. En plus, elle était la seule fille dans une famille de quatre enfants, et comme ils étaient très traditionalistes, elle écopait toujours des pires corvées.

Chaque semaine, la jeune Fiona cirait donc les chaussures de son père afin de gagner une petite pièce. Lorsqu'elle s'est souvenue de ce moment, elle s'est également rappelé qu'elle aimait bien faire cela. Elle aimait la satisfaction de mettre du cirage, de travailler le cuir et de rendre la chaussure belle et brillante. Malgré cela, le sentiment écrasant attaché à cette tâche était celui de la subordination. Les valeurs que le jeune esprit de Fiona avait liées au contexte de « travail » étaient le goût du travail bien fait, l'obéissance, l'effort, l'humiliation. Ces stratégies l'avaient aidée à contenter son besoin de sécurité, de reconnaissance et de connexion : en cirant bien les chaussures de son père, elle obtenait des louanges et se sentait un membre à part entière de la famille – tout en se sentant rabaissée par ce travail. Cette association avait perduré pendant sa vie d'adulte : le travail rémunéré devait être pour elle, d'une façon ou d'une autre, quelque chose de peu glorieux et d'humiliant.

À l'opposé, voici les associations que Fiona avait rattachées au fait de « ne pas travailler ». Dans son enfance, ce que Fiona aimait vraiment, c'était faire de la peinture, jouer dehors et raconter des histoires – activités auxquelles on pouvait associer les valeurs telles que l'imagination, la découverte et la créativité. Fiona aurait pu combler son besoin d'évolution en ayant une activité créative, mais quand il avait fallu choisir, au moment de s'orienter vers une carrière ou une autre, cela avait semblé impossible. La tension psychologique était donc double : travailler pour de l'argent et se sentir moins que rien, ou s'exprimer de façon créative (sans contrepartie financière) et vivre honteusement en marge de la société.

L'analyse des valeurs de Fiona a révélé ce conflit trop lourd, et nous avons pu travailler là-dessus durant nos séances. Elle avait besoin d'accepter la petite fille créative et de la réintégrer comme une part intéressante de sa personnalité. Finalement, elle s'est remise à l'écriture et a accepté de prospecter sérieusement des éditeurs. Elle a terminé l'écriture de son roman dont elle s'était détachée des années auparavant. J'ai lu son texte, et je peux vous dire que cela valait le coup d'attendre !…

Les scénarios

Pour une très bonne explication de la façon dont les croyances et les valeurs influencent notre comportement, on peut se reporter au modèle d'analyse transactionnelle de Taibi Kahler, datant de 1975. Il y définit cinq types de programmes inconscients qui déclenchent certains schémas comportementaux. Les scénarios de Kahler sont des descriptions de différents ensembles de valeurs et de croyances inconscientes, définis sur le mode suivant :
« Cela me va uniquement si… »

Ces scénarios sont donc des mécanismes de défense préprogrammés qui ont tendance à s'activer durant les moments de stress, même si le niveau de stress est faible (cela peut se produire au travail tous les jours).

Nous construisons ces scénarios en observant et en apprenant durant notre enfance certains scénarios de comportements (ceux qui contentaient nos besoins). Plus tard, à l'âge adulte, notre esprit cherche une méthode efficace pour améliorer notre sentiment de bien-être lorsque nous sommes sous pression. Il tombe ainsi sur des stratégies connues (celles qui nous avaient valu une médaille en chocolat ou un câlin lorsque nous étions petits). Nous répétons alors ces stratégies, même si elles ne sont plus adaptées à l'âge adulte.

Par exemple, quelqu'un qui a été élevé dans un environnement où l'on est félicité pour ses bonnes notes, ses performances en sport, ses beaux dessins, ou même pour une chambre bien rangée aura tendance à avoir un scénario « Sois parfait » (« Cela me va uniquement si je fais ça bien »). Quelqu'un élevé dans une famille où on porte une importance toute particulière au fait de rester calme et de résister à de trop grandes vagues d'émotions aura un scénario « Sois fort » (« Cela me va uniquement si je ne montre pas mes émotions »).

Nous nous identifions toujours avec au moins l'un de ces scénarios, mais il est assez courant d'en reconnaître plusieurs (voire tous) qui se manifestent de temps à autre dans nos schémas comportementaux. Les cinq scénarios de Kahler sont :

1. Sois parfait (« Cela me va uniquement si je fais ça bien »).
2. Dépêche-toi (« Cela me va uniquement si je fais les choses vite »).
3. Fais plaisir aux autres (« Cela me va uniquement si tout le monde est content »).
4. Fais des efforts (« Cela me va uniquement si je travaille beaucoup »).
5. Sois fort (« Cela me va uniquement si je ne montre pas mes émotions »).

Les profils ci-dessous résument les effets classiques de chaque scénario lorsqu'ils sont activés, et comment cela affecte le schéma comportemental. Cela ne veut pas dire pour autant que tout un chacun est identique, mais vous allez probablement reconnaître certaines personnes de votre connaissance dans ces descriptions.

1. Sois parfait

Les valeurs associées au scénario « Sois parfait » sont l'accomplissement, le succès, la victoire, la droiture, le goût du travail bien fait et l'autonomie.

La plupart des gens s'accorderont pour dire que la perfection n'existe pas (en tout cas, une fois qu'on n'est plus à l'école, où 100 % des buts sont atteignables, comme dans une dictée ou un devoir de mathématiques). Une personne qui fonctionne avec un scénario « Sois parfait » aura toujours en lui la croyance inconsciente que la perfection existe et il fera tout son possible pour l'atteindre. Bien sûr, lorsque « Sois parfait » se met en marche, on attend beaucoup de soi-même... Ce scénario peut aussi nous faire passer pour naïf ou immature, et nous serons enclins à ne pas prendre de risques, de peur de faire des erreurs.

2. Dépêche-toi

Les valeurs associées au scénario « Dépêche-toi » sont la vitesse, l'efficacité, la rapidité de réaction et la capacité de travailler en multitâche. Quelqu'un doté de ce scénario aura grandi dans un environnement où les choses devaient être faites rapidement, et où la lenteur était un défaut à corriger.

Ce scénario nous pousse à nous dépêcher : nous pouvons parler à toute vitesse ou devenir vite impatient. Nous pouvons même avoir la mauvaise habitude de finir les phrases des autres. Ceux qui ont tendance à activer ce scénario vont être enthousiastes au début d'un projet, mais peuvent avoir du mal à aller au bout des choses. Ils auront aussi des facilités à gérer des crises et des changements, mais peuvent négliger des détails pour aller vite.

3. Fais plaisir aux autres

Les valeurs associées au scénario « Fais plaisir aux autres » sont l'attention, la gentillesse et la disponibilité. Quelqu'un doté de ce scénario aura souvent eu le rôle de juge de paix dans sa famille pendant l'enfance.

Lorsque ce scénario est enclenché, nous allons automatiquement faire passer nos besoins derrière ceux des autres. Parfois, nous allons trouver que nous assumons trop de choses en période de stress car nous ne savons pas dire non. Nous pouvons aussi hésiter à dire ce que nous avons sur le cœur ou à nous imposer, et nous allons souvent essayer de deviner ce que les autres pensent, afin de pouvoir agir dans le sens qui les rendra heureux. Dans ce scénario, nous essayons aussi à tout prix d'éviter la critique et le conflit.

4. Fais des efforts

Les valeurs associées au scénario « Fais des efforts » sont l'effort, l'opiniâtreté, la patience et la détermination.

C'est l'attitude « On n'a rien sans rien ». Quelqu'un qui opère sous ce scénario va avoir tendance à faire d'énormes efforts, même si cela n'améliore pas les résultats au bout du compte. Un succès « facile » est considéré comme ayant moins de valeur qu'un succès remporté de haute lutte. Lorsque nous sommes touchés par ce scénario, nous ne voulons pas être satisfaits, nous ne voulons pas nous reposer, nous ne voulons jamais « laisser tomber » ni même « faire une pause ».

Nous pouvons compliquer ce que nous faisons jusqu'à l'absurde, juste pour pouvoir nous donner encore plus de travail et nous enorgueillir d'avoir une bonne réserve de « volonté ».

5. Sois fort

Les valeurs associées au scénario « Sois fort » sont le courage, le sang-froid, la force et la fiabilité. Ce scénario est souvent le résultat d'une éducation où montrer ses émotions était mal vu, alors qu'une attitude de dur ou de fierté était encouragée.

Quelqu'un qui dispose de ce scénario va souvent être celui qui prend sur lui plutôt que de demander de l'aide. Les émotions sont considérées comme des faiblesses et, en conséquence, les personnes qui fonctionnent ainsi peuvent passer pour méfiantes ou inaccessibles. Lorsque vous êtes sous le règne du « Sois fort », vous pouvez parfois vous laisser envahir par la pression et le stress, et manquer de tolérance envers ceux qui demandent de l'aide ou ont l'air faibles.

Les scénarios comme contentement de nos besoins

Les scénarios, comme les valeurs, sont des stratégies programmées pour satisfaire nos besoins. À première vue, cela peut sembler difficile de voir en quoi une valeur telle que l'opiniâtreté (Fais des efforts) ou la vitesse (Dépêche-toi) pourrait satisfaire l'une des six catégories des besoins humains que nous avons détaillées. Mais lorsque nous réfléchissons à notre histoire personnelle et que nous constatons que certaines qualités nous ont apporté sécurité, amour et louanges durant nos années de formation, le lien se fait plus évident. Pourtant, comme nous le savons déjà, ce qui satisfaisait nos besoins lorsque nous étions jeunes n'est pas toujours efficace à l'âge adulte. Examinons soigneusement nos scénarios pulsionnels afin de déterminer si ces stratégies fonctionnent bien et contribuent à notre bien-être. En prenant conscience de nos motifs inconscients, nous pouvons améliorer notre sentiment de choisir et de contrôler notre vie.

Identification des scénarios

Tout n'est pas négatif dans chaque scénario. En conserver certaines valeurs peut apporter un bénéfice. Le souci, c'est lorsque nous ne les identifions pas. Nos scénarios modifient notre perception de la réalité et peuvent passer pour une vérité objective plutôt qu'une préférence personnelle. Ainsi, le scénario pourra contenir une menace.

Par exemple, quelqu'un doté d'un scénario « Dépêche-toi » pensera qu'il est absolument impératif de faire tout ce qu'on lui demande dans un temps record. Il trouvera toujours des manières de justifier ce besoin d'urgence : « Si je ne finis pas d'ici demain, les gens ne seront plus intéressés », ou : « Si on ne finit pas aujourd'hui, le patron va penser qu'on s'est tourné les pouces. » Pourtant, ces rationalisations ne sont pas nécessairement basées sur la réalité ; ce sont juste des tentatives du capitaine de créer une sensation d'importance. En suivant aveuglément cette pulsion, il ne va peut-être pas faire du bon travail, alors qu'il aurait pu en prenant plus de temps.

Les scénarios aux mains du monstre

Lorsque nous ne sommes pas tout à fait contents de qui nous sommes, nos scénarios ont tendance à souligner les plus douloureuses nuances du « pas assez » qui est en nous. Ils intègrent tout ce que nous avons appris lorsque nous étions enfants sur le fait qu'échouer nous priverait d'amour, de soutien et de sécurité. Quand nous avons peur de n'être pas assez doués, pas assez rapides, pas assez aimables, pas assez travailleurs ou pas assez forts, c'est le scénario qui se met en marche, et nous nous sentons « pas assez ».

Les scénarios sont comme la boîte à outils de nos monstres. Lorsque l'esprit veut à tout prix trouver une raison d'avoir honte, le scénario le lui fournit.

Exercice : Créer un scénario symbolique

Les scénarios utilisés dans cet exercice vont servir à questionner notre représentation du monde et de nous-mêmes. D'abord, nous allons identifier la pulsion spécifique associée à nos scénarios principaux. Ensuite, nous pourrons prendre du recul lorsqu'ils se déclenchent. Et nous pourrons nous demander si nous répondons bien à la réalité de la situation ou si nous suivons juste notre schéma comportemental préprogrammé.

Une bonne façon d'encourager votre esprit à reconnaître un sentiment en particulier est de créer une représentation symbolique pour lui. Ce processus, même s'il peut paraître un peu abstrait la première fois que vous le faites, vous permet d'explorer l'information inconsciente un peu plus profondément. Cela vous aidera lorsqu'il faudra identifier ce sentiment dans le futur. Commencez par cette question :

▶ *Quel est pour vous votre scénario premier ?*

Lorsque vous aurez trouvé votre réponse, repensez à un moment où vous avez ressenti cette pulsion et imaginez-vous à nouveau dans cette situation. Revenez donc à cet instant, afin de voir, d'entendre et de ressentir ce qui se passait à l'époque. Prenez un moment afin de vous immerger totalement dans ce souvenir.

Maintenant, afin de créer votre symbole, posez-vous ces questions :

- Si vous sentiez dans une partie de votre corps cette pulsion associée au scénario qui s'active, quelle serait cette partie de votre corps ?
- Si cette sensation avait une forme, quelle serait-elle ?
- Est-elle petite ou grande ?
- Est-elle lourde ou légère ?
- Est-elle statique ou en mouvement ?
- Y a-t-il autre chose qui se dégage de cette sensation ?

Vous allez sûrement trouver cela utile de construire une visualisation de votre pulsion. Essayez d'imaginer comment vous la verriez. Si elle avait une couleur, quelle serait-elle ? Est-elle sombre ou lumineuse ? Ressemble-t-elle à quelque chose de connu ? Ou peut-être cette sensation est-elle accompagnée d'un son ? Mon scénario « Dépêche-toi » fait le bruit de pneus qui dérapent et d'un monologue intérieur rapide.

Passez un moment à apprivoiser cette pulsion et à la relier à son symbole en imaginant la visualisation, le son ou la sensation dans la partie de votre corps où vous la ressentez.

Les jours suivants, soyez attentifs aux instants où vous vous sentirez submergé par cette sensation, et questionnez la pulsion pour voir si elle est adaptée ou non. Arrêtez-vous juste un moment et demandez-vous : « Cela pourrait bien être un scénario qui s'enclenche. Est-ce réellement important de me dépêcher [ou autre chose] maintenant, ou est-ce mon esprit qui veut me faire croire cela ? »

Lorsque vous pensez qu'un scénario peut altérer votre perception, vous pouvez le contrer en vous donnant un ordre à vous-même. Cela peut fonctionner comme un mantra intérieur : une sorte de vérification de réalité en période de stress. Vous pouvez choisir vos mots, bien sûr, mais voici les phrases que vous suggère l'analyse transactionnelle standard :

1. « Sois parfait », à contrer par : « Ça suffit. »
2. « Dépêche-toi », à contrer par : « Du calme. »
3. « Fais plaisir aux autres », à contrer par : « Fais-toi plaisir. »
4. « Fais des efforts », à contrer par : « Fais juste le nécessaire. »
5. « Sois fort », à contrer par : « Ça va aller. »

Résumé

Nous avons décrit les composants principaux qui forment notre filtre de réalité : processus inconscients, souvenirs, croyances, valeurs, besoins et scénarios. Ces composants sont interconnectés et déterminent la vision du monde dans laquelle chacun de nous vit, et nos réactions. Nos souvenirs fournissent l'information brute que notre esprit transforme en croyances (parmi lesquelles se trouvent les valeurs, qui sont des croyances à propos de l'importance des choses, et les scénarios, qui sont comme des règles inconscientes censées augmenter l'estime de soi). En grandissant, nous continuons à nous référer à ces croyances et nous les utilisons comme stratégies afin de satisfaire nos besoins, de façon saine ou malsaine.

Tous les concepts que nous avons explorés pour le moment sont le socle théorique des changements que vous allez opérer à la lecture de cet ouvrage. Vous n'avez pas pour autant besoin de les mémoriser. Je vous dirai lorsqu'il faudra que vous vous souveniez de quelque chose en particulier.

Avant de reprendre le contrôle dans la deuxième partie, j'aimerais vous montrer encore comment tous ces concepts fonctionnent quand les monstres les plus destructeurs arrivent à leurs fins. Tout s'emboîte parfaitement avec ce que j'appelle les « mirages mentaux ».

5

Le mirage

L'effet paralysant des besoins insatisfaits

« Tout ce qui compte, c'est le but. » C'est ce que je me répète en boucle. Parfois, j'ai l'impression que cette vision vacillante du succès devant moi est la seule chose qui me fait encore avancer.

Il est presque six heures du soir, et c'est ma première séance d'entraînement de la journée. Pas la moindre étincelle d'enthousiasme. Je monte sur le tapis de course comme une sorte de zombie. Je commence mon habituel échauffement, mais mes jambes sont lourdes et peinent à se lever. Je sens que cela ne va pas être une bonne séance – mais aucune ne l'est plus en ce moment. Rien ne me tire en avant. J'ai l'impression qu'on me pousse et qu'on me force à bouger. Ces derniers jours, je fais ce que je dois *faire, plutôt que ce que je* veux *faire. Mais ça va, parce que... tout ce qui compte, c'est le but.*

Récemment, on m'a conseillé de faire une pause, mais l'idée m'a semblé incongrue. C'est vrai que je suis exténuée, mais cela ne sert à rien de laisser filer le temps. Mon corps n'est pas aussi fort qu'avant. Et pire encore, je ne suis pas assez solide pour combattre comme je le voudrais.

Jusqu'à ces derniers mois, j'étais encore dans une dynamique de victoire. Maintenant, je repense à deux horribles défaites, et je n'arrive pas à oublier le sentiment de trahison qui m'a assaillie. Les deux fois, c'était comme si mon corps avait abandonné au bout de quelques minutes de combat. À la fin de chaque compétition, je me suis retrouvée immobile au milieu du ring, incapable d'avancer ou d'esquiver, et encore moins de lancer des coups de pied ou de poing.

Mes amis, ma famille et mes entraîneurs voient bien que cela ne va pas. Lorsqu'ils me suggèrent de me reposer, je devrais les remercier, mais leurs conseils bien intentionnés ne me font en réalité aucun bien. C'est comme si mon entourage voulait m'enlever quelque chose de vital. Je ne peux pas me ménager. Si je veux revenir à ma forme de championne, il va justement falloir que je m'entraîne encore plus. C'est aussi simple que cela.

Il n'y a pas que la boxe qui est un calvaire ces derniers temps. Tout est pénible. Mes temps de course sont plus lents, je dois soulever des poids plus légers, je suis vite fatiguée et irritable après mes séances, mon système digestif est détraqué et, chaque fois que je prends une douche, je perds une touffe de cheveux. Une part de moi sait que je devrais tenir compte de tous ces signaux, mais je ne le fais pas, j'excelle même à ne pas le faire. Je suis devenue experte en déni.

Exercice : Monstres et mirages

Cet exercice est la suite de l'exercice sur les valeurs : il s'agit de pousser plus loin encore l'analyse de vos valeurs, et d'aller au-delà de la simple compréhension de vos besoins. Cela vous donnera un accès direct aux histoires de votre monstre qui vous influencent le plus. Lorsque vous saurez exactement comment votre esprit utilise ces histoires, vous allez vous sentir beaucoup mieux.

Lorsque vous allez répondre aux questions suivantes, vous allez devoir enregistrer les mots exacts que vous utilisez. Peut-être est-ce plus simple d'y répondre à voix haute en utilisant le dictaphone de votre téléphone. Si vous écrivez dans votre carnet de notes, faites-le directement, en vous assurant de ne pas couper vos réponses dans un désir de concision. Laissez l'enchaînement des pensées s'épancher sur la page, au fur et à mesure qu'elles arrivent.

À la fin du livre, page 544, vous trouverez le formulaire intitulé « Monstres et mirages ».

Si vous êtes prêt à y aller, prenez votre liste de valeurs, et commencez par celle qui est tout en haut de votre hiérarchie inconsciente, en l'écrivant sur la deuxième ligne du formulaire, en face de « Valeur 1 ». Nous allons commencer par chercher le but spécifique de cette motivation.

Réfléchissez à votre valeur numéro 1, et répondez à la question :

► *Qu'y a-t-il d'important dans cette valeur ?*

Marquez la réponse qui vous vient tout de suite à l'esprit. Puis posez-vous la même question à propos de la réponse que vous venez de donner :

► *Qu'y a-t-il d'important dans [ma réponse] ?*

Là encore, assurez-vous d'écrire les mots exacts de votre réponse, puis posez-vous la question une troisième et dernière fois à propos de *cette* réponse :

► *Qu'y a-t-il d'important dans [ma deuxième réponse] ?*

Exemple :

Si nous prenons comme valeur numéro 1 la valeur « Sentiment de communauté » de ma propre liste et que nous l'appliquons à cet exercice, voici ce que cela donne :

Q1 : Qu'y a-t-il d'important dans le sentiment de communauté ?

R1 : Être en compagnie de gens qui ont les mêmes centres d'intérêt que moi.

Q2 : Qu'y a-t-il d'important dans le fait d'être avec des gens qui ont les mêmes centres d'intérêt que moi ?

R2 : Avoir l'impression de faire partie d'une même équipe.

Q3 : Qu'y a-t-il d'important à avoir l'impression de faire partie d'une même équipe ?

R3 : La camaraderie et le soutien entre nous.

Vos réponses peuvent aussi être négatives. Par exemple, lorsque je répondais à ces questions à propos de la valeur « Gagner » durant ma thérapie :

Q1 : Qu'y a-t-il d'important dans le fait gagner ?

R1 : Savoir que je peux vaincre l'adversité.

Q2 : Qu'y a-t-il d'important dans le fait de vaincre l'adversité ?

R2 : Ne plus me sentir incapable.

Note : Si vous produisez une réponse négative telle que celle-ci, vous n'avez plus besoin de continuer à interroger la valeur en question.

Si nous étions ensemble dans mon cabinet, je vous poserais les mêmes questions pour chaque valeur de votre liste. Faites de même chez vous. Cela vous donnera une formulation plus précise du raisonnement inconscient qui est derrière vos motivations. L'exercice est un peu ardu, c'est certain. Les trois valeurs en haut de la hiérarchie devraient suffire si vous n'avez pas beaucoup de temps devant vous.

Une fois l'exercice achevé, mettez vos réponses de côté pour un moment. Nous y reviendrons plus tard dans le chapitre.

Les types de motivations

Le processus que vous venez juste d'achever a été une longue ascension vers des niveaux d'abstraction de plus en plus poussés. Nous allons désormais nous demander quel est le but de chacun des objets de votre liste.

Carotte ou bâton ?

Certaines valeurs se présentent comme des idéaux positifs vers lesquels nous gravitons automatiquement car ils nous apportent ce que nous désirons. En PNL, on les appelle des « valeurs avant » : elles satisfont les désirs de façon saine. Les valeurs qui nous causent le plus de soucis, en revanche, sont les motivations négatives qui nous éloignent de ce dont nous avons peur, de ce dont nous ne voulons pas ou de ce que nous pensons ne pas pouvoir avoir. On les appelle « valeurs arrière ». Dans certains cas, elles sont aussi importantes et saines que les valeurs avant, car elles nous permettent d'éviter un danger – une personne manipulatrice ou un incendie. Mais parfois, elles vont nous faire passer plus de temps que nécessaire dans une posture défensive, et cela peut devenir problématique.

Le principe de plaisir

Le fait d'être attiré vers ce qui est positif et de reculer devant ce qui est négatif est instinctif. Nous sommes programmés pour chercher le plaisir et éviter la douleur. Pensez à quelque chose qui sent très bon, comme une baguette de pain tout juste sortie du four. Vous vous régalez rien qu'à l'odeur ? Alors maintenant, imaginez quelque chose qui sente très mauvais (je vous laisse choisir l'exemple !). Votre réaction sera bien différente.

Freud appelle cela le « principe de plaisir », et on peut l'observer chez n'importe quel organisme vivant sur cette planète. Si vous mettez une amibe dans un bol d'eau et que vous y plongez quelque chose de nourrissant, elle se précipitera. Si vous mettez une goutte de poison, elle s'en éloignera.

Le principe de plaisir suit nos mécanismes de survie les plus basiques : lorsque nous nous sentons en sécurité et qu'il y a du plaisir, ou de la nourriture, nous allons tranquillement vers ce que nous voulons (réagissant à une valeur avant). Quand nous sommes dans cet état, nous pouvons évoluer, nous développer, changer ; c'est « l'état d'évolution ». Quand nous sentons une menace, en revanche, nous entrons automatiquement dans un état de protection (réagissant à une valeur arrière). Nous interrompons tout développement. Nous évitons le changement, nous préférons rester là où nous sommes en sécurité ; c'est « l'état de protection ».

Quand cette menace fait naître de l'angoisse, nous entrons en mode « combattre ou s'enfuir ». Notre système digestif est mis en pause pour que le sang soit envoyé dans nos membres plutôt que dans notre ventre (afin que nous puissions combattre ou nous enfuir), tout comme nos capacités cognitives qui, devant la menace, cèdent la place à l'équipage (le capitaine n'a pas son mot à dire quand il s'agit d'échapper à une avalanche). Cet état de protection est bien évidemment essentiel, mais si cela arrive trop souvent ou que cela dure trop longtemps, nous pouvons littéralement nous rétrécir. Certaines affections sont même liées au stress, comme le syndrome du côlon irritable, les palpitations cardiaques, ou même l'état dépressif, quand nous n'arrivons même plus à nous lever le matin. L'angoisse (qui exprime un impérieux besoin de sécurité) nous empêche de satisfaire tous nos autres besoins. Trop de motivations arrière peut vraiment être problématique.

Comment la motivation affecte la performance

Pour beaucoup d'entre nous, le résultat d'une valeur arrière ne sera pas dramatique. En revanche, choisir la carotte ou le bâton n'est pas sans conséquences sur nos performances.

Afin de bien comprendre la différence entre les motivations avant et arrière dans un contexte plus clair, imaginez deux conférenciers consciencieux qui préparent leur prise de parole. Tous les deux répondent à la valeur « faire un bon discours ».

Conférencier numéro 1
– Motivation avant (état d'évolution)

Le premier conférencier possède des valeurs avant en connexion avec le fait de prendre la parole en public. Si vous lui demandez ce qui est important dans le fait de « faire un bon discours », il vous répondra : « La sensation de pouvoir communiquer efficacement. » Il va *en direction* de l'opportunité de prendre la parole car cela l'excite et donne du sens à sa démarche. Il peut se sentir nerveux ou inquiet avant de commencer à parler (cela doit sûrement lui arriver), mais le positif occupe plus de place que sa conscience de la peur. Il est plus excité qu'apeuré par l'idée de se présenter devant son public. Il est en pleine possession de ses moyens.

Conférencier numéro 2
– Motivation arrière (état de protection)

Le second conférencier se prépare lui aussi très minutieusement, mais dans son cas, c'est parce qu'il a peur de *ne pas* y arriver, d'avoir l'air idiot ou d'être inintéressant. Si vous lui demandez ce qui est important dans le fait de « faire un bon discours », il vous répondra quelque chose du genre : « Je ne supporte pas l'idée de monter sur scène et de passer pour un idiot. »

Les aspects positifs de sa conférence ne comptent pas ; il est plus concerné par les risques que par les gains.

Il y a peut-être une bonne raison à cette peur. Peut-être a-t-il déjà connu une expérience difficile sur scène, ou peut-être a-t-il peur de prendre la parole en public car, au fond de lui, il pense qu'il n'est pas assez brillant. De toutes les manières, le fait qu'il craigne l'échec induit qu'une partie de son esprit pense que l'échec est possible, et dangereux. Cette partie, bien sûr, c'est son monstre, et il lui racontera des histoires qui vont lui faire sentir qu'il n'est pas assez « doué/intelligent/drôle/brillant » pour donner sa conférence. Résultat, son esprit va se mettre en état de protection, afin de l'éloigner de la menace de l'échec. Cela peut se manifester par des symptômes classiques de trac : angoisse, distraction, sommeil haché, procrastination, etc. Ou par une extinction de voix ou une nuit blanche la veille de la performance (deux excellents moyens qu'a l'inconscient de lui éviter d'avoir à monter sur scène). La peur peut pousser notre second conférencier à trop répéter sa présentation, à un tel point qu'elle en devienne mécanique et ennuyeuse.

L'autosabotage se produit beaucoup plus souvent quand nous sommes en état de protection que lorsque nous sommes en état d'évolution. Je ne dis pas non plus que la motivation arrière finisse toujours par donner de mauvais résultats (je me suis battue dans un état de peur pendant des années et j'ai pourtant remporté la majeure partie de mes combats à l'époque – seulement, ce n'était pas agréable). Nos conférenciers feront peut-être tous les deux de bons exposés. Mais à votre avis, lequel aura pris du bon temps sur scène et aura une longue carrière de conférencier devant lui ?

Évolution et protection : résumé

Votre esprit fonctionne de telle façon qu'il vous entraîne vers ce que vous percevez comme désirable, et vous ordonnera de vous éloigner le plus possible de ce que vous percevez comme une menace. C'était très utile à l'époque où nous devions nous méfier du fameux tigre aux dents de sabre, mais cela ne sert plus à rien aujourd'hui – en tout cas pas pour éviter une catastrophique coupe de cheveux. Tout ce que nous devons faire, c'est calmer notre esprit afin qu'il ne prenne pas des choses anodines pour de terribles menaces. Pour cela, il nous faut questionner nos croyances.

Cerner la pensée limitative

Lorsqu'une valeur arrière apparaît dans un contexte donné, problématique, cela nous permet d'observer les pensées limitatives de nos monstres. Analyser nos valeurs (comme vous venez de le faire au début de ce chapitre) revient simplement à relever tout élément négatif de langage qui s'y trouve. Lorsque l'esprit est inconsciemment concentré sur une menace, nous allons en effet toujours finir par l'évoquer d'une manière ou d'une autre.

La carotte et le bâton sont bien entendu présents dans toutes les valeurs. Ce qui nous amène quelque chose de positif va presque simultanément nous éloigner de quelque chose de négatif. Ce qu'il faut, c'est discerner ce sur quoi l'esprit insiste.

Si l'on revient à mon propre exemple, quand mon thérapeute, Trevor, m'a demandé ce qu'il y avait d'important dans le fait de « vaincre l'adversité », plutôt que de dire : « Sentir que j'ai fait quelque chose de bien et que je suis douée dans un domaine », j'ai dit : « Ne plus me sentir incapable. » En pratiquant la boxe, je cherchais surtout à me protéger contre cette idée que je n'étais pas assez douée, plutôt que de profiter des opportunités inhérentes au défi. Ce type de valeur arrière est apparu chaque fois que j'évoquais mes valeurs dans le contexte de la boxe. C'était l'histoire que mon monstre aimait me raconter.

EXERCICE : Identifier les histoires favorites de votre monstre

Voyons voir si nous pouvons surprendre votre monstre en flagrant délit. Reprenez vos réponses aux questions depuis le début du chapitre (« Qu'y a-t-il d'important dans la valeur numéro 1 ? », etc.). Puis passez-les en revue et entourez tout élément négatif : « Comme ça je ne vais pas... », « Comme ça je ne fais pas... », « Comme ça je ne suis pas... », etc. Ce sont autant d'indices de pensées limitatives dans ce contexte. Par exemple, « Comme ça je n'ai pas l'air moche » suggère un complexe physique. Ou « Comme ça je n'ai pas l'air d'être égoïste » indiquera une peur de l'être.

J'ai déjà croisé pas mal de gens qui à l'écrit ont tendance à être moins négatifs qu'à voix haute en séance. Mais si vous avez choisi un contexte problématique, je suis prête à parier qu'il restera toujours au moins une motivation arrière quelque part. Si vous n'avez pas trouvé de déclaration ouvertement négative, vous pourrez faire le tri entre vos valeurs arrière et vos valeurs avant en évaluant le sentiment qu'elles font naître en vous. Les motivations positives vous attirent, vous font sourire (« Oh ! la belle carotte ! »), tandis que les négatives vous semblent désagréables (« Aïe ! le bâton ! »).

Pour avancer, notez toutes vos valeurs arrière.

Exemple :
« Comme ça, je n'ai pas l'impression de ne pas mériter l'attention des autres. »
« Comme ça, je ne me sens pas à part. »
« Comme ça, je ne me sens pas exclu. »

Puis reprenez-les et répondez à cette question :

▶ *Si vous deviez faire une phrase commençant par le mot « je » qui relierait toutes ces peurs ensemble, quelle serait-elle ?*

Voici deux pensées limitatives qui pourraient correspondre aux valeurs arrières ci-dessus :

Exemple :
« Je ne suis pas comme eux. »
« Je ne suis pas intégré. »

Réfléchissez un instant à ce que pourraient être vos pensées limitatives, dans le contexte problématique que vous avez choisi. C'est normal de ne pas être toujours d'accord avec ces déclarations lorsque vous les écrivez. Souvent, le capitaine aura quelques objections. Mais nous ne nous intéressons pas à ce qu'il pense dans cette situation, donc laissez tomber ses rationalisations et concentrez-vous sur votre instinct. Que ressentez-vous à la lecture de cette pensée limitative ? Un sentiment de déprime ? Un flash ou un souvenir désagréable ? Une petite voix plaintive qui dit : « Oui, c'est moi » ? Les phrases qui provoquent ce genre de réactions sont probablement un élément de la grande histoire que votre monstre raconte.

Pour finir, faites un petit dessin de votre monstre (faites-vous plaisir) et écrivez dans une bulle juste à côté vos pensées limitatives. Cela vous paraît ridicule ? Ne vous en souciez pas, c'est fait pour vous aider. Page 546, vous trouverez un formulaire pour cette dernière étape de l'analyse des valeurs et un espace pour ce dessin de votre monstre avec sa bulle.

Mirage et fantasmes

Nous sommes souvent totalement ignorants des moments où notre inconscient, notre monstre, prend son bâton pour nous faire peur. Et ainsi nous pouvons être comme hypnotisés par ses histoires. C'est pourquoi il est si important de bien les identifier.

Si l'on m'avait parlé de ce type de motivations arrière à l'époque où je m'entraînais beaucoup trop, j'aurais sûrement rétorqué que cela n'avait rien à voir, que ma démarche était positive. Après tout, je ne pensais qu'au succès ! Rétrospectivement, je vois bien que mon état d'esprit était celui d'un zombie, que je manquais d'enthousiasme, que j'étais en train de m'abîmer physiquement, et que tout cela était un état de protection. Et ma façon de contrer cet état en me faisant miroiter à moi-même un futur parfait ne faisait qu'empirer les choses, car même ce futur se fondait sur une panoplie de valeurs arrière reposant sur la peur. Pourtant, à l'époque, j'avais très peu conscience de mon sentiment de n'être « pas assez » ou de ma peur de l'échec (sauf au tout dernier moment), car j'étais devenue experte en déni. Nous sommes toujours très forts lorsqu'il faut nous cacher des choses à nous-mêmes.

L'image parfaite

L'ambition peut être quelque chose de formidable. Et c'est très important d'avoir des buts. Mais il peut arriver que nous utilisions cette ambition de façon très peu constructive.

Comme nous sommes habitués à idolâtrer ceux qui ont déjà tout réussi – les athlètes qui sont numéro 1, les musiciens qui ont décroché des disques de platine –, nous pensons que le « produit fini » est le but. Ce que nous ne voyons pas dans ces cas précis, ce sont les années (les décennies, bien souvent) de travail dans l'ombre qui ont été nécessaires pour arriver à cette réussite. En réfléchissant un peu, nous sentons bien qu'ils ont dû travailler beaucoup, qu'ils ont sûrement dû rencontrer quelques échecs sur leur route, mais leur processus d'évolution nous reste tout de même largement inconnu. Nous avons donc tendance à omettre ces détails dans nos fantasmes de succès personnel. Au lieu de nous visualiser sur la longue route de notre formation, nous nous imaginons tout de suite au bout – à ce point où nous sommes « assez doués ».

Nous pouvons facilement nous tromper en pensant que regarder le but est seulement une façon positive de nous motiver. Nous nous disons que nous avons un but – une mission – et que *nous allons y arriver*. Mais notre cartographie du succès est bien trop incomplète et pleine de pièges.

Des études ont montré que fantasmer à propos de succès peut en fait nous démotiver. En nous visualisant tout en haut, au sommet (on passe à la télévision, on enfile une robe de soirée de grand couturier), nous aurions en fait beaucoup plus de mal à vivre réellement un jour ce genre d'expériences. En voici la raison : le fait de vivre par anticipation ce succès futur satisfait suffisamment notre désir de réussite, cela nous décourage de consacrer à cet objectif les centaines d'heures nécessaires pour l'atteindre. L'autre problème, c'est que ce genre de visualisation autocentrée renforce notre conviction qu'il nous faut aspirer à quelque chose de mieux. En nous concentrant sur ce futur dont nous rêvons, davantage que sur le temps présent, nous nous rappelons sans arrêt que notre vie n'est pas réussie pour le moment, que nous ne sommes pas là où nous voulons être. Ces visualisations nous font nous sentir « pas assez » au moment présent – « pas *encore* assez » –, ce qui a le don de nous mettre dans un état de protection, donc de nous démotiver. C'est logiquement contreproductif.

Et nous persistons, soit de façon intentionnelle et préméditée, soit en glissant petit à petit dans un monde de rêve éveillé. Nous nous permettons des visions joyeuses de ce que nous serons un jour, quand nous ferons vibrer les foules, que nous séduirons qui nous voudrons, que l'on nous tressera des lauriers, que nous aurons la famille idéale, des abdos parfaits, etc. Nous nous autorisons ces rêves *parce que* nous n'en sommes pas là, à ce moment précis.

Ces projections futures et glorieuses sont comme des mirages. Ce sont des illusions chatoyantes que notre esprit assoiffé de succès fait miroiter devant nos yeux pour continuer à avancer tant bien que mal. Ces mirages promettent de résoudre le problème du « pas assez », mais en fait ils ne font que le renforcer. Ce sont nos monstres déguisés en gentils amis.

Les mirages comme autant de fausses promesses de satisfaction

Cela ne veut pas dire pour autant que nous ne pouvons pas réaliser le contenu de notre fantasme tel que nous l'imaginons ; c'est seulement qu'en fait, le fantasme nous cache quelque chose en matière d'émotions. Il y a un lien manquant dans notre raisonnement. Si nous voulions des abdos parfaits juste pour avoir des abdos parfaits, nous serions satisfaits en y arrivant. Mais cela s'arrête rarement là. Le but est souvent un mirage : inconsciemment, c'est autre chose que nous désirons : « Si seulement j'avais des abdos parfaits, je plairais davantage aux filles. »

Les mirages nous promettent de satisfaire un besoin qui est pour le moment en déficit : « Si je remporte cette compétition, je me sentirai important », « Si je perds plus de poids, je serai désirable », « Si je vends plus, je serai tranquille financièrement parlant ». Mais quand une pensée limitative empêche le contentement de ces besoins, quels que soient nos efforts, rien n'étanchera vraiment notre soif. Nous remporterons peut-être la compétition, mais nous voudrons ensuite le titre supérieur. Nous perdrons peut-être du poids, ou nous aurons des abdos parfaits, mais nous voudrons faire un lifting.

Ce n'est pas facile. Nos monstres nous disent que nous ne sommes « pas assez », alors nous pensons que ce qu'il nous faut, c'est être « assez ». Mais c'est un terme très problématique. « Assez », cela sonne comme si c'était quantifiable, comme si vous pouviez accumuler, ce qui n'est absolument pas le cas. « Assez » en tant que but, ce n'est pas très bien défini. Combien est-ce, « assez » ? Assez de quoi exactement ? Assez pour qui ? Tout cela n'était pas du tout clair dans mon petit mirage d'estime de moi-même, à l'époque où je combattais, et il était complètement illusoire de réaliser ce fantasme. Je sais désormais que ce que je voulais, c'était juste me sentir « bien ». Pas comme quand on répond : « Oui, ça va, ça va », mais comme quand ce qui nous vient est une phrase enjouée : « Je vais bien ! Tout va bien dans ma vie en ce moment. »

Le genre de « bien » dont j'avais besoin, c'était un bien immédiat, pas dans le futur. La réalité, c'est que, quoi que vous pensiez, les choses extérieures telles que le statut social, les félicitations, les louanges, l'admiration des autres, un compte en banque bien garni et tout ce dont nous rêvons, rien de tout cela n'apporte ce sentiment de contentement (enfin, pas longtemps en tout cas). La satisfaction vient de l'intérieur.

Si l'oasis est un mirage, nous ne boirons jamais son eau... Et le pire, c'est que plus nous le regardons, plus nous avons soif. Chaque fois que nous obtenons une petite victoire, le mirage grossit, devient plus clair et pourtant il s'éloigne, et nous restons dans le même état d'angoisse et de manque, avec nos monstres plus excités que jamais.

Est-ce qu'assez est parfois assez ?

Le nageur Michael Phelps, l'un des champions olympiques les plus décorés au monde, a dit un jour : « Je déteste davantage perdre que je n'aime gagner. » Ce genre de motivation arrière ne l'a pas empêché de connaître le succès. Mais Phelps a été arrêté pour conduite en état d'ivresse en 2014. Il a touché le fond et a été obligé de s'attaquer à la dépression et aux addictions qu'il essayait de combattre en silence depuis longtemps. Lorsqu'il a évoqué ses problèmes psychologiques, il a dit : « J'étais perdu, j'avais exclu de ma vie de nombreuses personnes, des gens que j'aimais et dont j'avais besoin. Je fuyais. »

Ce n'est heureusement pas le cas pour tous les grands athlètes, mais nombre d'entre eux se reconnaîtront dans ces propos. À force de lutter de façon permanente contre une pensée négative, même si l'on est au plus haut niveau, un sentiment d'absurdité peut naître. C'est un sujet que j'aborde souvent dans ma pratique avec des sportifs. Le traitement qu'ils doivent suivre consiste à s'attaquer à la peur de l'échec qui les bloque.

Phelps a passé six semaines en cure de désintoxication en Arizona pour se soigner. Alors qu'il avait annoncé sa retraite aux Jeux olympiques de Londres en 2012, il est revenu en 2016 pour ceux de Rio, et a remporté six nouvelles médailles olympiques (pour un total incroyable de vingt-huit tout au long de sa carrière). Le plus important, c'est que, pour ses quatrièmes Jeux olympiques, Phelps avait l'air de prendre du plaisir : « Avant, je mettais mon casque audio et je ne parlais à personne, a-t-il dit. Maintenant je suis beaucoup plus ouvert aux autres et détendu. »

C'est comme si Phelps avait rencontré son monstre pendant sa cure et qu'il avait appris qu'il n'avait plus besoin de le fuir. Les gens talentueux refusent parfois d'abandonner leurs peurs parce qu'ils pensent qu'elles font partie des raisons pour lesquelles ils sont aussi bons. Oui, le bâton les a poussés jusqu'au sommet, mais cela ne veut pas dire que la carotte ne peut pas faire aussi bien, voire mieux ! Un esprit plus heureux et plus sain n'a pas empêché Phelps de battre ses adversaires à plate couture. Et il a même pu sourire quand il est sorti de la piscine.

Boire l'eau de l'oasis

En travaillant sur nos pensées limitatives pour choisir la carotte plutôt que le bâton, nous pouvons apprendre à laisser tomber ces images d'un futur impossible et à nous concentrer sur le chemin qui conduit au bonheur. À l'arrivée, nous aurons une vie plus variée et plus heureuse, où nous nous accepterons tels que nous sommes, sans dépendre du résultat de ce que nous entreprenons. Vouloir le succès à tout prix, bizarrement, produit l'inverse. En nous entraînant à oublier cette quête désespérée, en revanche, nous aurons plus de chances d'y arriver, et cela nous laissera infiniment plus d'opportunités de prendre du plaisir tout au long de notre route.

C'est bien simple : il y a quelque chose de très important que nous n'avons absolument pas compris. Nous pensons que le succès nous apportera le bonheur, mais en réalité c'est être heureux qui donne accès au vrai succès – nous accepter et être acceptés par les autres tels que nous sommes.

Donc, plutôt que d'essayer de nous frayer un chemin vers le bonheur, nous devons avant tout nous concentrer sur nous-mêmes et passer du temps à créer plus d'harmonie en nous. Il ne faut plus écouter les histoires de nos monstres ; ce n'est qu'en sachant qui nous combattons réellement que nous pourrons enfin mettre un terme à l'affrontement.

Se tourner vers l'avant

Lorsqu'une valeur n'est pas mise en danger par une motivation arrière (une pensée limitative), la question « Qu'y a-t-il d'important dans… ? » va vous amener vers une suite de concepts positifs de plus en plus abstraits qui vont vous aider à satisfaire vos besoins.

EXEMPLE :

Q1 : Qu'y a-t-il d'important dans le fait de parler en public ?

R1 : Partager des informations utiles avec les autres.

Q2 : Qu'y a-t-il d'important dans le fait de partager des informations utiles avec les autres ?

R2 : Sentir qu'on peut les aider.

Q3 : Qu'y a-t-il d'important dans le fait de sentir qu'on peut les aider ?

R3 : Sentir que *ma propre* contribution a une valeur en soi.

Généralement, si vous poussez quelqu'un jusqu'au bout de cette logique (même au-delà de ces concepts de besoin), vous aurez droit à des termes tels que « paix », « liberté », « amour », « joie », « satisfaction complète » ou peut-être même « contentement », « acceptation » ou « fluidité ». Voilà les états les plus importants que vous pourrez connaître lorsque vos valeurs s'aligneront et que vos besoins seront contentés. Je crois que ces états sont en fait des buts ultimes pour nous tous – ce à quoi nous aspirons au plus profond de nous-mêmes. Mais plutôt que de se manifester après que des buts extérieurs ont été atteints, ils sont en fait disponibles depuis le début où nous commençons à travailler sur nous-mêmes. Les ressentir n'est qu'une affaire de perception.

J'ai reçu un appel téléphonique enthousiaste d'un ami il y a quelques jours. Il était en train de lire la première version de ce livre et avait eu l'impression que ce chapitre en particulier l'avait aidé à changer.

Bernie est un bon joueur de tennis mais il souffre d'un surpoids depuis plusieurs années déjà. Sa lecture l'a alerté sur ses choix autodestructeurs en matière de nutrition. Il était très excité en m'appelant : pour la première fois, sans tricher, il venait de faire un régime à base de jus de fruits. Il avait réussi ce tour de force, m'a-t-il dit, en arrêtant de se dire sans cesse : « Ne mange pas ça ! » Jusqu'alors, la stratégie de Bernie quand il avait envie de manger un *fish and chips* était soit de se l'interdire de façon hargneuse (« Ne mange pas ça ! Tu es trop gros ! »), soit d'essayer de s'imaginer en homme mince et beau après un régime – un vrai mirage. Aucune de ces approches n'avait fonctionné, l'une et l'autre le déprimaient. Ce qui a marché, en revanche, c'était de se rappeler le bien-être que lui amenait la sensation d'avoir perdu quelques kilos. Il était déjà plus agile sur le court de tennis, il avait l'impression de se déplacer avec plus de fluidité, il jouait mieux, et c'est ce qui l'a poussé à ne pas succomber à la tentation. Le plaisir de rejouer correctement au tennis lui a servi de mesure de son progrès. Le souci n'était plus de « ne plus être gros » un jour, mais d'apprécier au quotidien l'amélioration de son jeu. Il avait arrêté de se concentrer sur la sensation de manque, pour ne plus penser qu'à son envie d'apprendre et son besoin d'évolution. Et plus il nourrissait ce besoin (à la fois mentalement et pratiquement), plus il prenait du plaisir et se reconstruisait.

EXERCICE : Le défi

Vous pouvez dès maintenant changer votre angle d'attaque en défiant le fantasme, en élargissant votre horizon de pensée, en pensant à votre besoin d'évolution. Demandez-vous : « Si mon mirage était vraiment une valeur avant, quel serait mon plus grand plaisir en continuant à poursuivre ce mirage ? » Ou : « Si j'étais dans un état d'évolution plutôt que de protection, qu'est-ce qui serait plus excitant dans ma vie actuellement ? »

Commencez par réfléchir aux fantasmes de votre esprit : vous verrez, c'est très amusant. Quel genre de mirage pourchassez-vous ? Faites une liste.

Lorsque vous avez fini, pensez au moment présent et aux options possibles si vous étiez dans une dynamique d'évolution, et écrivez ces choses à côté de la description de votre mirage. Puis développez-les.

EXEMPLE :

Avoir l'air d'un beau gosse → « Prendre du plaisir à faire mon régime. »

Star de rock → « Prendre du plaisir à l'écriture de chansons, à faire de la musique avec mon groupe et à jouer sur les scènes ouvertes du bar du coin le mercredi. »

Trouver l'âme sœur → « Prendre du plaisir au fait de rencontrer des célibataires. »

Les phrases que vous avez développées ont plus de chances de vous amener de la joie et du succès, contrairement aux paillettes et aux mirages de votre fantasme. Comme toujours, plus vous allez porter attention à ce genre de choses, plus elles prendront de place dans votre conscience. Cela peut ainsi vous aider grandement à prendre le bon chemin, le sourire aux lèvres.

Le mirage est un piège. C'est la raison pour laquelle j'ai tant insisté lorsque je vous ai demandé de visualiser le processus d'amélioration plutôt que le résultat « déjà amélioré », à la fin du chapitre 3. Mais ne vous inquiétez pas s'il reste encore quelques aspects fantasmatiques dans votre visualisation du futur. C'est aussi important de connaître ses mirages que ses monstres et, une fois que vous en aurez l'habitude, vous pourrez même les utiliser de façon positive.

Remonter à la source

On ne peut pas se débarrasser entièrement de ses mirages. Je pense même que ce n'est pas une bonne idée de le faire. On ne va pas non plus errer sans but durant toute sa vie en sifflotant un air joyeux sur le moment présent. Il s'agit juste de ne pas investir sur les rêves d'avenir, mais d'identifier ce que nous aimerions qu'il se passe. Cela peut nous aider à avancer dans cette direction. Il est important de se souvenir que si le but est un mirage, alors cette promesse ne se réalisera pas. Au lieu de courir après ce mirage, nous pouvons utiliser cette image flottante, cette vision, pour revenir sur nos pas et choisir une meilleure stratégie. Le mirage a attiré notre attention sur un besoin insatisfait et nous pouvons nous concentrer là-dessus. Prenons un exemple…

Pendant l'écriture de ce livre, j'ai noté divers fantasmes qui me traversaient l'esprit. L'un d'eux prend la forme d'une critique dithyrambique du livre. Quand il me vient à l'esprit, je ressens en même temps une bouffée d'angoisse. Quelques années auparavant, j'aurais cédé au monstre qui habite ce mirage, et je me serais sûrement retrouvée en train de procrastiner et de souffrir. Maintenant que je connais le piège, j'utilise cette angoisse comme un signal, afin de revenir au moment présent, car c'est le seul endroit où le bonheur est possible : je suis contente d'être assise à mon bureau, à chercher des métaphores et à jouer avec les idées. Je me concentre sur ce bien-être juste et je repousse l'idée que le seul bonheur qui puisse découler de l'écriture de ce livre serait une bonne critique à sa sortie.

Résumé : Les mirages comme forme de résistance

En fait, tout se résume à l'idée de résistance. Les mirages sont simplement des tentatives de combattre les parts honteuses de l'image que nous avons de nous-mêmes ; mais en les abreuvant, nous augmentons le pouvoir négatif des histoires de nos monstres et nous passons à côté de la satisfaction simple et entière que nous cherchons. Lorsque nous portons plus d'attention à l'instant présent et que nous nous autorisons à éprouver un peu d'amour pour ce que nous sommes actuellement, nous réalisons que cela fait longtemps que nous nageons dans l'eau de l'oasis…

Ce n'est qu'en apprenant à nous accepter en intégralité – nous et nos monstres, donc – que nous pouvons nous sortir du cercle vicieux qui est créé par les valeurs arrière et les mirages trompeurs. Je sais bien que cela peut paraître impossible. Si quelqu'un m'avait dit, au moment où j'étais habitée par l'angoisse et où je me débattais avec moi-même : « Hé, mais ne t'en fais pas ! Apprends juste à aimer tes peurs et tout ira pour le mieux ! », j'aurais probablement éclaté de rire (un rire un peu gêné). Je n'étais pas prête à relever ce défi à l'époque où j'allais m'entraîner à minuit et où je n'avais plus que la peau sur les os. Je n'étais pas prête parce que j'étais animée par une peur qui me semblait bien réelle et qui était plus puissante que moi. Nous devons changer notre façon d'aborder notre monstre – le diminuer jusqu'à une taille gérable et nous souvenir que nous sommes bien plus que la somme de nos monstres. Ainsi, nous pourrons commencer à l'accepter. Dans la deuxième partie, nous allons voir comment reprendre le contrôle.

Résumé de la première partie
« La perception »

Dans la première partie, nous avons passé en revue les façons dont l'esprit peut modifier l'information brute qu'il reçoit de l'extérieur, la détruire ou même y ajouter des choses, avant même que nous ne le percevions consciemment. En définitive, nous répondons à la réalité avec notre propre cartographie du monde, basée sur nos croyances, nos valeurs et d'anciens mécanismes de survie accumulés au cours de notre existence. Quel que soit notre désir conscient de changement, si nous ne questionnons pas cette cartographie, la réalité que notre inconscient va tenter de maintenir peut devenir (in)confortable.

En guise de rappel, voici les points les plus importants :

Le capitaine et son équipage (page 64)

Comparée à l'inconscient, la conscience est comme un arrogant capitaine de bateau. Il pense qu'il en détient le contrôle, alors que c'est en fait l'équipage (l'inconscient) qui s'occupe de naviguer.

La réalité subjective (page 73)

Afin de réduire la grande masse d'informations disponibles à tout moment et qu'il nous faut traiter, l'inconscient filtre tout ce que nous percevons grâce à un système de croyances. Nous avons ainsi tendance à toujours revenir à des choses que nous connaissons, pour le meilleur ou pour le pire.

Le monstre (page 89)

Le monstre est la partie de notre personnalité qui croit en nos pensées limitatives. Notre instinct naturel est de combattre cet aspect de notre personnalité car il ne nous amène que de la douleur. Pourtant, comme « tout ce à quoi l'on résiste persiste », plus nous essayons de le combattre, de le nier ou de l'éviter, plus notre monstre devient puissant.

Les pensées limitatives (page 96)

Les croyances problématiques sont celles qui limitent notre sensation de ce que nous sommes ou qui affectent négativement notre anticipation du futur. Elles ont le plus souvent été formées au début de notre vie, lorsque nous pensions avec un système binaire en noir et blanc, et que nous prenions tout pour nous.

La honte (page 108)

La honte est la peur de la déconnexion, et ce sont les monstres qui agitent cette peur devant nous lorsqu'ils nous servent leurs histoires limitatives. Comme nous avons peur que nos différentes façons de n'être « pas assez » nous privent de l'amour, du respect ou de l'attention des autres, nous essayons de brimer nos monstres soit en les niant, soit en essayant d'oublier les effets qu'ils déclenchent. Mais les stratégies de résistance que nous employons – l'alcool, la drogue, la procrastination, l'évitement, les crises de colère, etc. – ne font qu'exacerber le problème. Dans de nombreuses situations, ce sont les choses que nous faisons pour tenter de résister au sentiment de honte qui sont des moments d'autosabotage.

Les souvenirs réactualisables (page 119)

Ce sont des souvenirs traumatiques que l'esprit conserve précieusement afin de nous préserver de toute occurrence similaire qui pourrait se dérouler dans le futur. Ils représentent la naissance de nos monstres ; les moments où nous avons appris pour la première fois à croire en nos pensées limitatives.

La zone d'(in)confort (page 124)

L'inconscient rechigne à se débarrasser de nos pensées limitatives et de nos souvenirs réactualisables car il pense qu'ils sont utiles à notre survie. Ainsi, il va répéter les comportements négatifs et modifier notre perception du monde afin que celui-ci nous paraisse plus familier et plus sûr. Pourtant, lorsque nous voulons changer, cette zone de confort de l'inconscient devient une zone d'(in)confort.

Les motivations/valeurs (page 151)

Nos valeurs sont les choses que nous considérons comme importantes. L'inconscient utilise ces valeurs pour à la fois déterminer nos choix comportementaux et pour les juger. Lorsque nous vivons en accord avec nos valeurs, tout va bien. Lorsque ce n'est pas le cas, nous aurons l'impression que quelque chose cloche.

Les besoins (page 158)

Les besoins sont plus importants que les valeurs et ils sont de six catégories :

1. Sécurité
2. Variété
3. Reconnaissance
4. Amour et connexion
5. Évolution
6. Contribution

Les besoins de base (de 1 à 4) créent une sensation de manque lorsqu'ils sont insatisfaits. Les besoins d'évolution (5 et 6), en revanche, sont ressentis de façon positive – comme une envie de vivre – et plus ils sont satisfaits, plus ils seront présents. Comme un déficit dans les quatre premiers besoins peut aussi réduire notre lucidité, les deux besoins d'évolution sont souvent négligés. Mais ce sont des besoins comme les autres, et c'est une très bonne idée d'entraîner notre esprit à y faire un peu plus attention.

Les scénarios (page 180)

Les scénarios sont des croyances conditionnelles qui utilisent les valeurs que nous avons acquises lors de nos années de formation. Il existe cinq types de scénarios, et nous nous référons toujours à au moins l'un d'entre eux :

1. Sois parfait (« Cela me va uniquement si je fais ça bien »).

2. Dépêche-toi (« Cela me va uniquement si je fais les choses vite »).
3. Fais plaisir aux autres (« Cela me va uniquement si tout le monde est content »).
4. Fais des efforts (« Cela me va uniquement si je travaille beaucoup »).
5. Sois fort (« Cela me va uniquement si je ne montre pas mes émotions »).

Le principe de plaisir (page 195)

Freud a décrit le principe de plaisir : c'est le mouvement de recul instinctif face à la douleur et la menace (état de protection) ou le mouvement vers l'avant devant la nourriture et la perspective de plaisir (état d'évolution).

Les valeurs arrière et avant (page 196)

Toute valeur dispose du potentiel de nous mettre soit dans un état de protection, soit dans un état d'évolution, selon que l'esprit y voie un moyen d'échapper à une menace (valeur arrière) ou d'accéder à ce que nous voulons (valeur avant). Les valeurs arrière ont souvent pour origine une pensée limitative.

Les mirages (page 202)

Les mirages sont des visions spectrales et illusoires de succès que nous aimons faire miroiter devant nous. Nous essayons d'avancer dans leur direction car nous pensons qu'ils vont résoudre nos problèmes de « pas assez ». Plus nous les pourchassons, plus la sensation de manque se fera ressentir. Les mirages sont nos monstres qui tentent de se faire passer pour nos amis.

Nous allons maintenant nous concentrer sur les différentes façons dont vous pouvez redessiner votre cartographie de la réalité et sortir de votre zone d'(in) confort.

DEUXIÈME PARTIE

Le pouvoir

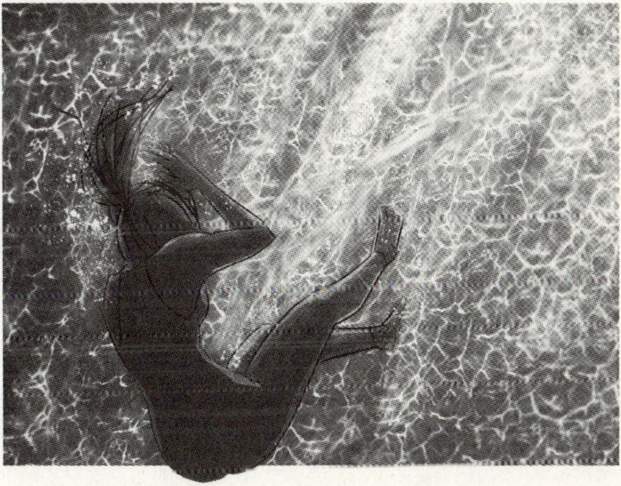

Ce qui rend les histoires de nos monstres si douloureuses, c'est notre sensation d'être sans la moindre défense. Afin de relever la tête et de mieux gérer ces moments d'autosabotage, nous avons besoin de reprendre efficacement le contrôle de nous-mêmes. La deuxième partie de ce livre va vous aider à piloter votre destinée.

DEUXIÈME PARTIE : SOMMAIRE

Évolution 2

Affronter le monstre

La vérité ne réside pas dans la pensée uniquement. Elle est dans toutes les pensées qui sont liées à l'expérience.

Eugene T. Gendlin, *Focusing*

La deuxième partie de cet ouvrage parle de prise de contrôle. C'est à ce stade du processus qu'il est le plus important de faire face aux parties adverses, perdues ou résistantes de notre personnalité. Dans les trois chapitres qui vont suivre, nous allons explorer les différents moyens grâce auxquels vous allez pouvoir y arriver. Il s'agira d'avoir une compréhension plus profonde de votre expérience immédiate. À la fin de cette deuxième partie, vous saurez comment y parvenir au quotidien. En attendant, pour commencer, j'aimerais faire le point sur votre visualisation du monstre.

Exercice : Regarder le monstre droit dans les yeux

Afin de vous donner toutes les chances de rencontrer votre monstre sur un pied d'égalité, essayez de suivre ces instructions :

ÉTAPE 1

Comme vous le savez, c'est uniquement parce que nous les fuyons que nos monstres restent des monstres. Accordez-vous un temps de réflexion afin de les regarder différemment. Pour ce faire, commencez par réfléchir à l'endroit où votre monstre pourrait être en vous (allez-y à l'instinct) ; répondez à cette question :

► *Si vous pouviez localiser votre monstre, vers où pointeriez-vous votre doigt ?*

La plupart des gens ont l'impression qu'ils sont pourchassés par leurs peurs et imaginent que leurs monstres vivent derrière eux. D'autres ont l'impression que leur problème « les écrase » ou s'insinue en dessous d'eux, comme une sorte de bête souterraine. D'autres encore trouvent que cette partie d'eux-mêmes est très lointaine et même inatteignable, ou qu'elle vit simplement en eux. Rien de bien ou mal dans aucune de ces réponses. Suivez votre instinct, votre première idée.

ÉTAPE 2

Une fois que vous avez localisé votre monstre, répondez à la question :

► *S'il fallait déplacer soit votre monstre soit vous, afin que vous vous fassiez face, comment feriez-vous ?*

Pour la majeure partie des gens, cela implique de se lever et de se retourner. Si cela vous semble être la bonne solution, alors faites exactement cela, levez-vous et retournez-vous pour avoir une sensation physique de votre action. Sinon, imaginez que vous faites ce qu'il faut pour faire face à votre monstre. Puis prenez une longue inspiration, fermez les yeux si vous en avez envie, et observez calmement la façon dont vous voyez cette partie de vous à ce moment précis.

À quoi cela ressemble-t-il ?

ÉTAPE 3

Faites par écrit, dans votre carnet de notes, une description rapide de ce que vous imaginez. Si vous aviez dessiné votre monstre au début du livre, alors faites une nouvelle image avec ce qui vous vient maintenant (une place est prévue pour ce dessin, page 536).

La plupart des gens voient leur monstre différemment lorsqu'ils ont décidé de le regarder les yeux dans les yeux. Parfois, nous apercevons quelque chose de plus doux, de plus petit et de plus gentil. Mais ce n'est pas toujours le cas. Nous pouvons très bien, à ce stade, voir au contraire quelque chose de plus menaçant, qu'il est urgent et nécessaire d'affronter.

Peu importe comment vous l'imaginez, ce n'est que lorsque vous apercevez vraiment le monstre que vous pouvez l'affronter. La beauté de la situation, c'est qu'en agissant de la sorte vous allez commencer à regarder tout cela comme quelque chose de différent, quelque chose de mieux.

6

La victimisation

Comment et pourquoi nous nous rabaissons

Un voile est tombé sur mon regard. Il est comme un mur de protection derrière lequel le bruit est blanc, mais je ne sais plus pourquoi il est là. Est-ce pour empêcher la douleur d'entrer ou pour l'empêcher de sortir ? Cela change selon les jours. Là, mon mur protecteur est épais et lourd, et quand je réfléchis, je me cogne dessus et ça fait mal. Donc, j'ai arrêté de réfléchir.

Je ne sais pas depuis combien de temps je suis allongée ici. Des heures ? Des jours ? Ça ne compte pas beaucoup. Tout se mélange et je ne vois même plus l'intérêt d'essayer de séparer les choses. Si je cherche, le futur semble s'éloigner de moi en s'étirant dans un long tunnel sombre et vide ; encore et toujours la même chose.

Je ne bouge pas, mais mon pouls est rapide ; par intermittence, un poids oppresse lourdement ma poitrine. Mon estomac me semble rongé par la maladie et une douleur glacée me traverse les os. Il m'est impossible de faire un mouvement sans frissonner comme si un choc électrique venait de traverser toutes les fibres de mon corps.

Derrière, j'entends une présence glauque et sinistre qui murmure. Une présence qui s'élève depuis le plus profond de moi-même, comme une menace de mort. Elle suit constamment mes pensées, comme une bête tapie dans le noir dans un film d'horreur. Mon monstre spectral a désormais franchi les limites de sa tanière, il s'est emparé de mon corps. D'habitude, je courais assez vite pour le semer, j'étais assez forte pour le combattre. Mais là, ma vitesse et ma puissance m'ont abandonnée, et le mur de bruit blanc est mon seul rempart. Je ne réfléchis plus, mon regard se perd dans la mire absurde du poste de télévision que je ne regarde même pas.

Devenir le problème

La fatigue chronique est une drôle de maladie. Il n'y a pas de symptôme externe visible. Pour les autres, vous êtes parfaitement normale, mais à l'intérieur, rien ne va plus. Chez moi, c'était un monde paradoxal : j'étais épuisée, mais toujours sur le qui-vive ; rien ne m'intéressait, et pourtant tout me rendait dingue et il n'y avait personne autour de moi pour m'aider. Cette fatigue – à la fois physique et émotionnelle – m'avait déstabilisée au point de me mettre dans un état désolant de désespoir et de panique. Même lorsque je fonçais la tête la première, je ne voyais plus rien autour de moi.

C'est ce qu'il se passe lorsqu'on laisse un problème s'installer sur une longue période. Avec une jambe cassée, la douleur est insupportable, mais vous savez que cela va se résoudre, et vous pouvez toujours serrer les dents en attendant – c'est juste une question de temps. Vous ne *devenez* pas la douleur. Un trouble chronique, en revanche, est bien plus difficile à gérer psychologiquement car il semble n'avoir aucune limite. Les symptômes vous consument et, avec le temps, fusionnent avec votre identité. Plutôt que d'être une personne avec un problème à régler, vous avez l'impression que vous devenez en fait le problème.

Et cela empire même encore lorsque le problème commence à affecter d'autres personnes. Comme vous êtes le problème, vous avez l'impression d'être un fardeau pour vos amis et votre famille, et cette déconnexion honteuse ne fait qu'aggraver la situation, jusqu'à ce qu'il vous soit impossible de demander de l'aide. Plus vous vous détachez, plus le désespoir de la situation va vous envahir.

À contre-courant

J'étais au Nicaragua lorsque j'ai compris pour la première fois ce qu'était la puissance de l'océan. J'étais debout dans l'eau, les pieds posés sur le fond sableux, je profitais des vagues qui me ballottaient doucement, j'observais la vaste étendue de mer qui s'étalait devant moi. Mais brutalement, sans prévenir, une grosse vague a déferlé, et elle était trop forte pour que je réussisse à rester debout. J'ai levé les yeux et j'ai vu l'énorme mur d'eau s'arquer, prêt à s'écraser à deux mètres au-dessus de ma tête. La seule réaction que je connaissais datait de mon enfance : plonger assez profondément dans la vague afin d'amortir sa puissance. Mais ces vagues étaient plus grandes que celles dont j'avais l'habitude, et je n'ai pu m'enfoncer qu'à moitié avant qu'elles me roulent, et que je sois emportée par leur torrent qui refluait.

Entre les déferlantes, il y avait quelques secondes où j'apercevais le ciel. J'essayais alors, avec l'énergie du désespoir, de toucher le fond du bout des pieds, mais je n'y arrivais pas. À chaque vague, j'étais plus faible et plus désespérée, et j'avais du mal à reprendre mon souffle, la bouche pleine de sable et d'eau salée. Je me suis crue perdue.

C'est un surfeur qui m'a sauvé la vie. Il m'a installée sur sa planche et m'a montré la direction de la plage. « Laisse-toi porter par les vagues », m'a-t-il crié en me poussant vers le rivage avant une grosse vague. Celle-ci m'a soulevée et je me suis encore écrasée, mais cette fois sur le sable. Je me suis remise debout, j'avais pied et, presque immédiatement, les vagues m'ont semblé à nouveau belles et fascinantes.

Lorsque je repense à ces années d'angoisse puis de burn-out, je me dis que ce fut une expérience comparable à cet accident au Nicaragua. Les premières vagues d'inconfort semblaient gérables, j'ai sous-estimé les signaux d'alarme : la fatigue qui s'accumulait, les maladies chroniques. Puis, avant que je puisse réagir, j'étais déjà trop avancée dans ce mouvement pour m'en sortir, et mes tentatives pour reprendre le contrôle, nombreuses mais inutiles, ne faisaient que m'enfoncer.

J'ai été coincée dans ce schéma pendant des années. Chaque fois que j'avais le moindre soupçon d'énergie qui revenait, comme un drogué qui ressort tout juste de cure de désintoxication, j'ignorais les conseils que l'on m'avait donnés, et je repartais bille en tête à la salle de sport. Parfois, j'arrivais à refaire un quart d'heure de vagues exercices, et de nouveau une sorte de choc électrique venait balayer tout espoir. À d'autres moments, je n'arrivais même plus à sortir de chez moi, mon corps me lâchait. Et pourtant, j'ai persisté. Tentative après tentative, je sabotais toute chance de guérison en continuant à refaire ce qui me rendait malade. Mon corps criait encore plus fort pour se faire entendre : maux de tête atroces, douleurs musculaires chroniques, faiblesse, maladies, allergies, intolérances alimentaires, insomnie, rétention d'eau, palpitations cardiaques, troubles de la vision, vertiges, brouillard mental, difficultés à construire des phrases et toujours cette horrible fatigue que seuls ceux qui ont touché le fond connaissent vraiment. Finalement, j'ai dû baisser les bras. Je me suis retrouvée face à la mire de mon écran de télévision, avec la fatigue qui était devenue une dépression.

À la recherche de la pilule magique

Comme la plupart d'entre nous l'auraient fait, j'ai cherché une aide extérieure. Il fallait que quelqu'un ou quelque chose apporte la solution à mon problème. Mais chaque fois que j'ai essayé quelque chose, j'ai fini par être à nouveau submergée par une vague de désespoir. Aucun des médicaments classiques, des régimes ou des pratiques orientales que j'ai essayés n'a fait évoluer mes symptômes. Je suis allée voir des médecins, qui m'ont prescrit des examens pour détecter un problème hormonal ou autre, mais ils ont tous fini par hausser les épaules et par me dire que la seule façon de lutter contre ma fatigue chronique, c'était de me reposer. Mais cela ne fonctionnait pas non plus ! J'avais beau me reposer, cela ne changeait pas grand-chose et personne n'avait de solution contre l'état d'angoisse perpétuel dans lequel je vivais et qui semblait être à l'origine du problème. Il n'y avait pas de pilule magique.

J'ai appris plus tard que c'était moi, la pilule magique. Peut-être l'un de ces traitements aurait-il pu m'aider si j'avais été disponible et présente pour le processus de soin. Mais j'étais passive. J'attendais que « ça marche ».

Lorsque j'ai finalement eu le courage de regarder à l'intérieur de moi-même pour trouver la solution, l'hypnothérapie cognitive m'a offert ce dont j'avais besoin pour me soigner. Mais ce n'était pas non plus la grande vague me ramenant sur la plage, comme je l'avais espéré. En fait, on me montrait la bonne direction et on me disait comment faire confiance à cette peur que j'avais jusqu'ici toujours essayé de combattre. La thérapie a été difficile, parfois, et j'ai dû apprendre la patience pour ne pas repartir dans mes anciens processus de pensée. Certains jours, les choses semblaient se remettre en place, puis il y avait des moments où la douleur et la sensation de vide revenaient, plus fortes que jamais. Même après plusieurs mois de traitement pendant lesquels j'avais fait beaucoup d'efforts pour m'attaquer à la réalité de mon problème, il m'a fallu en faire davantage pour que mon corps suive les progrès que mon esprit connaissait déjà. Mais j'ai réussi. Et ce fut le plus beau combat de ma vie.

Maintenant, je respecte mon inconscient, tout comme le surfeur peut respecter l'océan. Si je vais trop loin, mon corps me le dira immédiatement. Mais je ne prends plus ces messages comme une défaite, car j'ai appris comment travailler avec moi-même, et non pas contre moi-même. Je peux accepter et utiliser les émotions et les symptômes physiques (éventuels) qui me terrifiaient auparavant. Ils font partie d'un langage que je n'aurais jamais compris si je n'avais pas traversé toutes ces épreuves.

Tomber malade comme cela m'est arrivé était en fait le point de départ pour aller mieux, et non pas le renoncement à la vie que j'avais toujours voulue. Je n'ai pas eu à quitter la boxe pour aller mieux, comme j'en avais peur à l'époque. La boxe n'était pas le vrai problème, donc l'arrêter n'était pas non plus la bonne solution. C'était mon combat intérieur qui était la source de tout. Je devais d'abord résoudre mes conflits psychologiques, puis récupérer ma santé physique et enfin prendre du plaisir lors des combats auxquels je voulais participer. Apprendre à coopérer avec mon inconscient signifiait que je pouvais reprendre la compétition – même avec une forme physique moindre – et conclure ma carrière. C'est ce que j'ai fait, et d'une manière qui m'a rendue fière pendant de nombreuses années ensuite.

Neuroplasticité

Le cerveau est extraordinaire (bonne nouvelle !). Il est capable de continuellement se mettre à jour pour travailler de façon plus efficace. C'est ce que l'on nomme la neuroplasticité, et c'est un processus physique connu. Lorsque vous avez une pensée, que vous dites un mot ou que vous agissez, des impulsions électriques traversent votre système nerveux. Elles passent par des structures neurologiques que l'on appelle synapses, séparées les unes des autres par un espace vide nommé jonction synaptique. À chaque pensée, les synapses remplissent la jonction synaptique en libérant une substance qu'on appelle neurotransmetteur, et qui permet à l'électricité de passer et d'aller là où il faut.

Les synapses qui sont souvent sollicitées ensemble forment des circuits, afin de traiter plus efficacement une même pensée la fois suivante. Dans de nombreuses situations, c'est très utile. Lorsque j'étais barmaid en parallèle de mes études, j'étais rapide en calcul mental (utile pour donner le prix de trois bières, d'un double gin-tonic et d'un verre de vin blanc). Maintenant que je ne fais plus ce métier, je mets plus de temps pour calculer, car les chemins synaptiques du calcul sont un peu rouillés dans mon cerveau.

Malheureusement, ce processus n'est pas seulement réservé à des mécanismes sains et productifs. Nous automatisons également les idées négatives. Par exemple, si vous commencez par vous dire que « la vie est nulle » chaque fois qu'une difficulté se présente, votre pensée « La vie est nulle » va devenir de plus en plus facile à déclencher. Assez vite, la moindre contrariété vous amènera à cette conclusion, et « La vie est nulle » passera pour une vérité absolue. En d'autres termes, « La vie est nulle » deviendra une croyance, et votre esprit va filtrer la réalité *via* cette croyance, à moins que vous ne fassiez des efforts conscients pour changer.

C'est pourquoi il est tellement important d'être lucide sur sa façon de penser. Ce que vous vous dites habituellement concernant l'avenir, le meilleur comme le pire, redéfinit votre cerveau, lequel redéfinit à son tour la réalité qu'il a créée pour vous. Dans mon cas, chaque fois que je m'écroulais devant la télévision en pensant combien ma vie était devenue horrible et que je me disais : « Ma pauvre... », ou : « Je n'ai vraiment pas de chance... », ou : « Ça ne va vraiment pas », je rendais mon mal-être physique encore plus présent et réel. Dommage.

Miroir, mon beau miroir

Il y a un autre détail en ce qui concerne les circuits neuronaux qu'il est important de comprendre pour mieux avancer. Les neurones miroirs sont des cellules nerveuses qui s'activent quand nous observons quelqu'un d'autre agir. Ils sont le miroir des comportements extérieurs et nous aident à les comprendre. Par exemple, si nous regardons quelqu'un boire une gorgée de café, ces cellules neuronales vont créer une réplique mentale de nous-mêmes en train de faire la même chose. C'est pour cela que quelqu'un qui déteste le café peut faire une petite grimace en voyant ses amis en boire.

C'est cette fonction neurologique qui rend l'empathie possible. (Comme avec toute découverte scientifique récente, les scientifiques ne sont pas tous d'accord avec le fait que l'empathie soit gérée par les neurones miroirs, mais la théorie est tout de même largement acceptée.) Nous pleurons lorsque nous voyons des gens souffrir car notre cerveau enclenche automatiquement une simulation à la première personne de leur situation, afin de la comprendre. Nous ressentons ce qu'ils doivent ressentir (ou en tout cas, ce que nos expériences passées et nos croyances nous permettent d'imaginer qu'ils ressentent). À ce moment-là, les synapses associées aux processus mentaux correspondants se mettent en action et se rapprochent, même si nous ne vivons pas réellement ce dont nous sommes témoins. Nous changeons ainsi petit à petit pour devenir comme les gens avec qui nous passons du temps. Ou comme on le disait il y a bien longtemps : « Qui se ressemble s'assemble (et vice versa) ». Donc, choisissez bien vos amis !

Les neurones miroirs nous permettent d'adopter les croyances, les valeurs, les scénarios et les traits de personnalité des gens avec qui nous passons du temps. Nous observons leurs comportements (et les choses qu'ils disent), nous les répliquons intérieurement et nous programmons les processus de pensée correspondants pour nous-mêmes. Cela signifie que si nous entendons tout le temps quelqu'un dire : « La vie est nulle », notre esprit va réagir avec cette croyance comme si c'était la nôtre. Votre cerveau va ainsi automatiser le chemin synaptique correspondant. Il faut vraiment que j'arrête d'écrire « La vie est nulle ».

D'ailleurs, voici cinq contre-stratégies que vous allez lire à voix haute pour votre bien :

La vie est géniale.
La vie est géniale.
La vie est géniale.
La vie est géniale.
La vie est géniale.

Et ce sera vrai – si vous préparez concrètement votre esprit à le croire.

Jouer la victime

Le souci avec l'hypnothérapie, c'est ce préfixe « hypno ». Quoi que vous disiez, les gens auront toujours le secret espoir que vous résolviez leur problème d'un coup de baguette magique, sans qu'ils aient à travailler de leur côté. C'était exactement ce que j'espérais, d'ailleurs, lorsque je suis allée à ma première séance. Au plus profond de moi-même, j'avais envie de croire à un petit miracle. En tant que thérapeute, désormais, je sais que la plupart des gens qui franchissent la porte de mon cabinet ont ce même espoir. Même lorsque nous n'y croyons pas totalement, il y a une part de nous qui pense que seul quelqu'un doté de pouvoirs magiques pourra nous aider, nous qui nous réfugions dans le rôle de la victime absolue.

Lorsque je suis tombée malade, je me voyais en effet comme une victime. J'en voulais au monde entier et je trouvais que je n'avais décidément pas de chance.

J'étais en colère contre mon pauvre corps, je l'accusais de ne pas suivre le rythme de mon esprit « si fort ». Jusqu'au moment où tout s'est écroulé, je me voyais comme une guerrière. Chaque jour, je sortais de chez moi pour mener une bataille. J'étais une héroïne. À y repenser, je vois bien que cela faisait longtemps que je m'étais mise dans une posture de victime, bien avant le coup d'arrêt. Mais, comme presque tout le monde, je n'imaginais pas que j'étais ma propre victime.

Le contexte du sport de compétition, au début, était source de beaucoup de honte pour moi. Où que j'aille, mon monstre de « Je ne suis pas assez douée » pouvait pointer le bout de son nez et me faire sentir nulle. Le sentiment d'être une victime que cela générait a été la première cause de mon angoisse. Plus tard, c'est pour cette raison que je n'ai pas réussi à identifier les messages que mon corps m'envoyait afin que je change, alors que ces messages étaient très clairs. Je n'ai fait aucun effort pour changer de cap, car je croyais honnêtement que je ne *pouvais* pas changer quoi que ce soit.

La culture de la victime

Je n'étais pas la seule dans cette situation. La mentalité de la victime est courante et ce ne sont pas uniquement les gens faibles, malades ou angoissés qui tombent dans ce piège. Les gens n'aiment pas qu'on les considère comme des victimes car ils trouvent ce trait de caractère très agaçant chez les autres. Mais ils ont beau détester cette idée, ils sont nombreux à avoir cette mentalité de victime. Chacun de nous possède en lui un scénario qui peut déclencher une pensée telle que : « Pourquoi moi ? »

Il est rare de tomber volontairement dans le « piège de la victime ». La victimisation est une pente glissante où la réalité est travestie peu à peu. Tant que nous ne l'avons pas compris, nous continuerons à nous y embourber.

Dans le monde développé, nous sommes encouragés à nous sentir dépendants. On nous fait croire qu'il existe des remèdes miracles, et c'est vrai qu'il y a des pilules qui font maigrir et des antidépresseurs pour aller mieux. On nous apprend aussi à désirer des biens, des titres, des partenaires élégants, des « like » sur les réseaux sociaux et d'autres gratifications qui nous disent à quel point nous sommes géniaux. (**Note** : Je ne condamne pas l'utilisation d'antidépresseurs. De nombreuses personnes ont besoin d'une aide médicale pour affronter leur dépression et d'autres troubles psychologiques. En revanche, je suis convaincue que, dans certains cas, certains patients pourraient guérir sans avoir recours à de tels médicaments. La victimisation généralisée du monde dans lequel on vit rend cette option de moins en moins possible, car notre réaction première est d'aller chercher la solution la plus facile et la plus immédiate.)

Si vous observez autour de vous, vous verrez que même les personnes les plus fortes défendent leur position de « témoins sans défense ». La majorité des disputes aujourd'hui sont de bons exemples de notre volonté de jouer la victime. Pourtant, à long terme, ce genre de comportement ne vous mettra pas en position de force. Ce n'est jamais de notre responsabilité, et nous accusons les autres, nous nous plaçons involontairement dans le statut de la victime : « Vous m'avez fait ça. C'est de votre faute si je me mets en colère. Tout est de votre faute. Je n'ai pas d'autre choix avec vous. »

C'est le même processus qui entre en jeu quand vous critiquez votre horrible patron, ou n'importe quel ennemi personnel, avec vos amis. Ces conversations aident rarement à avancer, elles ne font que vous conforter dans la position de la victime.

Une fois que vous êtes tombé dans ce schéma, vous allez systématiquement chercher quelqu'un à qui faire des reproches, même sans raison. Et si vous répétez : « La vie est nulle » sans arrêt, vous allez convaincre votre cerveau que c'est vrai, puisqu'à chaque occurrence les chemins synaptiques vont fortifier les croyances négatives.

Le langage de la victime

Lorsque j'ai commencé à m'intéresser objectivement à la connexion entre mes processus mentaux et mon état physique, j'ai réalisé que mon état d'esprit de victime était corroboré et renforcé par la façon dont je m'exprimais au quotidien. J'avais un tas de petites histoires autodestructrices que j'utilisais pour surtout ne pas me remettre en cause. Je parlais des journées où je n'étais pas en grande forme comme des « jours de maladie », comme si j'avais besoin que cela soit concret : je n'allais pas bien. Ma réponse standard à la question : « Ça va ? » était devenue : « Mouais… Pas *trop* mal », quelle que soit ma forme réelle. Pire encore, je me cherchais toujours une excuse lorsque je n'atteignais pas mon objectif, pour réduire mon sentiment d'échec.

À l'époque, tout cela restait assez indiscernable. Mon addiction à la position de victime n'a été visible que lorsque j'ai essayé de m'en débarrasser une première fois. Puis je me suis retrouvée à vivre d'étranges sensations de perte chaque fois que j'essayais d'utiliser une tournure de phrase plus positive. Je cherchais à prouver à mon monstre qu'il avait raison. Je voulais dire : « Tu vois ! Je suis *vraiment* malade/damnée/malchanceuse. Ce n'est pas de ma faute. Alors maintenant, fais-moi un câlin et réconforte-moi. » Mais je n'allais trouver de réconfort que lorsque j'aurais eu assez de force pour arrêter de me complaire dans le rôle de la victime.

Je ne veux pas dire qu'il faut s'interdire toute phrase négative. On deviendrait arrogant, trop positif. Ou cela reviendrait à se voiler la face pour masquer son sentiment d'infériorité. Mais il n'y a rien de mal à exprimer honnêtement un doute sur soi-même. C'est même sain, et cela peut aider à évoluer lorsque c'est fait de façon intelligente et constructive. En revanche, il y a une vraie différence entre dire : « Je me sens mal en ce moment car je me pose des questions sur mes capacités », et dire : « Je ne peux plus rien faire. » La première phrase exprime un doute et laisse une chance de questionner sa peur et de prendre des mesures. La seconde phrase ne fait qu'exprimer à soi-même et à son entourage qu'on est une cause perdue, rien de moins.

La fortification du désespoir

Nos synapses de victimes grandissent et deviennent de plus en plus efficaces chaque fois que nous nous laissons glisser dans le piège du désespoir ou de l'autocritique tous azimuts. Si ce que nous voulons, c'est l'autonomie, la force, l'évolution, le bonheur, la liberté ou tout cela en même temps, il va falloir travailler pour y arriver.

Je suis particulièrement passionnée par cet aspect du bien-être mental car je sais qu'il faut d'abord nous éloigner de la posture de la victime si nous voulons enfin vivre comme nous le voulons. Et même s'il est parfois très désagréable de quitter notre zone d'(in)confort, nous devons nous rendre compte de tout ce que nous faisons pour y rester bloqués. Les gens qui font les progrès les plus impressionnants en thérapie sont ceux qui fournissent un effort, un effort aussi conscient que possible, pour abandonner cette posture de victime entre chaque séance. Ce n'est pas facile, mais une fois encore, rien de significatif n'est jamais facile…

Le Triangle du drame

Dans les années 1960, le psychiatre Stephen Karpman a développé un modèle pour comprendre les interactions entre responsabilité et pouvoir dans les relations conflictuelles (quelles qu'elles soient), qu'il a appelé « Triangle du drame ». Ce modèle est extrêmement utile pour comprendre les types d'interactions codépendantes qui nous poussent à nous sentir bloqués ou limités (donc victimisés). Cela permet de bien identifier les différentes nuances de victimisation.

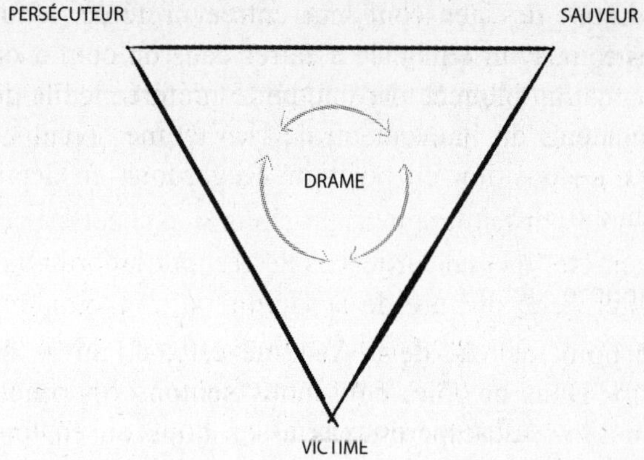

Le Triangle du drame inclut trois rôles interdépendants : le Persécuteur et le Sauveur sont des positions supérieures (« Je vais bien. Tu ne vas pas bien ») ; puis il y a la Victime, qui est en position inférieure (« Je ne vais pas bien. Tu vas bien »). Le Persécuteur punit la Victime et le Sauveur tente de sauver la Victime, mais une fois que nous sommes entrés dans ce Triangle du drame, nous tournons automatiquement d'une position à l'autre et nous finissons donc toujours victimisés d'une manière ou d'une autre. Que nous sauvions, que nous persécutions, ou que nous nous sentions victimes, nous choisissons activement (même si c'est inconscient) d'incarner la victime.

Entrer dans le Triangle du drame

Les trois sommets du Triangle du drame sont les portes d'entrée du conflit, ainsi que les rôles que nous jouons à partir du moment où nous en faisons partie.

La plupart des gens ont leur entrée préférée. Nous allons tous avoir tendance à entrer dans un conflit ou une situation bloquée par une porte préférée, celle du Persécuteur, du Sauveur ou de la Victime, avant de passer de position en position. Regardons en détail chacune d'elles.

La victime Victime

Le point de vue de la Victime est : « Pauvre de moi ! » Dans ce rôle, nous nous sentons opprimés, impuissants, désespérés, pas assez bons ou en tout cas limités par les circonstances ou par les actions d'autrui. Les gens qui abordent la vie depuis la position de la Victime se sentent incapables de s'occuper d'eux-mêmes ou de s'en sortir seuls et vont toujours demander à un Sauveur d'intervenir en leur faveur. Les personnes qui entrent dans le Triangle du drame par cette porte se demandent souvent pourquoi tant de gens autour d'elles sont prêts à se plier en quatre pour les aider (les Sauveurs). En vérité, leur statut de Victime attire ceux qui veulent sauver leur prochain comme un aimant la limaille.

Ils attirent les Sauveurs – afin d'alimenter leur sentiment (in)confortable de victimes –, et ils cherchent des Persécuteurs – afin de justifier leur sentiment d'impuissance. Comme tout cela se déroule inconsciemment, les tentatives conscientes de la Victime pour trouver un Sauveur capable de résoudre ses problèmes sont vaines. La Victime est encore plus désespérée, et aura encore plus besoin d'un autre Sauveur… et ainsi de suite.

Pour changer de rôle, la Victime va sauver et persécuter à son tour. Elle dira peut-être à son Sauveur quelque chose du genre : « Tu es le seul à pouvoir m'aider » (ce qui est exactement ce qu'un Sauveur veut entendre). Ainsi, elle jouit d'un certain pouvoir en manipulant effectivement les autres afin qu'ils s'occupent d'elle.

Dans des relations où la dynamique Victime-Sauveur-Persécuteur est forte, la Victime peut parfois intentionnellement toucher le fond (financièrement, ou en matière de santé, ou de confiance en soi) afin que le Sauveur continue à avoir une mission à mener. En définitive, la Victime préférera même forcer quelqu'un à la sauver plutôt que de se retrouver dans une relation d'égal à égal, car elle pense qu'elle ne peut se débrouiller seule (« Tu ne peux pas m'abandonner »). Un des premiers moyens de persécution de la Victime consiste à renvoyer au sentiment de culpabilité : « Si tu m'aimais, tu m'aiderais », ou : « Comment oses-tu me quitter alors que je suis dans cet état ? »

Toutes ces manœuvres sont menées pour que le Triangle perdure.

La victime Sauveur

La position du Sauveur, c'est : « Laisse-moi t'aider ! » Ce rôle est très similaire au scénario « Faire plaisir aux autres » que nous avons abordé au chapitre 4.

Les Sauveurs se voient comme des gens qui aident, conseillent ou protègent les autres, et c'est ainsi qu'ils se réalisent. C'est pourquoi ils sont dépendants de ceux qu'ils doivent sauver, ils ont besoin des Victimes pour se sentir bien. C'est ainsi qu'ils deviennent accros au Triangle du drame, et c'est en partie pourquoi, quand ils tendent la main à la Victime, c'est rarement efficace.

Même si cela procède consciemment d'un bon sentiment, sauver n'est pas toujours positif. Comme pour exister, le Sauveur doit avoir une Victime à sauver, il maintient inconsciemment les gens qu'il aide dans une situation d'infériorité. Cette dynamique de codépendance provient de la croyance inconsciente suivante : « Si tu as besoin de moi pour te sauver, tu ne me quitteras pas », ce qui montre bien que la position du Sauveur n'est en fait qu'une victimisation déguisée (ou, pour être plus précis, une victimisation niée).

Au début, le Sauveur est la victime de son propre sentiment de culpabilité et de devoir. Souvent, il n'envisage pas de dire non à quelqu'un qui lui demande de l'aide, car aider le valorise et le fait exister. Ainsi, il se sent lié aux problèmes des autres et ne satisfait pas ses propres besoins. Avec le temps, comme l'aide qu'il propose n'est jamais efficace, ne fait jamais accéder à l'autonomie et ne sert finalement à rien, le sentiment d'obligation du Sauveur peut se teinter d'amertume, ce qui est un des états les plus consternants du processus de victimisation. Lorsque le ressentiment devient trop fort à gérer, il peut essayer de quitter le Triangle du drame en retirant son aide, passant de ce fait dans la position de Persécuteur.

« Oui, mais » est un jeu rhétorique partagé entre la Victime et le Sauveur (même s'il est possible d'y jouer non verbalement). C'est intéressant à étudier car il permet de localiser les points de basculement entre ces rôles. Lisez cette conversation :

VICTIME : Je me sens moche et repoussante. Je déteste mon corps et je ne me sentirai pas mieux tant que je n'aurai pas maigri, mais je n'y arrive pas !

SAUVEUR : Pourquoi tu ne viens pas courir avec moi le matin ? Ça fait perdre quelques kilos très rapidement !

VICTIME : Oui, mais… Je ne peux pas, à cause de mes articulations.

SAUVEUR : Oh, alors dans ce cas on peut faire du yoga à la pause de midi. Ce n'est pas violent.

VICTIME : Oui, mais… Je ne peux pas faire de yoga, car j'ai mal au dos.

SAUVEUR : D'accord… Et si tu allais nager ?

VICTIME : Oui, mais… La piscine est située à l'extérieur de la ville et le chlore, ça me donne des irritations… Oui, mais… Oui, mais… Oui, mais… Oui, mais…

À un moment de cet échange, le Sauveur va laisser tomber et dire : « C'est bon, j'arrête, j'en ai assez. Résous toi-même tes satanés problèmes », ce qui signale son déplacement vers le coin du Persécuteur (et aussi, très vite, vers celui de la Victime, car retirer son aide crée de la culpabilité). Cela peut arriver en une conversation, ou au bout de plusieurs années d'activité codépendante.

Dans ce contexte, jouer au jeu du « Oui, mais… » se résume à une façon passive-agressive de persécuter toute personne en position de Victime. Sa fonction est de prouver que le problème n'a pas de solution : « Tu ne peux pas m'aider. Je suis une victime. »

Lorsque nous jouons la Victime, il y a toujours un « Oui, mais… ». Peu importe le type d'aide qu'on nous propose, nous n'en bénéficions pas car toutes nos décisions sont influencées par le désir inconscient que rien ne change. En fait, plus on nous apporte de l'aide, plus nous voulons prouver que fondamentalement personne ne peut nous aider.

« Oui, mais… » est un jeu auquel les gens jouent avec leur thérapeute. De temps à autre, des patients qui se sentent particulièrement victimisés par la vie vont résister activement contre la guérison, de peur de lâcher le seul pouvoir qu'ils ont, comme s'ils étaient en compétition et que le thérapeute allait gagner la partie s'ils allaient mieux. De la même manière, ils peuvent revenir après plusieurs semaines d'amélioration de leur état en prétendant qu'une sorte de magie a opéré et qu'ils espèrent que « ça ne va pas disparaître ». Ou, pire, ils diront que tout va très bien, mais que c'est juste parce qu'il fait beau (ou n'importe quel motif plausible sur lequel ils n'ont aucun pouvoir). Prendre conscience de cette dynamique peut aider les patients à reconnaître le rôle qu'ils jouent à la fois dans leur problème et dans le soin de celui-ci. Même si c'est une conversation difficile à avoir, elle peut être tout à fait cruciale à un moment du processus de guérison.

J'évoque tout cela car je suis certaine que, quelle que soit votre situation, si vous utilisez les outils pratiques et théoriques de ce livre et si vous les appliquez, vous pourrez obtenir des changements positifs dans votre vie. En revanche, si votre esprit s'obstine à jouer le rôle de la Victime, vous allez finir par dire : « Oui, mais... » et vous dédouaner de tout succès : « Je suis plus confiante au travail depuis quelque temps. Ah, oui, mais c'est juste parce que mon supérieur hiérarchique est plus gentil avec moi », etc. Ne laissez pas votre monstre d'(in)confort parler à votre place et vous priver des petites ou des grandes victoires qui ponctuent votre changement. Ces victoires sont les vôtres, pas celles de votre patron, ni de votre amoureux ou du postier !

La victime Persécuteur

Les Persécuteurs sont des harceleurs. Des gens qui entrent dans le Triangle du drame par ce rôle vont avoir tendance à contrôler, à critiquer, à ordonner, à se sentir supérieurs et à oppresser. Leur première activité est de blâmer les autres : « Tout est de ta faute ! »

Contrairement aux Sauveurs, les gens qui ont une préférence pour le rôle du Persécuteur vont vite s'identifier à la Victime puisque pour eux le monde est mauvais, et qu'ils doivent se battre pour y survivre. Dans cette optique, les Persécuteurs vont reprocher aux autres d'être la cause de leur mal-être et utiliser des tactiques de harcèlement afin de se sentir mieux.

Ils ne le reconnaissent pas, bien sûr, et ils justifient entièrement leur comportement de Persécuteurs par l'autodéfense.

Le rôle du Persécuteur est celui que les patients ont le plus de mal à reconnaître en eux-mêmes. Grâce à ma pratique (et mon expérience personnelle), je sais que le Triangle du drame correspond à une expérience vécue par presque tout le monde. Chacun va s'identifier d'emblée au Sauveur ou à la Victime. Mais si nous avons incarné ces rôles, nous avons obligatoirement aussi joué celui du Persécuteur, car la position de Victime n'existe pas sans les deux autres postures. Certaines personnes sont des Persécuteurs moins visibles que d'autres.

Les Persécuteurs dépendent de leur Victime : ils ont besoin d'elle pour éprouver un sentiment de puissance en rabaissant l'autre ou en sentant qu'ils « gagnent ». Les Persécuteurs vont également prendre le rôle du Sauveur, mais d'une façon (parfois consciente) telle que cela ressemble à une forme de punition. Ils vont reprocher à la Victime d'en demander trop et proposer une aide intentionnellement inutile ou trop complexe pour « compenser » le dérangement. Cela peut être le genre de personnes qui font des compliments à double tranchant, ou qui ne vont pas au bout du coup de main qu'on leur demande (ou qui râlent en aidant), ou encore qui vont offrir un cadeau à quelqu'un, et s'arranger pour le lui reprendre la minute suivante, démontrant ainsi qu'ils avaient de bonnes intentions envers la Victime qui, finalement, ne les méritait pas.

La spirale de la victimisation

Le Triangle du drame se comprend encore plus facilement en imaginant trois personnes engagées dans un conflit. Le Sauveur va entrer dans la danse après avoir vu le Persécuteur infliger sa punition. Ensuite, tous sont engagés dans un cycle qui alterne rapidement les différents rôles, générant de plus en plus de honte au fur et à mesure que chacun s'enfonce.

Imaginez un parent Persécuteur qui punit son enfant (la Victime) parce qu'il n'a pas fait ses devoirs : « Tu n'arrives jamais à faire tes devoirs parce que tu es trop paresseux et que tu es un bon à rien. » L'autre parent peut intervenir dans le rôle du Sauveur et dire quelque chose du genre : « Laisse-le tranquille. Il a beaucoup travaillé mais il n'arrive toujours pas à comprendre. Lâche-le ! » En disant cela, le Sauveur peut penser qu'il sauve son enfant du tourment de l'autre parent en colère, mais il conforte également l'enfant dans son sentiment d'être incapable et il lui fournit une excuse de ne pas faire ses devoirs (ce qui l'aiderait, probablement). Le Sauveur persécute donc l'autre parent en lui retirant son pouvoir, et les force, lui et son enfant, à se sentir honteux de n'être « pas assez ». L'enfant (la Victime) se range du côté du « gentil » parent : « Tu es le seul qui est gentil avec moi. Il n'y a que toi qui peux me sauver. » Et afin de se débarrasser de sa honte d'être le « mauvais » parent, le Persécuteur originel peut se retourner contre le Sauveur en lui reprochant son manque d'exigence. Le Sauveur devient alors Victime... D'où cette idée de spirale : encore et encore, elle emporte toujours plus bas les protagonistes. À la fin de la dispute, les trois personnes ont le sentiment qu'elles ne peuvent rien faire de bien et que tout le monde s'acharne sur elles.

Sortir du Drame

La gravité du Triangle du drame nous fait croire que nous n'avons pas d'autre choix que de jouer à ce petit jeu, une fois que nous sommes aspirés dedans. Si nous sommes dans le rôle du Sauveur à ce moment-là, nous avons l'impression d'être obligés d'aider ; si nous sommes Persécuteurs, il nous semble que nous sommes dans notre bon droit ; et si nous sommes Victimes, nous sommes tout simplement incapables d'agir. Il y a pourtant toujours un moyen de se sortir du Triangle du drame, même si notre victimisation rend les choses difficiles.

La façon de s'en sortir est presque toujours de prendre le chemin de l'honnêteté. C'est la malhonnêteté – envers nous-mêmes ou les autres – qui nous enferme dans cette spirale.

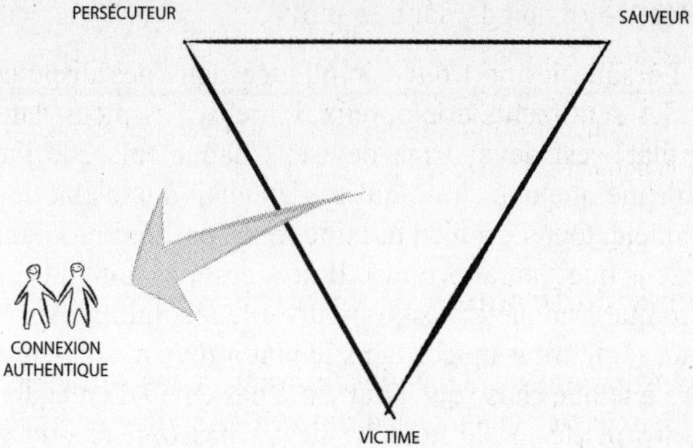

L'honnêteté

Lorsque nous nous trouvons engagés avec d'autres personnes dans un Triangle du drame, si nous choisissons de prendre notre courage à deux mains et d'exprimer (calmement) nos sentiments authentiques, nous pouvons sortir de l'inconfort créé par le Drame d'une façon qui renforce notre sentiment de respect envers nous-mêmes et qui minimise l'impression d'être sans défense. Cela ne fonctionne pas immédiatement, ce n'est ni facile ni agréable, mais sans cela, le Drame va continuer encore et encore.

Si nous arrivons à agir très tôt dans le processus, nous pouvons nous en sortir en reconnaissant la réalité du Drame et en choisissant de ne pas nous laisser aspirer. C'est pour cela que connaître ce modèle peut être si efficace. Nous allons ensuite pouvoir nous rappeler que nous ne sommes pas *obligés* de punir, de sauver ou de nous sentir perdus, tant que nous restons fidèles à nos valeurs.

« Mettre les pieds dans le plat »

Lorsque je me trouve impliquée dans des disputes et des sentiments douloureux, « mettre les pieds dans le plat » est devenu ma devise. Chaque fois que j'ai exprimé quelque chose qui se rattachait à une émotion honnête, tout s'est bien terminé (mais pas toujours dans le sens que j'aurais voulu). Il ne s'agit pas non plus de dire que l'honnêteté est toujours « la » solution. Après tout, « mettre les pieds dans le plat » revient souvent à dire quelque chose que l'autre n'a pas envie d'entendre. Notre petite tirade honnête ne va pas tout résoudre, mais une fois que c'est dit, cela peut être bien plus simple de lâcher prise pour continuer à avancer.

Pour chaque position du Triangle du drame, il y a des vérités clés qui doivent être dites.

Les vérités du Sauveur

Typiquement, les Sauveurs sont ceux qui ont le plus de mal avec cette étape, car sauver est la position sociale la plus respectable du Triangle, et ils n'auront pas envie de la lâcher. Mais, pour être honnête, nous devons admettre que, lorsque nous proposons notre aide, nous le faisons depuis une position dominante. Nous devons reconnaître que ces moments où nous aidons, où nous sommes fiers de nous, persuadés de bien faire, où nous nous sentons aimés, n'existent que parce que les autres sont dépendants de nous. Bien sûr, certaines personnes dépendent de nous (comme nos enfants, nos parents âgés ou des amis en difficulté) et nous serons peut-être un jour dépendants d'autres personnes à notre tour. L'amour et la connexion sont des besoins humains de base, après tout. Ce que nous devons admettre, c'est que notre attitude implique de garder notre emprise sur les personnes que nous « sauvons » : nous avons besoin qu'elles aient encore plus besoin de nous. Pour aider, nous avons besoin que ceux que nous aidons restent incapables de se débrouiller seuls. Ils nous abandonneront s'ils deviennent autonomes. Alors nous ne les aidons pas véritablement.

Il y a une autre chose que nous devons reconnaître lorsque nous sommes en position de Sauveurs : nous faisons passer les besoins des autres avant les nôtres, pour ne pas laisser tomber ceux que nous aidons et passer pour un sale type, et si cela nous porte préjudice, si nous n'arrivons pas à dire non, ce n'est pas de leur faute mais bien de la nôtre.

Récemment, j'ai travaillé avec un patient qui s'inquiétait de trop boire. La culture du pub faisait partie de son entreprise. Il a remarqué qu'à chacune de ces soirées, il y avait un moment où on lui proposait un verre « de trop ». Refuser signifiait qu'il fallait rentrer chez lui et qu'il se sentirait bien le lendemain matin. Accepter voulait dire beaucoup de fatigue et des dépenses absurdes pour des choses dont il ne serait pas fier. Son problème, c'était qu'à cet instant, il se mettait souvent dans la peau du Sauveur. Il ne voulait pas « mettre les pieds dans le plat » (du genre : « Bon, les gars, je pense que j'ai assez bu ce soir, je vais rentrer à la maison »). Ses seules options étaient soit de céder à la pression amicale et de boire ce verre « de trop » (Sauveur), soit de partir sur-le-champ sans saluer personne (Persécuteur). Il existait pourtant une troisième option bien plus saine : il pouvait refuser le verre, expliquer sincèrement pourquoi il préférait ne pas continuer, et partir avec le sourire.

Contrairement à ce qu'il croyait, il n'était pas victime de l'alcoolisme social en usage dans son métier et de collègues l'entraînant dans l'ivresse, il était en fait victime de sa propre décision d'entrer dans le Triangle. Par la suite, il n'a pas forcément fait le choix le plus sain à chaque fois, mais il savait que cette option existait, et qu'il était possible de n'avoir ni gueule de bois ni soucis avec ses collègues.

Aider ou sauver

Sauver et aider ne sont pas la même chose. L'aide que nous prodiguons peut être intentionnellement constructive et aider l'autre à s'autonomiser et à sortir de sa position de victime. C'est une bonne aide (et nous ne nous sentirons pas obligés, ni amers, mais satisfaits et remotivés de voir les changements).

Afin de comprendre la différence, nous devons réfléchir à ce proverbe : « Donne un poisson à un homme, et il se nourrira pendant une journée ; apprends-lui à pêcher, et il se nourrira toute sa vie. » Les Sauveurs optent pour la première proposition, et ils se sentent fiers d'aider ce « pauvre homme ». Et puis, à un moment, ils arrivent au bout de leur cycle de don, et ils décident qu'ils ont vraiment donné assez de poisson. En fait, ils ont faim eux aussi. Alors ils arrêtent d'aider et, pleins de culpabilité, ils mangent tout seuls leur poisson ; ils sont devenus Persécuteurs.

Les vérités du Persécuteur

Lorsque nous sommes dans ce rôle, l'honnêteté, c'est d'accepter que nous critiquons ou punissons depuis une position dominante et que cela nous rend fiers de nous-mêmes. Cela implique de renoncer à être la partie innocente du Triangle (« J'ai fait de mon mieux, mais il n'arrêtait pas de me redemander sans cesse du poisson ! »). Cela ne veut pas dire pour autant que tous les Persécuteurs soient à blâmer. Ils ont vraiment l'impression d'avoir raison. Les blâmer de façon excessive reviendrait à les persécuter. Afin de sortir du Triangle, si nous sommes Persécuteurs, nous devons nous rappeler que si nous sommes impliqués dans le Drame, c'est que nous y jouons un rôle actif. Ensuite, nous devons prendre nos responsabilités.

Les vérités de la Victime

Finalement, lorsque nous sommes dans la position de la Victime, ce que nous devons reconnaître, c'est notre volonté d'apparaître désespérés, diminués ou dans le besoin. Nous devons ensuite accepter que, depuis cette position, nous refusons d'utiliser correctement l'aide proposée par les autres, cela dans le but qu'ils continuent de nous aider, qu'ils ne nous abandonnent pas. Et il nous faut aussi être attentifs aux reproches que nous adressons aux autres, à notre façon de traquer les erreurs des autres et de les exagérer pour valider notre position de Victimes.

Exercice : Identification du Drame

Pour éviter d'être dans les trois rôles de la victimisation, il faut reconnaître le Drame lorsqu'il se profile et réagir de manière appropriée, c'est-à-dire identifier les relations dramatiques ou les situations de conflit. Ce n'est pas une formule magique pour désamorcer tous les conflits de l'existence, mais cela vaut la peine d'essayer. Pour cela, répondez aux questions qui suivent.

Note : J'ai écrit ces questions comme si nous abordions seulement les problèmes relationnels, mais elles peuvent être déclinées pour tout : addictions, situations, contextes, etc.

IDENTIFICATION DU SAUVEUR

- Parmi tous les gens que vous connaissez, y a-t-il une personne dont vous faites souvent passer les besoins avant les vôtres ?
- Aimez-vous vous sentir indispensable ? Si oui, pour qui ?
- Avez-vous du mal à dire non à des gens ? Si oui, à qui ?
- Qui, parmi vos connaissances, a tendance à jouer à « Oui, mais... », avec vous dans le rôle du Sauveur ?
- Enfin, à votre avis, que se passerait-il si vous arrêtiez de vous comporter ainsi ?

Si vous avez peur que la relation que vous venez d'identifier cesse si vous arrêtiez d'être le Sauveur, c'est qu'elle contient un potentiel de Drame. Cela ne signifie pas que cette relation est vouée à l'échec, mais cela pourrait mal tourner si vous ne faites rien pour en changer la dynamique. Les questions à se poser sont : « Quels sont mes besoins dans cette relation ? Et que doit-il se passer pour que je puisse les satisfaire ? » Et, afin de transformer votre « sauvetage » en simple aide : « De quoi cette personne que j'essaye de sauver a-t-elle besoin pour prendre son autonomie ? »

IDENTIFICATION DU PERSÉCUTEUR

- En présence de qui trouvez-vous que vous devenez agressif ?
- En présence de qui entrez-vous en compétition ?
- Qui insultez-vous, rabaissez-vous ou affrontez-vous facilement ?
- En présence de qui sentez-vous la nécessité de vous défendre ?

Une fois que vous avez identifié la personne qui revient dans vos réponses à ces questions, demandez-vous ce que vous faites pour la maintenir en position de victime. Comment jugez-vous son sentiment d'être une victime ? Ce sont les comportements de Persécuteur que vous allez devoir assumer pleinement. Si vous aimeriez garder cette personne dans votre vie, à quoi ressemblerait une relation d'égal à égal ?

IDENTIFICATION DE LA VICTIME

- En présence de qui êtes-vous le plus passif ?
- Pensez-vous que vous accordez trop d'importance aux opinions et aux jugements des autres ? Si oui, de qui ?
- Vous inquiétez-vous souvent ? Si oui, à quel propos ?
- Critiquez-vous souvent les gens dans leur dos ? Si oui, qui ?

- Avec qui jouez-vous le plus souvent à « Oui, mais... » en tant que Victime ?
- À votre avis, qui viendra automatiquement à votre aide si vous avez un problème ?

C'est très bien d'avoir des gens sur qui compter. Mais là, nous cherchons les gens qui viendraient tout de suite à la rescousse au moindre pépin. Ce peut être des gens sur qui vous comptez mais dont vous vous sentez inférieur. Il est extrêmement facile de se mettre dans un état de dépendance vis-à-vis de gens que nous considérons comme nos Sauveurs. Ce qu'il ne faut pas oublier, c'est que le Sauveur va toujours devenir Persécuteur à un moment ou à un autre, et qu'il pourrait bien se mettre à préférer ce rôle. Si vous voulez que votre relation continue, vous allez devoir changer de dynamique et reprendre un peu le contrôle.

Pour la Victime, face à son Persécuteur, la seule chose à faire est de se rebeller. Que pouvez-vous faire pour l'affronter d'égal à égal ? Voulez-vous vraiment de cette personne dans votre vie ? Si ce n'est pas le cas, êtes-vous vraiment obligé de la fréquenter ?

L'esprit triangulaire

Le Triangle du drame ne fonctionne pas uniquement entre des individus distincts. Nous pouvons très facilement être aspirés dans la spirale de notre propre Triangle. Lorsque nous nous condamnons pour une erreur ou un échec, nous prenons le rôle du Persécuteur intérieur. Puis, lorsque nous nous sentons déprimés ou amoindris par la justesse de cette autocritique, nous devenons la Victime intérieure. À un moment, histoire de nous soulager, nous essayons de justifier nos actions ou nous cherchons une porte de sortie ou un schéma auquel nous raccrocher, nous sommes alors dans le rôle du Sauveur intérieur.

Tout autosabotage recèle sa propre dynamique de Triangle du drame. Le plus évident, c'est le sabotage d'une relation de couple. Si nous sommes sujets à des crises de colère ou que nous avons du mal à garder un amoureux, c'est peut-être parce que notre connexion à l'autre est teintée de jeux de manipulation inconsciente. Nous pouvons nous sentir les victimes de nos propres émotions, ou de nos addictions destructrices telles que l'alcool, la drogue, la boulimie, le jeu, le sexe ou tout autre passe-temps dissociatif, procrastination, jeux vidéo.

Le Drame comme résistance

Sauver et persécuter sont des formes de résistance : nous prenons le pouvoir ou nous sauvons des gens afin de lutter contre notre propre sentiment de honte (la victimisation). Nos Triangles du drame extérieurs sont des mécanismes par lesquels nous tentons de combattre ou de nier la Victime intérieure : cette partie de nous que nous considérons comme faible, mauvaise ou « pas assez ». La Victime intérieure, bien sûr, c'est ce que nous appelons le monstre. Cela commence par une croyance quant à notre inaptitude, apprise au contact de nos Persécuteurs du passé (qu'ils l'aient fait consciemment ou non). Nous combattons cette croyance, cette peur, ou nous la nions. Nous la laissons en fait grandir et devenir un Persécuteur intérieur omniprésent.

Ce qui passe à l'extérieur peut être considéré comme une projection de notre résistance intérieure à la victimisation. Pour ma part, cette figure de vainqueur que je désirais tant être était simplement le personnage tournant de mon propre petit Triangle du drame. Au début, le kick-boxing et la boxe étaient mes Sauveurs. Ils m'avaient promis de m'aider à me sortir de la honte de n'être « pas assez » en m'offrant la gloire, la force et le succès. Mais le Sauveur devient toujours le Persécuteur avec le temps, et c'est exactement ce qui est arrivé alors que je continuais mon jeu du « Oui, mais… » en marchant vers le burn-out. Mon monstre, la Victime intérieure, avait un « Oui, mais… » prêt à chaque victoire : « Oui, mais les meilleurs de la catégorie ne participaient pas », « Oui, mais j'étais vraiment claquée au dernier round », « Oui, mais j'aurais pu mieux boxer ». « Oui, mais… Oui, mais… Oui, mais… Je ne suis toujours pas assez bonne. »

Lorsque nous nous libérons des pensées limitatives et choisissons de sortir du Triangle du drame (à la fois extérieur et intérieur), nos monstres – comme les vagues que je regardais au Nicaragua – révèlent leur incroyable beauté naturelle. Ils peuvent nous apprendre beaucoup sur nous-mêmes et nous aider à nous connecter avec les autres. Ils nous donnent accès à un niveau supérieur de compréhension, avec plus de créativité, plus d'intuition, plus de liberté, plus de sens. Ce sont nos monstres, en fait, qui peuvent nous ramener jusqu'au rivage. Aucun hélicoptère de sauvetage ne viendra nous jeter une échelle providentielle. Et même si c'était le cas, nous louperions beaucoup de choses. Nous devons apprendre la leçon que ce surfeur m'a donnée : « Laisse-toi porter par les vagues. » Lorsque nous saurons le faire, nous pourrons utiliser nos monstres (les vagues) et marcher dans la direction que nous voulons.

7

Le contrôle

Faire place nette à l'autorité

Ma santé revient par moments, avec quelques faux départs. Je me suis donné pour mission d'apprendre à m'écouter – non pas mes désirs ou mes contraintes, mais seulement mon corps. Ce n'est pas facile d'ignorer la pulsion de s'entraîner intensivement ou de faire plusieurs séances de musculation par jour – car c'est le standard auquel je m'étais habituée. Mais lorsque je prends les bonnes décisions, je suis récompensée par un sentiment de légèreté et d'optimisme. Enfin, je peux apercevoir une nouvelle façon d'être, et même si je ne l'imagine pas encore intégralement, je sais bien qu'une force d'un genre nouveau se construit en moi.

C'est un sentiment incroyable de réaliser que je dois reprendre le contrôle, et de savoir que j'en ai les moyens. Après deux années de vaines tentatives à lutter contre les flots d'émotions et l'effondrement physique, je ne m'en veux pas. Cette prise de conscience me donne de nouveaux espoirs. Mais ces espoirs sont très différents de ceux que j'avais auparavant, du temps de tous ces médicaments et de tous ces régimes. Cet espoir-ci m'appartient totalement. Il me donne un sentiment de pouvoir, une envie de vivre, des sensations que j'avais oubliées depuis longtemps.

Les jours où mon corps m'indique que je peux m'entraîner, j'adapte mon style et mon travail à des niveaux de fatigue moins grands. J'utilise mon droit à dire non lorsque les entraîneurs m'en demandent plus que je ne peux leur donner, et je découvre pour la première fois ce qu'induit l'idée de compétition. C'est comme une révélation de réaliser que tout ne se résume pas au fait de gagner ; que chaque tournoi ne doit pas finir en claquage ou en vomissements dans la poubelle ; et que, en fait, il y a de bien plus belles victoires à décrocher lorsqu'on reprend le contrôle. « Se laisser porter par les vagues », finalement, n'est pas abdiquer toute forme de contrôle. C'est reprendre la main en restant en cohérence avec soi-même.

Je sais que c'est une partie importante du processus pour moi : il me faut accepter que je n'ai pas à compromettre ma santé, mon corps ou mon bonheur pour devenir celle que je veux être. J'apprends que, même si je fais de la boxe, ce sport où l'on doit écraser son adversaire pour gagner, je peux vaincre sans me faire du mal à moi-même.

Responsabilité

La responsabilité envers soi-même commence quand on refuse aux autres le droit de penser ou de parler à sa place ; quand on apprend à se respecter et qu'on utilise son cerveau et ses instincts ; quand on accepte la difficulté de la tâche.

Adrienne RICH, *Claiming an Education*

Le mot « responsabilité » peut faire peur à n'importe qui, même aux plus endurcis d'entre nous. Lorsque nous l'entendons, nous pensons à notre culpabilité, aux reproches que nous pouvons nous faire à nous-mêmes et à toutes les conséquences de nos erreurs, qui peuvent être dramatiques. Ce sont nos monstres qui mettent en branle ces associations. Pourtant, être responsable n'est pas la même chose qu'être coupable. Bien sûr, vous pouvez être responsable d'une erreur, mais c'est tout autre chose d'« être responsable ».

Si un incendiaire met le feu à votre maison et qu'elle brûle entièrement, ce ne sera pas de votre faute, mais vous en aurez tout de même la responsabilité. Vous avez tout d'abord à régler quelques questions d'ordre pratique. Avez-vous appelé la police ? Avez-vous besoin d'une ambulance ? Y a-t-il encore des foyers actifs ou des animaux à sauver ? Puis vous réagissez émotionnellement à ce drame, de façon intérieure ou en vous exprimant. Êtes-vous en colère ? Cherchez-vous le coupable ? Fuyez-vous le pays ? Sombrez-vous dans la drogue et l'alcool pour oublier ce traumatisme ? Demandez-vous de l'aide ? Devenez-vous extrêmement redevable envers vos amis qui vous ont aidé à repartir du bon pied ? Deux personnes peuvent vivre exactement la même expérience et s'en sortir très différemment.

Chacun, à un stade de sa vie, sera persécuté par d'autres personnes, par sa mauvaise santé, par des accidents graves ou juste par la violence de la société. Nous nous sentons victimes de la couleur de notre peau, de notre sexualité, de notre genre, de notre apparence physique, de notre niveau de salaire… C'est atroce, mais c'est inévitable. En revanche, nous pouvons choisir de nous *sentir* persécutés par l'adversité qui nous tombe dessus. Certaines personnes qui ont survécu à des violences graves souffrent moins du sentiment d'être des victimes que le voisin d'à côté qui trouve que notre arbre fait trop d'ombre chez lui. La gravité objective de notre malheur peut parfois être en complet décalage avec l'effet émotionnel qu'il produit. Ce qui fait la différence, c'est que nous choisissions ou non de prendre nos responsabilités.

Responsabilité et capacité à répondre

Dans le mot *responsabilité*, nous entendons bien l'idée de *réponse*. Lorsque nous parlons de « prendre nos responsabilités », nous signifions : développer notre *capacité à répondre* (plutôt qu'à réagir). La responsabilité, dans ce sens, aura bien plus à voir avec la libération qu'avec l'engagement.

Choisir la victimisation, c'est intentionnellement (même si c'est de manière très inconsciente) renoncer au droit de prendre nos responsabilités dans notre quête du bonheur personnel. Nous renonçons à ce droit suivant différentes modalités, selon le rôle que nous prenons dans le Triangle du drame. Si nous sommes dans la position du Persécuteur, nous plaçons la responsabilité dans les mains des autres en les accusant d'être la cause de notre souffrance ; si nous sommes dans le rôle de la Victime, nous projetons notre sentiment de responsabilité sur autrui car nous ne nous pensons pas capables de l'assumer nous-mêmes ; et lorsque nous sommes Sauveurs (même si nous aimons penser que nous sommes les seuls à « agir de façon responsable »), nous nous interdisons la possibilité de répondre de manière autonome en faisant sans cesse passer les besoins des autres avant les nôtres. Le résultat est le même dans chaque situation : nous n'assumons pas nous-mêmes notre bien-être.

Il existe une autre option, pourtant. Nous pouvons sortir de ce perpétuel Triangle du drame. Nous allons chercher la solution pour reprendre en main notre destinée dans un champ bien spécifique de la psychologie…

Le lieu de contrôle

> *Il faut apprendre à sélectionner ses pensées comme on choisit ses vêtements le matin. C'est un pouvoir que vous pouvez cultiver. Si vous voulez vraiment contrôler quelque chose dans votre vie, travaillez sur votre esprit. C'est la seule chose à faire.*
>
> Elizabeth GILBERT, *Mange, prie, aime*

Le lieu de contrôle est défini comme l'agencement fondamental de la pensée que les gens s'imaginent être le leur. Ce lieu de contrôle influence leurs choix comportementaux et leur sentiment de bien-être. Le point de départ de cette théorie est qu'il existe une différence importante entre deux types de pensées :

• Lieu de contrôle extérieur (victimisation)

Les gens qui sont dans cet état d'esprit pensent que ce qui est extérieur à eux (les circonstances, la chance, le hasard, les actions des autres) a le pouvoir ultime d'influencer leur façon de ressentir les choses, et donc leurs actes.

• Lieu de contrôle intérieur (autonomie)

Les gens qui sont dans cet état d'esprit pensent qu'ils sont les seuls à disposer du pouvoir de contrôler leur état émotionnel, leurs schémas comportementaux et leur sentiment de bien-être.

Lieu de contrôle extérieur

Externaliser notre lieu de contrôle est le mécanisme au cœur de la victimisation. Quelqu'un qui est dans cet état d'esprit peut dire (ou penser) : « Elle m'a rendue folle », « Il m'a forcé à le faire », ou « Le temps était atroce, ça m'a mis de mauvaise humeur », etc. En faisant comme si les éléments extérieurs avaient du pouvoir sur nous, nous nous persuadons que notre bonheur, nos succès et notre santé sont aux mains du destin, du hasard et d'autres personnes. Cela peut nous conduire au désespoir.

Cette externalisation dangereuse peut également avoir lieu à l'intérieur. Si nous sommes dans cet d'état d'esprit, nous allons considérer que nos pensées et nos sensations sont de catégorie « extérieure » et décider que ces choses ont tout contrôle sur notre façon de vivre. En fin de compte, nous allons être totalement désemparés face à nos émotions, à nos pulsions, à nos schémas comportementaux connus et à tous nos types de pensées négatives. C'est dû à notre résistance. Nous essayons de nous débarrasser de nos pensées limitatives et désagréables et nous les mettons à distance de nous-mêmes, mais par ce processus nous en faisons des étrangères et elles deviennent nos monstres.

Lieu de contrôle intérieur

Internaliser notre lieu de contrôle, en revanche, permet d'échapper au piège de la victimisation et de choisir une vie autonome. Cela suppose une certaine lucidité : si nous ne pouvons pas contrôler tout ce qui nous arrive, nous pouvons toujours choisir comment réagir et apprendre de nos expériences. Cela demande aussi un peu de volonté.

Je pèse ici mes mots. Arrêter la victimisation et affronter de manière autonome la douleur de l'existence n'est certes pas facile, et ce serait irresponsable de ma part de prétendre le contraire. Certains récits mettent en scène un personnage principal aux prises avec un sombre destin, qui comprend les vertus positives du combat et réussit assez facilement à s'en sortir.

Le problème de ces belles histoires, c'est qu'elles ont tendance à enjoliver la difficulté du travail à faire et qu'elles n'élucident pas le mécanisme à l'œuvre derrière la transformation du héros. Or il va falloir aller explorer nos pires émotions pour reprendre le contrôle de notre façon d'y répondre. Et même si c'est une perspective joyeuse, avant d'y arriver, nous allons devoir traverser des moments douloureux.

Contrôle et satisfaction des besoins

Avoir un lieu de contrôle intérieur ne constitue pas la réponse magique pour bien vivre et ne jamais souffrir, mais cela peut rendre la vic plus variée, plus intéressante, plus connectée, plus créative et potentiellement plus agréable pour ceux qui relèvent le défi. L'idée est de satisfaire tous nos besoins de façon volontaire et consciente, et d'adopter un état d'évolution plutôt que de protection. Je vous rappelle quels sont nos besoins :

1. Sécurité 2. Variété 3. Reconnaissance 4. Amour et connexion	↕ Besoins de base
5. Évolution 6. Contribution	↕ Besoins d'évolution

D'abord, avoir un lieu de contrôle intérieur satisfait le besoin de sécurité, puisqu'il crée de l'autonomie. C'est très important. Avec un lieu de contrôle extérieur, la sécurité n'est virtuellement jamais atteinte, car tout ce qui arrive dépend de l'alignement des planètes. Plus haut dans ce livre, j'ai évoqué le fait que ceux qui se sentent le plus mal étaient souvent ceux qui concentraient leurs efforts sur leur besoin de sécurité. Il y a toujours quelque chose qui leur manque car leur lieu de contrôle est extérieur. Un lieu de contrôle intérieur, au contraire, leur apporte un sentiment de stabilité, de confiance en soi, même dans une situation précaire. Sur ce socle, nous pouvons entreprendre de satisfaire nos autres besoins.

Ceux qui ont un lieu de contrôle intérieur ont moins d'angoisse, d'amertume et de honte. Ils sont plus productifs et aussi plus proactifs, car ils savent que leurs actions ne sont pas vaines et qu'elles ont de véritables conséquences sur leur vie. Ils ont également plus d'estime de soi, car ils respectent leurs propres opinions et sentiments. Enfin, ils sont plus calmes, plus optimistes, plus motivés, et ils contrôlent mieux leurs comportements, toujours pour cette même raison : ils se sentent responsables d'eux-mêmes.

Les gens qui sont dans cet état d'esprit peuvent éviter le Triangle du drame car ils seront plus enclins à prendre la parole ou à agir lorsque la situation ne leur convient pas. Ils vont alors prendre leurs responsabilités. Ils n'ont pas envie de jouer la victime ni d'accuser les autres de ce qui leur arrive. Cela peut sembler impossible, mais en pratique c'est tout le contraire. Chaque fois que nous nous mettons en position de responsabilité réaliste, nous réalisons que nous avons le pouvoir d'influencer les choses.

Alors comment se fait-il que nous puissions nous reconnaître dans deux attitudes psychologiques si différentes ?

Maîtriser son lieu de contrôle

Des études ont prouvé que si vous avez passé votre enfance entouré de beaucoup d'attention, d'amour et dans une ambiance de sécurité, et que vous avez été encouragé par vos parents à exprimer vos sentiments et à être sainement responsable de vos agissements, vous aurez plus de chances de développer un lieu de contrôle intérieur. Les enfants qui ont subi des maltraitances, des abus ou d'autres traumatismes développent plus facilement un lieu de contrôle extérieur.

En revanche, même sans avoir été victimes de lourds abus dans notre enfance, nous pouvons nous retrouver dans le rôle de la victime à l'âge adulte, dans ce monde qui nous encourage à consommer, à acheter ou à réussir pour oublier notre honte. Notre pente naturelle est de chercher à nous débarrasser de notre responsabilité en cas de coup dur, de tempête dans notre vie, car nos souvenirs les plus douloureux ou les plus effrayants se réveillent, et nous régressons automatiquement à l'âge émotionnel du traumatisme originel. Comme les pensées limitatives se forment quand nous sommes très jeunes, et que les enfants sont dépendants de leur environnement (nous naissons avec un lieu de contrôle extérieur, par nécessité), il est tout à fait normal de nous retrouver à chercher quelqu'un pour panser nos plaies ou un bouc émissaire à blâmer quand le bateau tangue. La victimisation se produit quand l'esprit cherche des mécanismes de défense et ne trouve que les options les plus (in)confortables. Nous régressons simplement à un stade d'impuissance infantile.

Pour reprendre le pouvoir, il y a une chose que vous pouvez faire tout de suite : c'est convaincre votre esprit d'adopter les croyances associées à un lieu de contrôle intérieur. Voici ce que vous pouvez vous dire à vous-même :

- « Je suis le seul qui peut contrôler mon état émotionnel. »
- « Je peux toujours choisir la nature de ma réponse. »
- « Je suis bien plus puissant si je prends mes responsabilités. »
- « Rien ni personne (sauf moi) ne me fera passer une mauvaise journée. » (Cette phrase a une tournure négative, mais je l'aime bien quand même.)

Répétez-vous régulièrement ces phrases, et votre cerveau va physiquement s'adapter afin d'en faire des vérités. Il ne s'agit pas de se les répéter devant le miroir pendant des heures et de les scander comme des affirmations, mais cela fonctionne de la même manière que de se dire « La vie est belle » au lieu de « La vie est nulle ». Souvenez-vous de ces phrases lorsque vous êtes dans une situation difficile ou que vous voyez des gens en situation de conflit, et vous allez plus facilement vous sortir de vos drames intérieurs, et aller de l'avant.

Le contrôle continu

Il faut aussi toujours garder en tête que prendre ses responsabilités n'est pas un jeu à somme nulle. Lorsqu'on envisage le lieu de contrôle comme modèle de développement personnel, il est plus productif de penser que les deux opposés, intérieur et extérieur, sont les deux bouts d'un continuum, plus qu'un choix binaire. Nous avons tous la capacité d'évoluer rapidement de l'état de victime à celui de personne autonome selon nos schémas personnels et la place que nous leur laissons.

EXTÉRIEUR (VICTIMISATION) .... INTÉRIEUR (AUTONOMIE)

Dans ce livre, je parle beaucoup des pensées limitatives, car ce sont elles qui transforment notre esprit en un territoire propice aux monstres. En travaillant sur elles, nous pouvons reprendre le pouvoir et échapper au piège de la victimisation. En revanche, il faut étayer ce changement psychologique en étant par ailleurs constructifs et responsables. Si nous ne faisons que recadrer nos peurs d'enfance en espérant que tout suivra, cela ne suffira pas à stopper la victimisation. Pour vraiment évoluer, nous devons aussi nous emparer de certains pans de notre vie qui nous redonneront les clés du pouvoir.

Agir

La différence principale entre ceux qui se considèrent comme des victimes et ceux qui arrivent à avoir un lieu de contrôle intérieur, c'est le temps et les efforts que les uns et les autres vont accorder à des choses qui sont hors de leur portée. Notre environnement extérieur ne sera jamais exactement comme nous désirons qu'il soit ; nous ne pouvons pas contrôler les opinions, les comportements et le bien-être des autres. Ce sont des données extérieures. Avec un lieu de contrôle intérieur, nous acceptons cet état de fait et, finalement, nous pouvons prioriser notre propre bien-être plus facilement. Cela revient à dire :

▶ *« Si je n'aime pas ceci ou cela et que je peux y changer quelque chose, alors je le ferai. Si ce n'est pas possible, pourquoi m'embêter à gaspiller mon énergie ? »*

Il ne s'agit pas, bien sûr, d'être insensibles à la situation politique ou à ce qu'il se passe dans le monde, ni de ne pas tenir compte de la pluie qui tombe à verse lorsque nous décidons d'aller nous balader. C'est juste que nous choisissons de ne pas en prendre ombrage. Nous choisissons de ne pas nous laisser envahir par la crainte, la colère ou la déception.

La question du faire

Il existe une question toute simple qu'une personne dotée d'un lieu de contrôle intérieur se posera plus facilement que quelqu'un coincé dans la posture de victime. C'est une question clé qui à la fois souligne l'autosabotage et pousse à agir :

▶ *« Est-ce que je peux faire quelque chose maintenant ? »*

Quand la réponse est « oui »

Si la réponse est positive, cela nous permet de nous créer une nouvelle habitude, celle de prendre nos responsabilités. Peut-être faut-il que nous provoquions une conversation et que nous « mettions les pieds dans le plat » (voir p. 258). Peut-être devons-nous agir de façon plus déterminée : chercher un nouveau travail, déménager ou même demander le divorce. Ce peut être des choses difficiles à faire, mais le changement fait toujours peur. C'est le moment d'avoir du courage, malgré la peur.

Lorsque nous nous posons la question du faire, il faut faire attention à ne pas répondre un « oui » qui serait en fait une résistance sournoise – comme par exemple annuler un vol parce que vous avez peur de l'avion. Tout ce qui nous « aiderait » en évitant le problème ne le résoudra jamais : c'est la manifestation de votre Sauveur intérieur. Il est facile de sentir la différence. L'évitement va sûrement faire disparaître le malaise qui nous assaille à l'idée de devoir faire quelque chose de courageux. Mais une action plus résolue, plus déterminée, de celles qui nous permettent de reprendre le contrôle et nous aident à évoluer, nous apportera un soulagement bien plus intense.

Très souvent, lorsqu'il y a quelque chose à faire, le mieux, c'est d'agir vite. Si nous hésitons trop, le doute s'insinue en nous et nous allons trouver mille raisons de ne pas agir. Chaque situation est différente, bien sûr, et il n'y a pas de règle absolue. Que vous adhériez aux rationalisations de votre conscience et décidiez de ne pas agir, ou que vous les ignoriez et agissiez ne dépend que de vous. Ne pas prendre l'avion ne va pas vous guérir de la peur de l'avion. À moins que vous n'attaquiez le problème à la racine, il persistera indéfiniment. La coach Mel Robbins a une théorie selon laquelle notre esprit n'a besoin que de cinq secondes pour nous convaincre de faire quelque chose de nouveau ou de difficile. Agissez durant ce laps de temps, et vous pourrez éviter que ne s'élève la mélopée de votre monstre d'(in)confort.

Quand la réponse est « non »

L'utilité de la question du faire est peut-être encore plus flagrante lorsque la réponse est : « Non, je ne peux rien faire pour le moment. » Si nous sommes angoissés, amers ou coupables à cause de quelque chose que nous ne pouvons ni changer ni améliorer, maintenir cette première réponse émotionnelle n'est rien d'autre que de l'autosabotage inutile. Ce « non » signifie que nous pouvons abandonner l'émotion non nécessaire et ensuite nous concentrer sur quelque chose de plus positif.

Il est surprenant de constater qu'en cas de crise d'angoisse, la réponse sera très souvent « non ». Pour les plus angoissés, 99 % des pensées anxieuses concernent des choses sur lesquelles ils n'ont aucune prise pour le moment : des événements qui ont déjà eu lieu, ou qui se produiront dans le futur, ou des comparaisons qui font souffrir, ou la question de savoir si le cadeau d'anniversaire que nous avions amené pour grand-mère l'an dernier était vraiment ce qu'elle voulait, etc. Tout est possible (y compris d'ailleurs que grand-mère n'ait pas apprécié votre cadeau), mais la vie est pleine de choses dont on peut s'inquiéter, et cela ne veut pas dire qu'il faille le faire pour autant…

Quand Susan renaît de ses cendres

Il y a quelques mois, une de mes patientes – une femme très intelligente et attentionnée qui avait subi de terribles abus durant son enfance – a utilisé cette question pour la première fois. Ce fut une des séances les plus heureuses que j'aie jamais connues.

Susan vivait dans un état constant de peur et d'angoisse. Sa phobie de vomir et d'avaler, couplée à ses allergies et à d'autres soucis physiques et psychologiques, faisait qu'elle ne tolérait que très peu de types d'aliments, et qu'elle quittait rarement la maison.

Lorsque son mari a eu besoin d'un traitement médical d'urgence, Susan a dû faire face à un défi : il lui fallait contrôler sa réponse émotionnelle pour pouvoir prendre soin de lui. Elle a donc dû gérer ses propres besoins. Au début, elle s'est sentie coupable à la simple idée de rester calme. Une partie de son esprit associait inquiétude et soin, et elle pensait que si elle ne succombait pas à son angoisse habituelle, cela signifiait qu'elle n'aimait pas son mari. Une autre partie d'elle-même, encore plus importante, estimait que l'inquiétude était quelque chose d'utile – comme si *ne pas* s'inquiéter allait provoquer un désastre : « J'étais au courant et j'ai pas agi. »

En réalité, l'angoisse de Susan n'aurait eu aucune incidence sur le traitement de son mari, si ce n'est que cette angoisse aurait davantage été un poids qu'une aide, aussi bien dans la phase préopératoire que pendant la convalescence. Susan n'aurait pas réussi à dormir, à manger ou à boire, n'aurait pensé qu'au pire, et elle aurait détruit tout le bénéfice de sa thérapie en cours. Alors Susan a fait un pacte avec elle-même : chaque fois qu'elle sentirait la peur monter en elle, elle utiliserait la question du faire. C'est ce qu'elle a fait. Et à sa grande surprise, cela lui a apporté beaucoup de calme, et elle a eu le sentiment de reprendre le pouvoir sur elle-même. Susan avait dit un « non » ferme à sa Victime intérieure et s'était prouvé que, même au milieu de tout ce chaos, elle pouvait toujours reprendre le contrôle.

Exceptions

Bien sûr, il existe quelques exceptions à l'utilité de cette question du faire. Le deuil et la tristesse sont parfois des émotions nécessaires même si elles sont difficiles à vivre, et nous n'en avons absolument pas le contrôle. C'est tout à fait normal et sain de pleurer un être cher. Nous ne pouvons rationaliser le fait d'évacuer cette douleur, et cela ne servirait à rien de le faire. Toutes les autres émotions négatives – peur, colère, jalousie, frustration – doivent également être prises en compte (avoir un lieu de contrôle intérieur ne signifie pas tout cacher sous le tapis), mais la plupart d'entre nous se complaisent trop longtemps dans ces réactions et sont dans un processus d'autosabotage. Or nous avons tout à fait le droit de passer à autre chose et de poursuivre notre chemin.

Plus nous *pratiquons* ce genre de pensée (je souligne car c'est exactement ce dont il s'agit), moins ce qui est en dehors de notre contrôle peut nous menacer. C'est comme si cela occupait une bien plus petite place dans notre conscience, laissant ainsi de l'espace à toutes les choses que nous pouvons *effectivement* contrôler : notre évolution, nos perspectives, le sens que nous donnons à notre vie, et la direction que nous voulons prendre.

La question bonus

Il y a une question supplémentaire que vous pouvez ajouter à votre liste quand la réponse à la question du faire est négative. Si vous êtes dans une situation délicate mais que vous ne pouvez rien y faire, alors cette question vous aidera à diriger votre attention loin de votre problème actuel et sur ce qui pourrait vous aider à le transformer en solution. Et c'est tout aussi magique !

► *« Qu'est-ce que je peux créer à partir de tout cela ? »*

À Noël dernier, mon ami et moi avons emprunté une (très vieille) voiture à un ami, pour aller voir ma mère, à une centaine de kilomètres. Nous avons réussi à rouler quinze kilomètres, puis la voiture a lâché. Ce n'était pas très grave, mais nous étions sur la bande d'arrêt d'urgence, entre deux entrées d'autoroute, avec d'énormes camions qui nous frôlaient à chaque instant. Nous n'avions qu'une assurance de base et bientôt plus de batterie sur nos téléphones… Nous avons finalement attendu de l'autre côté du rail de sécurité pendant douze heures. Nous étions trempés et glacés, et il était exclu de s'installer dans la voiture à cause du danger.

Et pourtant, nous avons passé une très bonne journée ! Nous avons consciemment choisi de maintenir notre lieu de contrôle intérieur en nous demandant ce que nous pouvions bien faire au milieu de tout ce cirque.

La tentation de glisser dans l'état de victime était forte ce jour-là, mais au lieu de cela nous avons fait des jeux, nous avons beaucoup parlé et nous nous sommes félicités de notre capacité à surmonter cette contrariété. Lorsque nous sommes finalement arrivés chez ma mère à une heure du matin (après avoir dépensé 120 livres de taxi depuis Londres), ma sœur m'a regardée, incrédule : « Il y a quelques années, Hazel, tu n'aurais pas supporté tout ça ! »

Exercice : Que pouvez-vous créer ?

Essayez d'appliquer cette question à votre vie actuelle. Y a-t-il une situation dans laquelle vous n'êtes pas du tout heureux tout en sachant qu'il n'y a rien à faire pour le moment ? Si c'est le cas, réfléchissez un instant à cette situation d'une façon différente. Imaginez que la personne la plus positive que vous connaissiez ait pris contrôle de votre cerveau. Imaginez la situation avec ses yeux et demandez-vous : « Qu'est-ce que je peux créer à partir de tout ça ? » Laissez-lui les clés de votre esprit, et posez-vous ces questions :

▶ *Si, à partir de cette situation, vous pouviez développer des capacités, des talents ou des ressources, quels seraient-ils ?*

▶ *Si, à la suite à cette situation, il y avait quelqu'un avec qui vous pouviez avoir une meilleure relation, qui serait cette personne ?*

► *Comment cette situation peut-elle vous aider à prendre de meilleures décisions dans le futur ?*

► *Qu'avez-vous appris de cette situation que vous n'auriez pas appris autrement ?*

► *Qu'est-ce que cette situation vous a amené, que vous n'auriez pas connu autrement ?*

► *Lesquelles de vos valeurs ont été révélées à la suite de tout cela ? Que savez-vous maintenant que vous trouvez très important ? Et que pouvez-vous faire de différent dans le futur afin de protéger vos valeurs ?*

► *S'il existait un moyen de trouver du plaisir dans cette situation, quel serait-il ?*

Vous vous souvenez ? Je vous avais bien dit que j'avais un stock illimité de défis, non ? En voilà un bon paquet ! Même si vous n'avez de réponse qu'à une seule de ces questions, et si cela vous semble n'être qu'une minuscule lueur dans les sombres nuages de votre vie, utilisez cette information et agissez. Reprendre le contrôle ne vous demandera peut-être que très peu d'énergie, et une fois que c'est lancé vous vous rappellerez cette expérience pour opérer de bien plus grands changements dans votre existence.

Le concerto de contrôle de David

David est un pianiste concertiste londonien. Au début de notre travail ensemble, il voulait combattre son problème de surconsommation de nourriture (il mangeait pour trouver du réconfort). Il a suffi de lui expliquer l'idée de lieu de contrôle pour qu'il comprenne que ni les gâteaux ni les biscuits n'avaient réellement de pouvoir sur lui. Nous nous sommes alors attardés sur sa carrière de musicien.

Malgré son immense talent, qui sautait aux yeux, David avait toujours lutté avec le sentiment d'être un moins-que-rien. Un matin d'hiver, sa femme m'a contactée. Il avait besoin d'une séance en urgence. Ce soir-là, David devait jouer le *Concerto pour piano numéro 2* de Rachmaninov, un des morceaux les plus difficiles à jouer qui soient. Il avait passé quatre mois à apprendre méticuleusement la partition et, jusqu'à une semaine de la date fatidique du concert, il le jouait merveilleusement bien.

Depuis, la confiance de David avait commencé à s'effriter. Il devait jouer dans l'une des plus belles salles de Londres. Dans le public, il y aurait des membres de sa famille, des amis et, surtout, beaucoup de musiciens célèbres. Lorsque nous nous sommes mis à discuter ce jour-là, il a fondu en larmes, comme s'il anticipait les critiques négatives sur sa performance. Son monstre avait pris le contrôle de lui. David était dans un état de désespoir intense. Il avait réussi à se convaincre qu'il n'était à la hauteur ni du morceau, ni de la salle, ni du public.

David était tombé dans le piège du « Je ne suis pas assez doué ». Il voyait ainsi chaque aspect de son concert à venir comme un Persécuteur potentiel, dont le but aurait été de prouver son inaptitude : « Les mains de Rachmaninov étaient très grandes. Il a composé une musique que mes doigts ne peuvent pas jouer car ils ne sont pas assez rapides... Je dois impressionner mes pairs, mais ils sont très sévères... L'occasion est trop grande pour moi... Je suis épuisé... Tout le monde pense que je suis nul. »

Absorbé par cette spirale de pensées négatives, David était totalement incapable de se rappeler avec quelle aisance il avait joué cette pièce jusqu'à une semaine auparavant. Il se sentait perdu et désespéré, comme le petit garçon qu'il avait été lorsqu'il avait appris le piano. Dans cet état émotionnel, tout ce qu'il pouvait imaginer à la sortie de ce concert, c'était des critiques acerbes comme celles des professeurs de son enfance.

Le « petit garçon perdu » était la clé de son problème. C'était son monstre. Pour David, internaliser son lieu de contrôle devait passer par l'acceptation (et non pas la résistance) de cet aspect de lui qu'il estimait faible, mal préparé et « pas assez ».

David a visualisé le petit garçon apeuré, sans les habits de monstre. Nous avons évoqué le genre de pensées qui provenaient de cette partie de sa personnalité, afin qu'il puisse en connaître l'identité réelle. Puis il a emmené ce « petit garçon perdu » faire un tour de sa vie d'adulte. Il lui a présenté son épouse aimante et épanouie, ainsi que ses amis formidables, et il a pu découvrir tous les succès professionnels de David. Des choses merveilleuses peuvent arriver lorsque nous voyons notre vie avec le regard de celui que nous étions il y a longtemps. C'est si simple d'oublier tout le chemin parcouru si nous ne prenons pas un peu de recul. David a réalisé que ce qu'il avait réussi n'était pas du tout anodin. Et plus il a passé de temps avec cette partie de sa personnalité, plus il lui a été facile de l'accepter. David ne faisait pas qu'affronter son monstre : il apprenait à l'apprécier.

Ce changement a déclenché une prise de contrôle de sa vie dans une perspective plus adulte. Au fur et à mesure que le changement opérait, son langage corporel a évolué : il était plus calme, plus détendu, et il était assis droit sur sa chaise, et plus du tout affalé. Mais le travail n'était pas encore fini. Afin de se débarrasser de son sentiment d'impuissance par rapport à son concert, David a porté son attention sur toutes les choses qu'il contrôlait effectivement. Puis il a pris ses responsabilités. Enfin, il a agi.

Le reste de la journée, il se reprenait chaque fois qu'il voyait les pensées anciennes et angoissées revenir en lui, et il visualisait le petit enfant perdu qui en était à l'origine. Cela lui a permis de se souvenir de son sentiment d'acceptation de lui-même, et de se raconter une plus belle histoire. Il a décidé d'aller courir afin de bénéficier d'un surplus d'endorphine ; il a fait quelques exercices de respiration pour se concentrer ; il a utilisé des visualisations positives ; et il s'est à nouveau relaxé avant sa dernière répétition, afin de pouvoir laisser son inconscient travailler en toute fluidité.

Tous ces comportements étaient vraiment à l'opposé des torrents de larmes qu'il avait déversés le matin même, mais l'angoisse du concert n'avait pas complètement disparu, et d'ailleurs ce n'était pas possible. Mais David pouvait désormais accepter le fait que son état de nervosité faisait partie du processus sans être envahi par l'angoisse ; il n'était plus ce « petit garçon perdu ».

Le concert du soir s'est achevé par une *standing ovation*. Avant même de se lever pour saluer, il a eu la sensation d'avoir bien joué. Cette euphorie ne venait pas du public : elle venait de son for intérieur. Grâce au combat qu'il a mené pour aller jusqu'au bout ce soir-là (et non pas malgré ce combat), il est devenu plus fort, il a repris le contrôle.

Dans ces moments de doute tels que ceux que nous connaissons tous, son esprit a essayé de le persuader d'abandonner. Mais David a dit à son monstre : « Si je m'applique, je suis capable de tout. »

Internaliser

De façon un peu paradoxale, lorsque nous abandonnons le vieux désir que nous avons de vouloir tout contrôler, y compris ce sur quoi nous n'avons pas prise, nous réalisons que nous avons bien plus d'influence sur les choses que nous le pensions. Le succès, semble-t-il, arrive plus facilement lorsque nous nous sentons responsables de nos émotions, et les relations amicales, professionnelles ou intimes sont plus fluides et constructives lorsque cette connexion émotionnelle avec nous-mêmes est réalisée. C'est comme si la diminution du conflit intérieur permettait directement de réduire les discordances extérieures.

Lorsque nous stoppons notre course absurde dans le Triangle du drame, nous arrêtons d'émettre des émotions négatives, lesquelles forcent les autres à interagir négativement avec nous (en tout cas, nous sommes moins négatifs et nous pouvons nous arrêter à temps lorsque nous retombons dans ce schéma). En plus, lorsqu'un événement extérieur se produit, comme il n'est pas de notre fait, nous pouvons rester à une saine distance : notre émotion est moins intense et a moins de pouvoir sur nous-mêmes.

Liste de vérification du contrôle internalisé

En résumé, voici les choses les plus importantes et nécessaires pour conserver un lieu de contrôle intérieur et éviter les situations de conflit et de victimisation :

1. Choisissez courageusement le chemin de l'honnêteté (avec vous-même, d'abord, puis avec les autres également).
2. Prenez la responsabilité de satisfaire vous-même vos besoins.
3. Utilisez la question du faire : « Est-ce que je peux y faire quelque chose maintenant ? », pour agir si c'est possible et pour vous autoriser à vous débarrasser des émotions autodestructrices.
4. Utilisez la question bonus : « Qu'est-ce que je peux créer à partir de cela ? », afin de choisir consciemment de faire quelque chose de positif dans les moments les plus compliqués de la vie.

Afin d'accomplir tout cela de la manière la plus efficace possible, il ne faut pas oublier un dernier élément :

nous devons reprendre possession de nos sentiments, surtout ceux qui nous ont auparavant poussés à être « hors de contrôle ». Cela veut dire qu'il faut porter un regard honnête et ouvert sur notre flux émotionnel puis apprendre à accepter tout ce qu'il nous amène. Nous devons développer notre intelligence émotionnelle.

8

Devenir auteur de sa propre vie

Faire des miracles avec ses monstres

Il y a de moins en moins de jours sombres dans ma vie, même si je sais qu'il y en aura toujours quelques-uns. Dans ce monde d'émotions que je m'étais habituée à fuir, je découvre une beauté inédite et même une forme de repos – un cocon de sécurité sous une apparente rugosité. Petit à petit, je m'entraîne à plonger dans les eaux les plus troubles de mon esprit pour y trouver le calme. À ma grande surprise, il n'y a rien de monstrueux dans ce royaume fluide que je fais mien. Quand je descends en moi-même, je découvre chaque fois quelque chose qui fait sens.

Je n'ai pas oublié mes crises de panique, à chercher de l'air, désespérée. Je voulais une base plus solide pour ma vie, mais j'apprends à mettre ce désir de côté et à faire confiance à la paix intérieure qui m'habite en ce moment. Chaque plongée m'emmène plus profond ; et plus j'ose aller loin, plus l'excursion est belle et plus il est simple de revenir, dans l'eau, puis sur le rivage.

Je n'avais aucune idée de ma force, au-delà de mes muscles et de mon cerveau. Je ne la découvre que maintenant. Et voilà que je sais comment me protéger de moi-même.

Avec la lucidité qui revient progressivement, je reçois un autre cadeau, très important. Je sais désormais que c'est uniquement en se connaissant soi-même que l'on peut espérer connaître l'Autre. Je me risque à explorer le monde. Je nage sous les vagues, et les gens qui m'entourent se transforment. Ceux que je révérais ou dont j'avais peur sont devenus à mes yeux des êtres humains beaux et fragiles ; ils sont comme tout le monde. Des gens dont je pensais auparavant que jamais je ne les rencontrerais sont à présent disponibles pour moi via tout un nouveau réseau de connexions. Je me suis sentie mieux en comprenant que les autres aussi étaient vulnérables. Il ne s'agissait pas seulement de les voir comme ils étaient. Je me suis rendu compte que nous étions dans le même bain. Dans cette mer, la vie, qui nivelle tout.

Établir le contact

> *La peur est la source principale de la superstition, et l'une des sources principales de la cruauté. Vaincre la peur est le début de la sagesse.*
>
> Bertrand RUSSELL

Lorsque nous commençons à sortir du Triangle du drame, la nature de nos relations peut évoluer très rapidement. Non seulement nous entrons bien moins souvent dans un processus d'autosabotage, mais nous pouvons également choisir de ne pas trahir ceux que nous aimons.

Nous savons déjà que pour sortir sainement de toute situation de conflit, l'honnêteté est essentielle. Mais sans une connexion authentique avec nos propres sentiments, nous ne pouvons pas être véritablement honnêtes. Pour savoir qui nous sommes, ce que nous voulons, ce dont nous avons besoin ou les changements que nous souhaitons pour nous-mêmes, il nous faut être à l'écoute de nos émotions.

L'intelligence émotionnelle

L'intelligence émotionnelle implique d'accepter ce que nous ressentons. L'exercice n'est pas aussi pénible qu'il pourrait paraître. Tout comme le monstre « peur de l'échec » peut n'être qu'un « petit garçon perdu », et tout comme l'océan terrifiant peut redevenir beau lorsque nous avons pied, nos réponses inconscientes vont changer grâce aux nouvelles perspectives ouvertes par notre intelligence émotionnelle.

Ne pas en vouloir au messager

Connaître la fonction de nos sentiments est la première étape de ce processus. Les émotions constituent le système de communication de l'inconscient, elles sont comme des messages. Ce que nous ressentons sert à déclencher une action que l'esprit estime importante. Certains de ces messages sont absolument nécessaires, comme la peur qui nous intime de nous éloigner lorsque nous sommes trop près du bord de la falaise. D'autres sont basés sur des informations erronées, comme quand on éprouve le besoin de hurler ou de sauter sur sa chaise en voyant une souris. Quoi que nous pensions des croyances qui sont à l'origine de nos réactions émotionnelles – sont-elles « vraies » ou « utiles », ou sont-elles au contraire de nocives illusions –, celles-ci sont au centre de notre expérience personnelle.

Indications de besoins

Les émotions nous disent où nous en sommes de la satisfaction de nos besoins. Lorsque nous ne prenons pas nos responsabilités sur ce point précis – soit parce que nous sommes dans le déni, soit parce que nous entendons le message de nos émotions mais que nous préférons l'ignorer –, l'inconscient va se réveiller et agir à notre place.

Parfois, bien sûr, il se débrouillera très bien, et tout sera pour le mieux. En revanche, dès qu'il s'agit de satisfaire nos besoins, l'inconscient peut aussi choisir ses propres méthodes. Il va puiser dans son stock d'idées que nous connaissons bien et sélectionner des comportements qui conviennent à notre zone d'(in)confort. Si nous avons été élevé dans un environnement violent, nous pourrions inconsciemment chercher un partenaire violent. Si nos parents ont été alcooliques, notre inconscient pensera peut-être que la vodka est la meilleure façon de trouver le calme et la sécurité. Si lorsque nous étions adolescents nous avons appris à attirer l'attention à travers des activités sexuelles, nous pourrions plus tard, quand nous nous sentons seuls, tomber dans des relations éphémères dangereuses ou toxiques. Nous avons honte de ces comportements que nous voudrions éviter, et cette honte nous fait plonger plus profondément encore dans la victimisation. Nous nous éloignons de l'autonomie dont nous avons pourtant besoin.

Résistance émotionnelle

On retrouve la résistance émotionnelle dans tous les problèmes d'autosabotage. C'est en voulant nier ou supprimer les émotions associées à nos monstres que nous nous enfermons dans un état d'esprit victimaire et que nous nous infligeons plus de douleur encore.

La résistance émotionnelle est un problème largement partagé. Nous avons été conditionnés à considérer nos émotions non comme une partie naturelle de l'existence humaine mais comme l'expression de ce que nous sommes. Il est courant de prendre l'expression de la joie pour de l'immaturité ou de la bêtise, la peur pour de la lâcheté, l'enthousiasme pour de la naïveté, la tristesse pour de la faiblesse. La sexualité est aussi un domaine où le puritanisme sévit encore. Et montrer sa colère, c'est être méchant ou cruel. Tout cela nous conduit à étouffer nos émotions, surtout celles que nous jugeons les plus « honteuses ».

Il faut tout simplement arrêter cela. D'abord, il est impossible de supprimer une émotion en particulier. Chasser la tristesse et garder la joie, l'excitation et l'amour, c'est une pure illusion : annihiler une émotion, c'est les annihiler toutes. Ensuite, une émotion dont nous essayons de nous débarrasser reviendra à un moment ou un autre. Pourquoi ? Parce que « tout ce à quoi l'on résiste persiste » !

Les mauvaises habitudes

Si notre lieu de contrôle est extérieur, nous agissons sans nous remettre en question. Plus notre sentiment d'être une victime est fort, plus nous penserons qu'il est difficile de casser nos mauvaises habitudes.

Ces habitudes que nous jugeons « mauvaises » – les addictions, les dépendances, les comportements négatifs répétés (se ronger les ongles, la boulimie, etc.) – se répartissent en deux catégories. Soit elles sont un moyen de ressentir quelque chose que nous n'avons plus les capacités de ressentir (le jeu ou l'addiction au sexe, par exemple), soit elles nous permettent d'annihiler des émotions que nous ne désirons pas ressentir. Certaines « mauvaises habitudes » peuvent se retrouver dans les deux catégories.

Comme tous les problèmes, les mauvaises habitudes ne sont que de mauvaises solutions. Au début, elles nous font nous sentir mieux, mais au bout d'un certain temps cela ne marche plus. Le premier ongle que nous avions rongé nous a peut-être fait plaisir, mais une fois que cette habitude de se ronger les ongles s'installe, cela produit l'effet inverse ; la boulimie se présente initialement comme un acte de contrôle, mais à long terme c'est exactement le contraire ; un verre de temps en temps désinhibe mais l'alcoolisme isole. Lorsque l'habitude devient « mauvaise », les sentiments réprimés remontent à la surface et nous submergent.

Le problème avec tous les mécanismes de compensation – ces mauvaises habitudes –, c'est qu'à cause de leur nature même ils ne constituent pas une réponse à notre environnement actuel. Ils correspondent à un schéma comportemental que nous répétons depuis l'enfance, ou à un autre que nous avons adopté plus récemment, mais ils ne sont jamais basés sur ce qui se passe au moment présent. Ils ne permettent donc pas, au fond, de gérer la situation ici et maintenant.

Le choix

Le but n'est pas d'éradiquer tous nos comportements habituels. Si nous faisions cela, nous n'arriverions même plus à rentrer chez nous une fois la nuit tombée. En développant votre intelligence émotionnelle, vous allez pouvoir avoir le choix. Cela fait partie du processus de prise de pouvoir que de choisir ou de refuser nos habitudes suivant notre volonté, dans l'idée de satisfaire sainement nos besoins.

Apprendre à identifier nos schémas habituels va beaucoup nous aider pour reprendre le contrôle. Voilà quelques questions destinées à trouver quels sont vos mécanismes potentiellement limitatifs :

- Comment gérez-vous les moments de stress (avec ou sans succès) ?
- Rappelez-vous un instant les événements que vous avez manqués récemment, des choses que vous n'avez pas faites. Qu'avez-vous fait pour les éviter ?

- Par quels moyens faites-vous disparaître le sentiment de peur ou de tristesse ?
- Que vous arrive-t-il parfois de faire afin de gérer des moments de gêne ou d'humiliation (avec ou sans succès) ?
- Enfin, ne parlons pas que de sentiments négatifs. La plupart d'entre nous ont l'habitude de contenir leurs sentiments positifs. Si votre esprit faisait quelque chose pour cacher ou saboter l'amour, la joie, l'excitation ou l'enthousiasme que vous éprouvez, quelle action serait-ce ?

Si vous n'arrivez pas à trouver une réponse à la dernière question, pensez à votre façon de recevoir un compliment. Laissez-vous la joie vous envahir, puis remerciez-vous ensuite votre interlocuteur pour son commentaire ? Ou regardez-vous vos pieds et marmonnez-vous quelque chose d'inintelligible sur le fait qu'il se trompe ? Si cette deuxième proposition vous ressemble, vous devriez vous autoriser à accepter le prochain compliment que l'on vous fera ! Vous verrez, l'effet sera très différent, et pas uniquement pour vous : celui qui vous aura fait le compliment va aussi avoir une montée de sensation agréable lorsqu'il verra que son compliment vous a touché !

Dans vos réponses ci-dessus, il y a certainement des choses saines et efficaces pour gérer votre stress. Vous avez peut-être écrit « Aller faire un tour au parc » ou « Parler à mon conjoint ». Ces choix-là vous aideront.

Dans la suite de ce chapitre, nous allons nous attarder sur un processus simple, que j'appelle la « plongée ». Il va vous aider à développer votre intelligence émotionnelle et à regarder calmement et sainement des sentiments que vous auriez peut-être auparavant été tenté de cacher. Cultiver ce talent va vous ouvrir la possibilité de choisir parmi vos habitudes, et même parmi celles que vous pensiez « mauvaises ». Il s'agit de créer les conditions pour que vous puissiez mettre en pratique votre droit de choisir.

Emporté par les flots

> *La peur nous fait regarder vers le passé et nous inquiéter de l'avenir. Si nous identifions notre peur, nous réalisons que tout va bien pour le moment. Maintenant, là, nous sommes vivants, et notre corps fonctionne parfaitement. Nous voyons le ciel magnifique. Nous entendons les voix de ceux que nous aimons.*
>
> Thich NHAT HANH, *Fear*

Si nous lâchons notre résistance émotionnelle et que nous analysons les messages envoyés par notre inconscient, notre expérience de la vie devient plus fluide, moins coincée. Comme la mer quand j'étais au Nicaragua (page 233), cette expérience peut parfois être d'une puissance effrayante (surtout si l'on essaye de nager à contre-courant). Mais elle peut aussi être belle. Profonde et sombre. Douce, vibrante et agréable. Vous pouvez y nager, flotter à la surface, surfer sur les vagues et plonger dans ses profondeurs afin de découvrir un monde entièrement nouveau. Mais il peut vous arriver de boire la tasse, et si vous êtes coincé trop longtemps dans une eau stagnante, cela va devenir dangereux.

Lorsque nous n'écoutons pas notre information émotionnelle – en réalité, lorsque nous choisissons de nous sentir des victimes –, nous empêchons nos émotions de s'écouler. Les seules émotions qui s'expriment sont celles des victimes : colère, amertume, rancune, peur qui devient angoisse chronique, culpabilité qui se transforme en honte, etc. Et nous n'avons plus qu'à trouver des façons encore plus radicales (et donc plus dangereuses) pour essayer de nous en débarrasser. Pour ce qui me concerne, je crois que ma maladie n'était que la manifestation physique des émotions que je refusais depuis si longtemps. Mon corps les a rendues « réelles » pour que je leur prête enfin attention.

Ressentir nos émotions

Nous devons apprendre à ressentir nos émotions. Il ne s'agit pas, bien sûr, de s'abandonner à la honte ou à l'angoisse ni de laisser le champ libre à la peur. Ce qu'il faut, c'est accepter qu'une information qui doit nous arriver nous soit bien communiquée. Pour nous ouvrir à la signification profonde de nos émotions, nous allons prendre le temps d'en faire l'expérience plutôt que de tenter de les éviter avec nos stratégies habituelles. Nous pourrons alors lire l'information qui nous est destinée, tout à fait comme nous lirions le contenu d'une lettre. Les mots, c'est-à-dire les émotions, ne sont pas le plus important. C'est le message qu'elles contiennent qui nous intéresse.

Si les émotions sont dérangeantes ou changeantes, c'est que le message est envoyé par un de nos monstres, dont l'histoire nous inspire une honte que nous ne voulons pas entendre. Lorsque nous décidons de poser toutes les pièces du puzzle, l'intensité des émotions a tendance à se réduire car elles ont déjà fait leur travail.

Introduire un peu de certitude

Imaginez que vous revenez du supermarché où vous avez fait quelques courses pour un dîner ou un rendez-vous galant chez vous ce soir. Vous voulez que cette soirée se passe bien, mais au fond de vous une petite voix vous murmure que vous avez oublié quelque chose d'important. Sur le chemin, vous êtes sans cesse distrait par le sentiment désagréable d'avoir loupé quelque chose : « Mais qu'est-ce que c'est ? » Et, tout à coup, alors que vous sortez les courses du coffre de la voiture, cela vous revient : vous avez oublié... l'ingrédient principal. Même si cette information n'est pas vraiment une « bonne nouvelle », lorsque vous avez enfin votre réponse, vous êtes vraiment soulagé. Vos muscles se détendent et la petite voix lâche : « Mais oui, c'était ça ! » Ce relâchement, c'est la sensation de quelque chose d'incertain qui devient certain. Et cela comble l'un de nos besoins de base : le besoin de sécurité, alors qu'une désagréable impression d'incertitude peut faire dérailler nos capacités mentales.

Souvent, il faut attendre que la paix revienne dans votre esprit pour que vous puissiez reprendre le contrôle. Le processus auquel je vais vous initier a été pensé pour vous aider à trouver ce relâchement, aussi souvent que possible, lorsque vous êtes habité par ce genre de tracas intérieur qui essaye de s'imposer. Ensuite, ce qui est plus important encore, vous saurez quelle est la nature du problème et vous pourrez agir.

Respiration et relaxation

Une tension fréquente ou chronique dans le corps – épaules nouées, muscles du cou tendus, mâchoire serrée, souffle court, mal de dos – est souvent l'indice d'une résistance émotionnelle. Le corps anticipe une douleur et se tend. Afin de bien visualiser la situation, imaginez quelqu'un qui participerait au Ice Bucket Challenge (ce défi caritatif destiné à recueillir des fonds pour une grande cause et qui consiste soit à accepter de recevoir un seau d'eau glacée sur la tête soit à faire un don – souvent les deux !). Le participant au défi n'attend pas en souriant que son ami lui renverse le seau d'eau glacée sur la tête. Il retient son souffle en haut de sa poitrine. C'est ce que nous faisons quand nous nous apprêtons à souffrir. Cette tension est une stratégie de protection que l'inconscient utilise contre une douleur physique ou émotionnelle qu'il anticipe. Mais cette attitude de protection n'évite pas pour autant la douleur.

Toute femme qui a accouché vous dira que résister à la douleur ne fait que prolonger le processus et le rendre plus douloureux. La résistance émotionnelle fonctionne de la même façon. Se tendre et retenir son souffle en s'accrochant à une émotion négative ne fait qu'augmenter la gêne et bloquer l'arrivée de l'information importante.

J'ai personnellement refusé pendant des années de faire de la respiration yogique. J'ai même passé beaucoup de temps au début de ma carrière de thérapeute à chercher comment calmer l'esprit et développer des superpouvoirs psychologiques sans recourir à quoi que ce soit qui aurait pu ressembler de près ou de loin à un truc hippie – pas d'encens ou de mèches de couleur pour moi, non merci. Pourtant, comme mon expérience d'athlète m'avait quand même appris que le contrôle de la respiration était essentiel, j'ai fini par reconnaître que notre façon de respirer pouvait nous apporter une certaine force émotionnelle. Quand nous apprenons à ressentir nos émotions, respirer de façon continue et fluide nous aide à ne pas résister à nos monstres.

Il existe des centaines de techniques respiratoires. Si vous en avez déjà une qui vous convient, bien sûr, n'en changez pas. Sinon, voici ma préférée. Vous pouvez la tester tout en lisant.

EXERCICE : Technique de respiration

Pour commencer, laissez votre langue à l'arrière de la bouche, et concentrez-vous sur le fait de respirer lentement et calmement par le nez. Laissez l'air entrer jusqu'à la base du torse en inspirant, afin que vos côtes inférieures s'écartent et que votre estomac se gonfle comme un ballon. Puis expirez l'air lentement et doucement, et recommencez. Tout en faisant cela, trouvez la position la plus naturelle pour votre tête : qu'elle soit confortablement calée au-dessus de vos épaules, que votre cou ne soit pas tendu. Ensuite, inspirez par le nez en comptant jusqu'à quatre, puis expirez par la bouche en comptant jusqu'à six (ou huit si vous êtes déjà doué pour le contrôle de la respiration). Vous ne pouvez bien évidemment pas garder votre langue collée au palais durant l'expiration.

Afin de prolonger votre expiration, vous devez restreindre la quantité d'air qui sort. Fermez quasiment votre bouche et rétractez un peu les lèvres. Pas besoin de forcer, bien sûr. Vous ne devez pas rendre l'exercice difficile, juste rallonger le temps d'expiration pour le rendre plus long que l'inspiration. C'est important car expirer stimule automatiquement la partie du système nerveux qui vous permet de vous relâcher, alors que l'inspiration déclenche des automatismes. À chaque fois que vous expirez, imaginez que vos muscles se détendent, surtout ceux de votre visage, de votre cou et de vos épaules.

C'est un outil très intéressant que vous pourrez utiliser lorsque vous sentirez que vos émotions vous submergent. Si vous n'avez pas l'habitude de ce genre de respiration, suivez à nouveau les explications, afin de bien comprendre comment cela fonctionne.

ÉTAPE 1

Trouvez la position la plus confortable pour respirer en continu, profondément, par le nez, la langue collée au palais.

ÉTAPE 2

Inspirez par le nez en comptant jusqu'à quatre.

ÉTAPE 3

Expirez par la bouche en comptant jusqu'à six (ou huit), les lèvres doucement fermées, tout en relâchant intentionnellement vos muscles.

ÉTAPE 4

Répétez les étapes 2 et 3 durant au moins quatre cycles, tout en laissant votre colonne vertébrale se redresser et vos muscles se relâcher un peu plus à chaque mouvement.

ÉTAPE 5

Fermez les yeux. Concentrez-vous sur le son de votre respiration. Vous sentirez un calme incroyable dans votre corps et votre esprit, mais vos pensées fonctionnent toujours, et c'est très bien ainsi. Prenez un moment pour les observer. C'est un bon exercice pour la technique que vous allez bientôt apprendre.

Le monstre de Peter

Peter avait du mal à sortir dans des endroits ou des soirées où il y avait beaucoup de monde. Il était venu me voir car il se sentait coupable de ne trouver que peu d'intérêt aux événements mondains et avait peur d'être sur le point de sombrer dans une angoisse sociale sévère.

De façon assez amusante, le jour même de sa première séance, il hésitait à aller retrouver des amis au festival de Glastonbury. Il avait été invité à la dernière minute par un groupe de gens qu'il appréciait beaucoup, mais au lieu d'avoir envie d'y aller, il s'est retrouvé à batailler avec une sensation proche de la colère, car il avait l'impression qu'on lui forçait la main. Nous avons utilisé cette situation comme une opportunité de plonger dans son conflit intérieur.

Voici la conversation que nous avons eue au début de la séance :

— À quoi pensez-vous ? Dites-moi ce qui vous passe par la tête lorsque vous pensez à cette proposition d'aller au festival de Glastonbury.

— Je n'aime pas être trempé par la pluie, déjà. Les groupes ont l'air bien, mais je ne suis pas certain que ça soit trop mon truc. Ça paraît être un bon plan, donc je n'aurais aucune raison de me plaindre, mais ce qui m'énerve vraiment c'est que les gens n'envisagent même pas que je puisse dire non. J'ai l'impression qu'on me force la main.

— Et comment, précisément, ressentez-vous cela ? Tournez-vous vers votre for intérieur afin de localiser où sont ces émotions… Si vous pouviez la localiser, cette sensation d'être « forcé », vous la mettriez où ?

— Dans mon ventre.

— Et cette sensation, si elle avait une forme, ce serait quoi ?

— Je ne sais pas… Comme une forme… informe… une sorte de boule.

— Et elle est lourde ou légère ?

— Très lourde, et noire. Non, c'est une sorte de rouge très foncé. Et ça ne bouge pas, c'est juste là.

— D'accord. Je voudrais que vous imaginiez que vous amenez votre attention sur cette partie de votre corps, et que vous pensiez depuis l'intérieur de cette sensation. Vous pouvez faire cela ?

— Oui.

— Tandis que vous vous concentrez sur ce sentiment, si une phrase commençant par « Je… » vous venait à l'esprit, laquelle serait-ce ?

— « Je ne me sens pas bien. »

— Imaginez que cette sensation possède sa propre voix. Si vous lui demandiez de compléter cette phrase : « Je ne me sens pas bien parce que… », que diraitelle ?

— [Après un moment de réflexion.] Oh. Je crois que cette sensation vient surtout du stress du trajet plutôt que du festival. Lorsque je vais à ce genre de trucs, je passe toujours un bon moment quand j'y suis, mais je déteste voyager seul. Je ne me sens pas bien car j'ai toujours l'impression d'avoir oublié quelque chose ou que je ne retrouverai jamais les gens sur place. Donc je crois que cette sensation me dit : « Je ne veux pas voyager. »

— Alors vérifiez la validité de cette sensation en vous répétant cette phrase : « Cette décision me dérange car une partie de mon esprit ne veut pas que je voyage. » Répétez-la dans votre tête et voyez si elle sonne bien.

— Oui, c'est bien ça. Le trajet me stresse plus que le festival en lui-même. Lorsque je m'imagine là-bas avec ma tente déjà plantée, pas de souci. En fait, je stresse ou je me mets en colère aussi avant de partir en vacances. Je crois que c'est un problème de confiance : je ne suis pas certain de ne pas faire une grosse erreur à un moment.

— D'accord. Bien. Gardez cela en tête, et pendant un instant relâchez vos muscles et respirez comme si vous pouviez respirer à travers cette grosse forme rouge foncée si lourde qui vous habite. Et observez ce qu'il se passe… Prenez votre temps et dites-moi ce que vous voyez.

— Cela me soulage un peu lorsque je respire. Elle est toujours là, mais elle a un peu changé. Là, je me souviens d'une fois, il y a quelques années, où j'ai eu une crise de panique dans un avion. C'était la seule fois où j'ai eu une telle crise. C'est arrivé comme ça.

Peter est un sportif à la retraite. Il a participé à de nombreux Jeux olympiques, et aussi à des championnats du monde ou d'Europe. Il a donc beaucoup voyagé, mais rarement sans avoir la pression de la compétition à venir. Depuis qu'il est adolescent, les longs voyages qu'il a faits signifiaient presque toujours aller dans un endroit où il serait bousculé, jugé et devrait répondre aux espoirs qu'on avait mis en lui. Il est assez logique de penser que l'esprit de Peter ait pu mélanger angoisse de la performance et voyage. La peur, comme nous le savons, adore généraliser. Le stimulus de l'angoisse peut passer d'un endroit à un autre comme un virus psychologique.

Pendant des années, les rationalisations de son capitaine avaient masqué le problème de Peter. Son monstre avait quelque chose à voir avec la confiance, le voyage et la performance. Il avait négligé les aspects de socialisation.

Lorsque le lien entre la compétition et la difficulté à sortir a été clarifié, Peter a pu prendre le problème à bras-le-corps. Alors que nous continuions à discuter, il s'est rappelé que son histoire de monstre la plus lourde ce jour-là était « Je ne me fais pas confiance » ou simplement « Je ne mérite pas qu'on me fasse confiance », ce qu'il se souvenait d'avoir pensé à de nombreuses reprises.

Voici comment notre conversation a continué :

— Si votre esprit pouvait se débarrasser de la croyance « Je ne mérite pas qu'on me fasse confiance », comment verriez-vous cette proposition d'aller à Glastonbury ?

— Eh bien… Oui, ça serait différent. Cela m'enlèverait de la pression. Le voyage serait très différent. En fait, *je* me sentirais différent. J'aimerais bien être comme ça.

— Prenez le temps d'imaginer cette façon d'être celui qui a confiance en lui, et qui mérite qu'on lui fasse confiance. Observez ce qu'il pense, ce qu'il ressent et comment il se comporte. Remarquez ce qu'il fait grâce à cette confiance, son langage corporel, sa façon de parler…

Peter et moi avons passé beaucoup de temps à discuter et à cataloguer les différents changements – petits ou grands – qu'il noterait dans sa vie si l'histoire « Je ne mérite pas qu'on me fasse confiance » disparaissait. Après la séance, Peter a décidé d'aller au festival. Il s'est débrouillé pour bien organiser le point de rendez-vous avec ses amis sur place et s'est rappelé à plusieurs moments de modifier son langage corporel, ce qui l'a aidé à se sentir davantage en confiance, donc davantage en sécurité. Il a utilisé la technique de respiration des pages 305 à 308 pour rester calme – ou, au moins, un peu plus calme – durant le trajet.

Il a pris ses responsabilités et a agi. Il avait déjà pensé à faire tout cela, mais il n'était jamais passé à l'action, parce qu'à chaque fois son conflit intérieur était ressorti, l'avait envahi, et sa réaction émotionnelle exagérée avait créé beaucoup de confusion en lui. Jusqu'à ce qu'il se libère de la colère qu'il ressentait envers les autres qui « lui forçaient la main », il n'était pas capable de s'attaquer au vrai problème.

Les autres séances avec Peter ont été consacrées à parler un peu plus de son manque de confiance en soi, qui ne l'affectait pas qu'au moment de partir en vacances ou d'aller à un festival... Il a finalement réécrit sa cartographie de la réalité. Mais avant même que nous nous attaquions au gros du travail, Peter a réussi à retrouver un peu de sécurité et de confiance, ce qui lui a donné envie d'agir différemment, et il a repris le contrôle que son monstre menaçait de lui enlever. Je suis certaine que ce point de départ a rendu la suite du processus thérapeutique bien plus facile et agréable.

Plonger : le processus

La technique que Peter a utilisée pour révéler son monstre de manque de confiance, je l'appelle la « plongée ». C'est un processus rapide d'autoanalyse qui nous aide à ressentir nos émotions, à augmenter notre lucidité sur nous-mêmes et à nous encourager à comprendre nos comportements, nos sensations ou nos interprétations. Cette plongée en nous-mêmes nous permet de questionner notre cartographie de la réalité et de regarder au-delà de notre zone d'(in)confort.

Cela peut se faire en quelques minutes seulement (peut-être même en quelques secondes), de façon intérieure et immédiate. Une fois que vous maîtrisez cette technique, elle devient un outil très utile pour vous extraire d'un conflit, rompre avec vos mauvaises habitudes, vous calmer, trouver le sommeil, garder la tête froide face à des émotions difficiles et, plus important encore, pour accepter la réalité de votre expérience émotionnelle et ainsi devenir autonome et agir efficacement.

En bref, voici les quatre étapes du processus de la plongée :

1. Demandez-vous : « À quoi je pense ? »
2. Demandez-vous : « Qu'est-ce que je ressens ? »
3. Demandez-vous : « Quelle est l'histoire du monstre ? »
4. Maintenant, respirez… Et questionnez votre cartographie de la réalité.

Passons en revue les étapes en utilisant un exemple. Vous n'avez pas besoin de faire cet exercice pour le moment. Je répéterai les instructions plus tard lorsque nous passerons à votre cas.

« Je suis une mauvaise amie »

Mary avait du mal à garder ses amis. Pendant vingt ans, elle a eu beaucoup d'amis et d'amoureux, mais toutes ses relations se sont effritées ou ont mal fini après une violente dispute. Alors qu'une de ses relations semblait en péril, elle a choisi de plonger dans ses sentiments, au lieu de faire comme si de rien n'était – son mécanisme habituel durant toutes ces années.

Étape 1 : Demandez-vous : « À quoi je pense ? »

Cette étape sollicite votre lucidité (c'est une sorte de test pour votre cerveau). Utilisez-la comme une opportunité d'explorer et d'exprimer tout ce qui vous passe par la tête : votre dialogue intérieur, vos images mentales, vos opinions, vos jugements, vos réactions instinctives, vos souvenirs, vos pulsions et vos désirs.

Voici ce que Mary a trouvé :

« J'en veux à mon amie d'être mécontente que j'aie annulé notre rendez-vous. Elle est injuste avec moi et déraisonnable. Encore une qui va disparaître de ma vie… Les gens sont méchants et on ne peut pas compter sur eux. Je préfère ne plus lui parler pendant un moment, pour qu'elle comprenne ce que je ressens. »

Ce qui est important, c'est que vous vous laissiez une totale latitude pour exprimer vos idées, sans vous juger. Si vous pensez quelque chose que vous ne diriez jamais à voix haute, du genre « Ce que j'adorerais, c'est étrangler le chat de mon amie », alors écrivez-le. Les idées que nous détruisons le plus vite sont souvent celles qui nous aident à saisir le contenu émotionnel le plus important.

Étape 2 : Demandez-vous :
« Qu'est-ce que je ressens ? »

Explorer votre pensée va vous connecter aux émotions associées à ce problème. Cette question vous aide à les ressentir.

Tout comme avec la pulsion du chapitre 4, vous allez vous concentrer sur la sensation physique de votre réaction émotionnelle. Je ne parle pas ici de réactions physiques au stress, comme une mâchoire serrée ou des mains moites. Je parle de la façon dont vous ressentez les émotions dans votre corps. Des exemples simples de ce type de sensation seraient « des gargouillements dans le ventre » ou « une boule dans la gorge ».

C'est une étape que nous oublions souvent. Beaucoup de gens disent : « Je me sens angoissé », mais ils ne prennent pas le temps de noter ce que « se sentir angoissé » veut vraiment dire pour eux. Peut-être ont-ils une crispation dans le cou. Ou peut-être sentent-ils un poids sur la poitrine, ou une drôle de sensation dans tout le corps. Ces sensations sont souvent plus subtiles qu'on ne pense – moins nettes que d'avoir le cœur qui s'affole, par exemple. Il faut donc prendre le temps de bien chercher pour identifier la sensation.

Certains trouvent cette étape plus intéressante s'ils évoquent leur expérience de façon poétique. Vous allez pouvoir dire que vous avez « une drôle de sensation dans l'estomac, comme si une forme sombre y tanguait de bâbord à tribord » ou « une sensation de hurlement sourd et aphone qui n'arrive pas à sortir de la gorge ».

Voici la réponse de Mary :

« Ma gorge est nouée, c'est douloureux, comme si un pivert y faisait un trou. J'ai aussi l'estomac si lourd que j'ai l'impression de couler en haute mer. »

Étape 3 : Demandez-vous :
« Quelle est l'histoire du monstre ? »

Cette question vous aide à identifier le point de vue désagréable, anxieux, colérique, honteux ou apeuré que votre esprit a adopté. Ce que vous vous demandez, en fait, c'est : « Pourquoi est-ce que je me sens *vraiment* comme ça ? »

En vous posant cette question, vous pointez la cause intérieure de votre problème, plutôt que de vous contenter d'une explication extérieure (la perspective du Triangle du drame).

Parfois l'histoire va être évidente, une simple croyance limitative très simple, du genre « Je ne suis pas assez bon », « Je suis un imposteur » ou « Je suis un sale type ». À d'autres moments, cela sera moins dramatique : « J'ai peur d'avoir l'air idiot. » Peu importe ce que vous trouvez, le fait de demander – même si cela paraît contre-intuitif – vous fait avancer. Vous vous autorisez à prendre connaissance de ce qu'il y a de pire en vous, de cette part de honte ou de peur que sans cela vous auriez tenté de vous cacher.

Voici ce que Mary a trouvé :

« Lorsque je m'approche de cette sensation dans ma gorge, je me rends compte que ce n'est que de la honte. J'ai peur qu'elle ait raison et que cela signifie que je suis vraiment une mauvaise amie. Je ne me sens pas bien car j'ai l'impression que c'est moi qui suis méchante et déloyale ! »

L'histoire du monstre que Mary ne voulait pas voir parlait de son incapacité à être une bonne amie. Elle avait d'abord développé sa sensation de honte dans sa famille, où se trouvaient des personnes qui avaient différents problèmes. « Je suis une mauvaise amie » était quelque chose qu'elle avait cru toute sa vie, et à cause de sa résistance à cette histoire, elle avait appris à fuir tout ce qui menaçait de l'activer.

En reconnaissant le point de vue du monstre, vous créez la possibilité de vous séparer de lui, de voir au-delà. Parfois, vous trouverez quelque chose de nouveau, mais ce sera souvent la même vieille histoire qui reviendra. Ce qu'il y a de bien dans tout cela, c'est qu'à chaque fois que vous surprendrez votre monstre à radoter, vous apprendrez à mieux le connaître. Si vous tombez de nombreuses fois sur la même croyance à l'origine de quelque chose de désagréable dans votre vie, elle deviendra un peu moins crédible : « Encore toi ? Sans rire ! »

Pour avoir la confirmation que c'est un point de vue et non pas une réalité, vous pouvez organiser ce que vous avez trouvé dans une phrase du genre :
« Je me sens [émotion X], car une partie de mon esprit veut croire [l'histoire de votre monstre]. »

Pour Mary, la phrase donne donc :
« Je me sens coupable, car une partie de mon esprit veut croire que je suis une mauvaise amie. »

Trouver une réponse responsable

Si vous avez décidé de reprendre le contrôle de vous-même, il est essentiel de ne pas externaliser la cause de votre problème, c'est-à-dire de ne pas en faire porter la responsabilité sur quelqu'un ou quelque chose d'autre.

Par exemple, la véritable raison de votre colère n'est pas que quelqu'un vous ait dit quelque chose de désagréable. Penser ainsi, c'est la posture de la victime. La véritable raison, c'est que vous avez pris la mouche. La question est donc : Pourquoi vous êtes-vous vexé ? Pourquoi avez-vous pris tout cela tellement à cœur ?

De la même manière, ce n'est pas parce que la présentation que vous avez à faire est vraiment difficile que vous êtes angoissé. C'est parce que vous avez peur que cela se déroule mal. La question devient donc : Pourquoi pensez-vous que cela puisse mal se passer ? Que craignez-vous que cela puisse révéler de vous si cela se passait aussi mal que vous l'imaginez ?

EXEMPLES :

Perspective externalisée (victime) : « Je me sens mal à cause de la présentation que je dois faire lundi. »

Perspective internalisée (autonomie) : « Je redoute la présentation de lundi car mon monstre essaye de me dire que je ne suis pas doué pour convaincre. »

Perspective externalisée (victime) : « Je m'ennuie à cette fête. J'ai besoin d'un alcool fort. »

Perspective internalisée (autonomie) : « Je ne me sens pas vraiment à ma place ici, j'ai l'impression d'être différent des autres. J'ai envie de boire car une partie de moi pense que l'alcool peut résoudre ce problème. »

Tout au long de mes années de pratique comme thérapeute, j'ai utilisé différentes questions alternatives avec mes clients. On pourra parfois utilement se servir de questions comme celles-ci :

- « Pourquoi est-ce que je prends tout pour moi ? » (« Pourquoi est-ce que je prends cela comme une attaque personnelle ? »)
- « Pourquoi ai-je peur de me dire la vérité ? »
- « Pour qui ai-je peur de passer, devant les autres, dans cette situation ? »
- « De quoi ai-je vraiment peur en fait ? »

Étape 4 : Maintenant, respirez... et questionnez votre cartographie de la réalité

Cette étape vous permet d'être certain de ne pas résister physiquement à l'émotion ou à l'histoire de votre monstre. Vous pourrez ensuite choisir de regarder au-delà de ce point de vue (in)confortable, pour apercevoir d'autres possibilités.

Commencez par vous concentrer sur les sensations émotionnelles identifiées lors de l'étape 2. Puis prenez votre temps pour bien respirer, de façon profonde et continue, tout en relâchant vos muscles et en modifiant votre langage corporel, en vous tenant bien droit, le corps ouvert. Le langage corporel positif va renforcer le message d'autonomie qui vous autorise à accepter ces idées. Il va encourager la fluidité de vos émotions bloquées.

Parfois (mais pas toujours), en respirant à travers l'émotion, vous remarquez un changement dans votre façon de la ressentir. Elle peut paraître plus intense qu'au début parce que vous lui accordez plus d'attention. Puis elle peut diminuer tandis que vous vous connectez à la partie plus profonde et plus authentique du problème (l'histoire du monstre). Si vous notez un changement, c'est bon signe. Je considère cet instant comme celui où l'émotion se met à se fluidifier. Parfois, cela sera subtil, et parfois, énorme. Vous noterez peut-être que cette sensation s'est déplacée, ou qu'elle a changé de température ou de poids. Ou vous aurez une impression d'évidence : « Ah ! C'est donc *ça* ! », car ce qui était vague devient plus clair.

Mais il ne faut pas s'attendre à ce que la sensation disparaisse complètement : l'émotion que vous ressentez est peut-être vitale et très intéressante. Il faut parfois agir – écrire un email, chercher un nouveau travail, ou « mettre les pieds dans le plat » – avant que votre esprit n'arrête de transmettre le message.

Je vous suggère de respirer pendant un minimum de trois cycles pendant que vous emmagasinez votre expérience intérieure. Puis vous allez questionner votre cartographie de la réalité :

▶ *« Si je devais réécrire cette histoire du monstre, comment la ferais-je différemment ? »*

C'est important de finir là-dessus car cela confirme que vous avez le pouvoir de changer de point de vue et de déplacer votre pensée du problème vers la solution. Nous avons déjà rencontré cette question à plusieurs reprises, sous différentes formes. C'est très proche de la question « Que puis-je créer à partir de cela ? ». C'est aussi un peu comme se demander à quoi cela ressemblerait si vous choisissiez les valeurs avant plutôt que les valeurs arrière ; ou comment serait la vie si vous choisissiez l'évolution plutôt que la protection. La raison pour laquelle nous posons cette question si souvent, c'est parce qu'elle englobe tout. Rappelons-nous que, dans la mesure où la réalité que nous percevons est filtrée et tordue, nous ne sommes pas obligés d'en choisir une version (in)confortable.

Afin de répondre à cette question, vous pouvez imaginer que vous avez retiré une vieille paire de lunettes de vos yeux, et que vous pouvez désormais voir la situation avec un regard nouveau. Vous pouvez réfléchir aux possibilités de connexions positives avec les autres, d'évolution ou de contribution que vous auriez peut-être manquées autrement. Chaque fois que vous choisissez consciemment d'entamer cette recherche, vous renforcez les chemins synaptiques de cette question.

Pour Mary, il lui fallait voir au-delà du conflit qu'elle avait créé. Faire une pause pour réfléchir alors qu'elle était en plein dedans l'a aidée à se calmer, à refuser sa réaction instinctive, qui était de rayer son amie de sa vie, ce qui aurait donné davantage de munitions à son monstre pour son histoire « Je suis une mauvaise amie ». En plongeant en elle-même, elle a repris le contrôle de la situation et a choisi une action qui a répondu à son besoin de connexion plutôt que de le saboter une fois de plus.

Lorsqu'elle s'est demandé à quoi la situation ressemblerait si elle pouvait en supprimer les pensées limitatives, le nœud dans sa gorge s'est évaporé, et Mary était plus empathique, beaucoup moins sur la défensive. C'était conforme à ce qu'elle avait imaginé lorsqu'elle se voyait prendre ses responsabilités dans le but de résoudre la dispute. Finalement, il lui a fallu avoir une conversation un peu désagréable avec son amie pour aplanir le conflit. Mais cette relation a ensuite continué avec un degré de confiance plus élevé. Plonger l'a aidée à neutraliser la pulsion d'(in)confort de son monstre et a transformé un moment difficile en un moyen de dépasser son plafond de verre. En y réfléchissant, elle a réalisé qu'elle s'était cette fois-ci comportée comme l'aurait fait une « bonne amie ».

EXERCICE : Plongée vers la conscience de soi

À vous de jouer. Nous allons reprendre les quatre étapes du processus de plongée, et vous trouverez en plus à chaque étape des instructions pour faire un travail écrit si vous en avez envie.

Nous allons revenir sur cette technique à plusieurs reprises dans les derniers chapitres. Cet exercice-ci est comme une répétition générale. Plus loin, nous effectuerons quelques variations sur le processus de base afin d'en augmenter les bénéfices. Le but est que vous vous construisiez un outil pour influencer vos états émotionnels et contrôler les réactions de votre monstre. Pour le moment, nous allons nous contenter d'apprendre à ressentir vraiment nos émotions et à développer la conscience de soi.

Souvenez-vous que l'important, ici, c'est la curiosité. Lancez-vous dans l'exercice avec l'intention d'en apprendre beaucoup sur vous-même, et vous aurez de grandes chances d'avancer.

Avant de commencer, concentrez-vous sur une partie de votre vie où vous êtes bloqué ou limité, où vous vous sentez mal, impuissant, anxieux ou en colère. Cela peut être une dispute que vous avez eue avec quelqu'un, quelque chose qui se profile à l'horizon et qui vous rend nerveux, ou un comportement autodestructeur qui affecte votre santé, votre succès ou votre bonheur. Ce sera votre sujet d'étude.

ÉTAPE 1 : DEMANDEZ-VOUS : « À QUOI JE PENSE ? »

Observez et transcrivez votre dialogue intérieur et vos autres pensées quant à ce problème, comme si vous exprimiez vos pensées à quelqu'un. Notez les images, les sons, les souvenirs, les paroles, ou les pulsions du Triangle du drame en rapport avec votre souci. Faites attention à ne rien censurer. Laissez votre esprit prendre les rênes, et soyez curieux et à l'écoute de ce qu'il vous dit.

Par écrit : Prenez un moment pour transcrire votre pensée.

ÉTAPE 2 : DEMANDEZ-VOUS :
« QU'EST-CE QUE JE RESSENS ? »

Fermez les yeux et prenez conscience de l'intérieur de votre corps afin d'observer comment vous ressentez les émotions connectées. Puis décrivez cette sensation à vous-même, en faisant bien attention à l'endroit où elle est située dans votre corps.

Afin de bien détailler votre expérience physique, posez-vous la question : « Si cette sensation avait une forme, quelle serait-elle ? » Puis demandez-vous si elle est lourde ou légère, si elle est chaude ou froide, animée ou statique, si elle fait du bruit ou non, si elle vous rappelle quelque chose ou non. Une fois cette enquête achevée, rouvrez les yeux, et revenez à votre lecture.

Par écrit : Faites la description de ce que vous avez trouvé ou dessinez-le.

ÉTAPE 3 : DEMANDEZ-VOUS :
« QUELLE EST L'HISTOIRE DU MONSTRE ? »

Prenez votre temps afin d'entrer dans la partie la plus difficile de la situation ou de l'expérience. Quelle est la véritable raison intérieure de votre réaction ?

Traquez toute pensée limitative (comme « Je suis/Je ne suis pas », « Je peux/Je ne peux pas ») :

- « Pourquoi est-ce que je prends ça personnellement ? »
- « Qu'est-ce que je pourrais trouver en moi et qui m'effraierait ? »
- « En quoi ai-je peur que cette situation me décrédibilise auprès des autres ? »
- « De quoi ai-je *vraiment* peur maintenant ? »

Afin de bien séparer la réalité et l'histoire de votre monstre, et d'internaliser votre lieu de contrôle, insérez l'histoire de votre monstre dans cette phrase :

► « *Je me sens [émotion X], car une partie de mon esprit veut croire [l'histoire de votre monstre].* »

Par écrit : Écrivez cette phrase.

ÉTAPE 4 : MAINTENANT, RESPIREZ…
ET QUESTIONNEZ VOTRE CARTOGRAPHIE DE LA RÉALITÉ

Commencez par respirer pendant au moins trois cycles tandis que vous passez en revue votre expérience. Visualisez l'air qui entre dans les parties de votre corps où vous avez ressenti les sensations en lien avec votre souci, laissez vos muscles se relâcher et votre langage corporel se reconfigurer. Faites cette expérience pendant un moment, en faisant attention à tout changement dans les sensations de votre corps.

Note : Si vous faites cela en public, vous pouvez tout aussi bien respirer uniquement par le nez.

Enfin, regardez au-delà de votre zone d'(in)confort habituelle, afin de questionner votre cartographie de la réalité. Et maintenant, voici la question finale :

▶ *« Si je devais réécrire cette histoire du monstre, comment la ferais-je différemment ? »*

Imaginez que la perspective limitative n'existe tout simplement pas. Comment verriez-vous les choses différemment ? Et comment *aimeriez*-vous voir les choses différemment ?

Réfléchissez à la façon dont vos pensées, vos sensations et vos actions pourraient changer, à ce qui semblerait plus important ou plus central, aux croyances nouvelles et plus positives, plus authentiques, et aux opportunités de connexion, d'évolution et de contribution qui se présenteraient à vous.

Par écrit : Écrivez-vous une nouvelle histoire pour cette situation, et décrivez tous les changements que vous aimeriez apporter si vous vous libériez de la pensée limitative de votre monstre.

Résumé

Si vous êtes allé jusqu'au bout du processus, voici ce que vous avez fait :

- Vous avez identifié la zone du problème.
- Vous êtes allé à l'intérieur de vous-même afin de voir ce qui s'y passait.

- Vous avez réfléchi à la véritable raison de votre problème.
- Vous avez respiré longuement et avez adopté un point de vue de lieu de contrôle internalisé pour examiner la situation.
- Enfin, vous vous êtes forcé à regarder au-delà de votre zone d'(in)confort.

C'est du bon boulot, et je ne vous demande qu'une chose, c'est de vous souvenir des quatre questions de l'exercice. Afin de vous aider à vous les tatouer dans la mémoire, je vous les redis :

1. Demandez-vous : « À quoi je pense ? »
2. Demandez-vous : « Qu'est-ce que je ressens ? »
3. Demandez-vous : « Quelle est l'histoire du monstre ? »
4. Et tout en respirant… « Si je devais réécrire cette histoire du monstre, comment la ferais-je différemment ? »

Je pense que ce processus est fondamental. Vous pouvez l'enclencher (à l'écrit ou en pensée) à chaque fois que vous affrontez un blocage psychologique. Il vous permettra d'augmenter votre conscience de vous-même, d'habituer votre esprit à chercher la solution et de renforcer votre capacité à agir de façon authentique et autonome.

Exemples de plongée

Reprenons les deux exemples de la page 319. En bref, voici comment cela peut se dérouler si nous passons ces problèmes par le processus complet de plongée :

EXEMPLE 1

À quoi je pense ?

Je pense à la présentation que je dois faire lundi. Je me sens vraiment mal à l'idée de parler devant tout le monde. J'ai peur de me prendre les pieds dans le tapis et de bégayer.

Qu'est-ce que je ressens ?

J'ai une boule irradiante et chaude dans la poitrine.

Quelle est l'histoire du monstre ?

Je suis nerveux car une partie de mon esprit veut me persuader que je ne suis pas bon en public.

Si je devais réécrire cette histoire du monstre, comment la ferais-je différemment ?

Si je pouvais me débarrasser de ma peur de ne pas être bon en public, je serais content de faire cette présentation. J'aime beaucoup ce sujet, et cela me fait plaisir de le partager avec d'autres.

EXEMPLE 2

À quoi je pense ?

Je m'ennuie à cette fête.

Qu'est-ce que je ressens ?

J'ai une sorte de force qui grogne à l'arrière de mon estomac.

Quelle est l'histoire du monstre ?

Je suis nerveux car une partie de mon esprit veut me faire croire que je n'ai rien à faire ici et que l'alcool va me sauver.

• • •

Si je devais réécrire cette histoire du monstre, comment la ferais-je différemment ?

Si je pouvais me débarrasser de l'histoire « Je n'ai rien à faire ici », je me relâcherais et j'arrêterais de penser à moi. Si je pouvais m'intéresser aux autres personnes, j'apprendrais peut-être quelque chose qui me ferait participer davantage.

Choisir d'être l'auteur de sa vie

Au début de ce livre, j'ai émis l'idée que l'archétype de l'attitude humaine non victimaire face aux vicissitudes de la vie serait l'auteur, plus que le héros. C'est grâce à l'utilisation de processus auto-analytiques comme la plongée que nous pouvons devenir auteur de notre propre vie.

Le niveau le plus profond de notre esprit recèle les choses les plus importantes, mais nous avons tellement l'habitude de perdre notre temps dans les eaux de surface que nous refusons de regarder en dessous. En nous posant les quatre questions ci-dessus (et en réfléchissant), nous allons découvrir les parties résistantes de notre moi, sous la surface, les comprendre et apprendre à les utiliser.

Devenir l'auteur de notre vie ne consiste pas à réécrire de façon dogmatique nos croyances négatives. En tout cas, pas directement. Ce serait l'approche du héros que d'essayer de détruire toute faiblesse ou de tuer l'affreux monstre du « pas assez ». Mais ce n'est pas en luttant contre vous-même que vous obtiendrez votre propre estime. Je le sais d'autant mieux que j'ai essayé ! La seule chose que j'aie trouvée, c'était encore plus de haine de moi-même et de mal-être. L'approche de l'auteur pour acquérir de la force est peu répandue dans notre monde obsédé par l'affrontement. Et pourtant, c'est bien plus efficace et simple que de combattre nos peurs. En plus, c'est accessible à tout le monde.

Le propre de l'auteur, c'est d'accepter les pensées négatives que nous avons tous. Cette curiosité, cette tolérance permettent de considérer la honte, le doute et toute autre expérience humaine difficile comme ayant une utilité, un sens. Ce ne sera pas simple, bien sûr. Tous les artistes, qu'ils soient écrivains, musiciens, chorégraphes, peintres ou autre chose, vous diront que le processus créatif est difficile par essence. Vous devrez plonger tête la première dans les eaux sombres de vous-même avant d'en découvrir la beauté. Mais plus vous y retournerez, plus cela sera simple de constater que ce que vous cherchez s'y trouve bien.

La résistance

Personnellement, la peur et la tristesse sont les émotions contre lesquelles je résiste le plus. Mon esprit les associe à la faiblesse. Il me dit : « Seuls les lâches ont peur, et seuls les faibles se laissent blesser… Alors ne sois pas comme ça, d'accord ? » Mon histoire personnelle, j'en suis certaine, est à l'origine de mon goût, depuis l'adolescence, pour la musique mélancolique et les films d'horreur psychologisants : ils me permettent d'expérimenter par procuration et en toute sécurité des émotions que je ne connais pas.

Même aujourd'hui, je n'arrive pas bien à me laisser aller à ces sentiments, pourtant fondamentaux. Je fais donc attention à ce qui pourrait (ou devrait) les déclencher. Quand je lutte contre la tristesse, je me sens nouée au niveau de la gorge, et j'ai du mal à respirer. Je connais parfaitement cette sensation. Elle me dit : « Ne pleure pas ! » Cela me rappelle la projection de *E.T.* à laquelle j'ai assisté avec ma mère et ma sœur au milieu des années 1980 : les lumières se rallument, et ma sœur pleure à chaudes larmes depuis plus d'une demi-heure, mais moi, je n'ai pas voulu éclater en sanglots en public, jusqu'à ce que ma mère me regarde d'un œil attendri (et sûrement légèrement amusé) et me dise : « Ça va, Hazel, tu *peux* pleurer ! » À ce moment précis, j'ai ouvert les vannes, et les gens se sont retournés pour me regarder. J'ai trouvé que c'était très humiliant, et cela a sûrement contribué au fait que mon monstre soit fait de tristesse et que j'aie commencé alors à me persuader que je devais être forte.

Mon père est mort d'une crise cardiaque soudaine, il y a sept ans. Cela a été la pire expérience de ma vie, bien pire que tout ce que j'aurais pu imaginer. Et pourtant, je n'ai pas pleuré. Enfin, pas vraiment. Le refus d'éprouver de la peur et de la tristesse rend le deuil presque impossible. Je le savais bien, alors mon esprit et moi-même avons décidé de nous en passer. Enfin, nous nous sommes passé des parties saines du deuil… Je me suis réfugiée dans le travail, m'entraînant dès que j'en avais l'opportunité, ce qui ne m'a pas du tout aidée dans mon processus de deuil. Pendant quelques années, j'ai continué à être par moments complètement débordée émotionnellement. Lorsque ma mère a quitté la maison de mon enfance, par exemple, j'en ai fait des cauchemars, même si cela faisait des mois que je lui conseillais de déménager, insistant même une fois : « Mais, Maman, ce ne sont que des pierres et du béton. Tu seras bien n'importe où une fois que tu t'y seras installée. Ce n'est pas la fin du monde ! » Comme j'avais tort !…

L'autre jour, je suis tombée sur un vieil email groupé entre ma mère, ma sœur, mon père et moi. Il datait de quelques mois avant sa mort. En commençant à le lire, j'ai senti ma gorge se nouer si fort que mon cou est devenu chaud comme s'il allait brûler. J'ai pris la souris pour fermer la fenêtre de l'email et passer à du travail « important ». Mais je me suis reprise et j'ai décidé de plonger dans cette expérience, plutôt que de laisser mon monstre détourner mon regard.

Au plus profond de moi, j'ai trouvé des sentiments contradictoires. Au début, une partie de moi n'avait pas envie de perdre du temps sur une faiblesse. Puis je me suis mise à respirer à travers le nœud brûlant dans ma gorge. Tout est devenu plus calme, plus pur et plus innocent. Je me suis retrouvée à écouter une petite voix qui parlait directement à mon père et qui lui disait à quel point il lui manquait et qu'elle l'aimait. C'était essentiel, pas du tout honteux, et j'avais bien fait de ne pas repousser ce moment. Quelques instants plus tard, la sensation « Ne pleure pas » s'est dissoute. La tristesse est devenue plus intense, elle s'est épanchée et s'est approfondie en quelque chose de très beau. J'ai compris que la mort de mon père me rendait très triste, et que je ne voulais plus éviter cette tristesse.

Le processus n'a pas pris plus de cinq minutes, mais je l'ai vécu plusieurs fois depuis, et cela m'a inspiré des conversations magnifiques et ouvertes avec ma mère. C'était ma résistance à la tristesse qui me faisait le plus honte, en fait, et non pas mon expérience de la tristesse. J'ai eu l'impression, en refusant de faire le deuil de mon père, d'avoir repoussé et rejeté psychologiquement l'une des personnes les plus importantes de ma vie. C'était cela, et non pas l'émotion, qui n'allait pas.

Changement et acceptation

Plus vous pratiquez la plongée, moins vous avez l'idée de changer l'essence de vos pensées limitatives. Car lorsque vous les regardez en face et que vous les acceptez, elles cessent de vous faire du mal. Mon « pas assez » pointe le bout de son nez de temps en temps, mais il ne ressemble plus à un monstre, et je ne prends plus son histoire pour argent comptant. Maintenant, il m'apprend ce sur quoi je dois me concentrer et vers où je dois évoluer. Le doute devient une force lorsque vous l'utilisez pour mettre en valeur certaines zones de votre vie restées en friche. Cela revient exactement à vous poser la question de savoir comment vous réécririez votre histoire différemment sans avoir cette peur de l'échec.

Paradoxalement, ma petite part de « pas assez » m'aide à me sentir connectée et utile. Lorsque nous sommes assez courageux pour affronter nos peurs et écouter les oreilles grandes ouvertes le langage du doute et de la haine de soi, nous comprenons les peurs universelles de chaque humain sur cette planète.

En plongeant dans notre expérience de honte et en développant notre capacité à devenir empathiques avec nous-mêmes, nous apprenons progressivement que ce qui nous faisait croire que nous étions différents, mauvais, idiots ou insupportables n'est en fait que des traits standards de l'être humain. Ces expériences communes nous rassemblent, ce ne sont pas des défauts personnels qui nous séparent. Je crois sincèrement qu'en ayant la volonté d'aller « là-bas », nous avons plus de chances de trouver l'amour.

Devenir auteur de notre vie, c'est réécrire notre *relation* aux autres avec les réactions inconscientes les plus profondes et les plus douloureuses – et non pas changer ces réactions. Ce que nous pouvons réécrire complètement en devenant auteur, c'est tout ce qui reste à la surface : nos préférences habituelles, nos comportements vis-à-vis du Triangle du drame, nos pulsions et nos autosabotages. Ce sont comme des brouillons, et l'auteur peut préférer les effacer. Lorsque nous parvenons à ressentir ces émotions que nous rejetions auparavant, elles ne sont plus nécessaires. Avec la conscience de soi, l'autonomie se développe naturellement, et grâce à cela nous prenons le contrôle de notre propre histoire, au présent.

Pour conclure cette deuxième partie, écoutons les mots d'un psychiatre juif, survivant des camps nazis, Viktor Frankl. Durant sa déportation, Frankl a écrit sur des bouts de papier ou tout ce qu'il pouvait trouver son œuvre pionnière, *Découvrir un sens à sa vie*. Écrire ce livre qui traitait de l'importance d'internaliser son lieu de contrôle est devenu le moyen pour lui de survivre à l'inimaginable horreur de l'Holocauste : « On peut tout enlever à l'homme, sauf une chose, la dernière des libertés humaines : celle de décider de sa conduite, quelles que soient les circonstances dans lesquelles il se trouve. »

Résumé de la deuxième partie « Le pouvoir »

La deuxième partie a traité du contrôle : comment nous y renonçons et comment nous pouvons le récupérer. En voici les points principaux.

La victimisation (page 231)

Nous connaissons tous des moments où nous tombons dans le piège de penser que nous sommes irrémédiablement désespérés, inutiles ou que nous n'avons pas le choix. Ce sont des phases où nous préférons renoncer à toute responsabilité. Pourtant, à long terme, jouer trop souvent la victime peut avoir un impact très négatif sur notre bien-être car, à chaque fois que nous décidons de ne pas prendre le contrôle, nous faisons croire à notre esprit que nous ne *pouvons* pas le prendre.

Le Triangle du drame (page 246)

La victimisation a bien des aspects. Le Triangle du drame est un modèle psychologique qui décrit l'interaction entre trois types de victimes : le Persécuteur, le Sauveur et la Victime. Le Persécuteur essaie de prendre le contrôle en rejetant la responsabilité de la situation sur les deux autres ; le Sauveur, en sauvant la Victime des griffes du Persécuteur ; la Victime, en manipulant le Persécuteur et le Sauveur pour que la situation perdure. Ce qui relie ces trois types (et alimente leur sentiment), c'est leur refus de prendre leurs responsabilités, ce qui serait le « vrai contrôle ».

Le lieu de contrôle (page 272)

À chaque fois que nous sommes pris dans le Triangle du drame (lorsque nous sommes dans un processus de victimisation), nous externalisons notre lieu de contrôle en sous-traitant notre pouvoir. Cela nous pousse à croire que notre bien-être dépend du destin, de la chance, du contexte ou des actions des autres. Les personnes dotées d'un lieu de contrôle intérieur, en revanche, savent qu'elles peuvent (et doivent) déterminer seules la façon de répondre au monde qui les entoure. Elles seront plus calmes, plus facilement contentées et auront plus de pouvoir sur leur vie.

Deux questions magiques (pages 280 et 285)

Ces deux questions nous aident à vérifier que nous adoptons bien un lieu de contrôle intérieur. En vous les posant, vous arriverez à échapper à la victimisation :

1. Est-ce que je peux faire quelque chose maintenant ?
2. Qu'est-ce que je peux créer à partir de tout ça ?

L'intelligence émotionnelle (page 296)

L'intelligence émotionnelle est l'ingrédient final dont nous avons besoin pour échapper au conflit intérieur et internaliser notre lieu de contrôle. Cela demande juste d'accepter d'écouter nos émotions, afin de savoir ce qu'elles signifient vraiment.

Les mauvaises habitudes (page 299)

L'intelligence émotionnelle est rendue difficile par notre tendance habituelle à lutter contre nos émotions plutôt qu'à les accepter. Il y a de nombreuses façons de résister à nos émotions (l'alcool, la drogue, la victimisation, l'évitement, etc.). Les habitudes que nous qualifions de « mauvaises » sont souvent des mécanismes anciens qui étaient censés nous aider à résister. Mais comme « tout ce à quoi l'on résiste persiste », ils n'accomplissent plus leur mission au bout d'un certain temps. La résistance émotionnelle se termine en autosabotage.

La plongée vers la conscience de soi (page 313)

La plongée est un processus qui utilise quatre questions fortes afin de nous aider à prendre conscience de nous-mêmes, à ressentir nos émotions et, enfin, à prendre le contrôle de notre vie :

1. « À quoi je pense ? »
2. « Qu'est-ce que je ressens ? »
3. « Quelle est l'histoire du monstre ? »
4. Et tout en respirant… « Si je devais réécrire cette histoire du monstre, comment la ferais-je différemment ? »

En pratiquant ces questions, nous pouvons nous débarrasser des dernières miettes de victimisation et devenir l'auteur de notre propre vie.

TROISIÈME PARTIE

Le jeu

Cette partie parle des changements inconscients. Nous allons reprendre tout le contenu des deux premières parties et les assimiler en explicitant les processus profonds qui vont vous aider à reprendre le contrôle de vos réactions émotionnelles, à réécrire votre cartographie de la réalité et, en définitive, à transcender votre zone d'(in)confort.

J'ai choisi de vous présenter trois techniques différentes. Les deux premiers chapitres de la troisième partie se concentrent sur la « pensée détournée » et le symbolisme ; les deux autres opèrent de manière plus terre à terre en réarrangeant les souvenirs qui sont à la racine de l'autosabotage. J'espère que vous allez tous les apprécier, mais vous avez le droit d'avoir une préférence !

TROISIÈME PARTIE : SOMMAIRE

Évolution 3

Ce qui appartient au monstre

Tant que les lions n'écriront pas leur propre histoire, les contes sur la chasse seront toujours à la gloire du chasseur.

Proverbe africain

Nous avons utilisé de nombreuses métaphores différentes jusqu'ici : le capitaine, l'équipage, l'eau pour désigner les émotions, les mirages de l'esprit, etc. Dans la troisième partie, nous allons essayer de comprendre pourquoi l'allégorie et l'image jouent un rôle si important dans le processus thérapeutique. Mais, avant cela, prenons un moment pour examiner à nouveau le premier symbole sur lequel nous nous sommes concentrés : le monstre.

Exercice : S'approprier l'histoire

ÉTAPE 1

Tout d'abord, essayez d'amener votre esprit vers une pensée limitative importante, qui a un effet négatif sur votre vie.

La perspective de la victime consiste à dire qu'on ne peut pas contrôler nos monstres et nos émotions et que, par conséquent, ils peuvent nous dicter notre conduite en *nous racontant* leurs histoires effrayantes.

Il n'est pas difficile de trouver dans nos souvenirs les mots blessants d'un parent ou la critique acerbe d'un enseignant et de faire de ces personnes nos monstres. Mais cela fait longtemps qu'ils ne sont plus là – ou en tout cas, même s'ils sont toujours de ce monde, le moment où ils ont délivré ce message appartient au passé. Le monstre que nous portons en nous – cet aspect de nous-mêmes que nous avons trop peur d'accepter – est précisément cette partie de nous qui a entendu le message et en a fait une vérité.

Le point de vue de l'auteur, en revanche, consiste à dire que *nous sommes* nos monstres. Une fois que nous sommes habitués à cette idée, nous comprenons qu'il y a des choses sur lesquelles nous avons une influence. Pour l'auteur, chaque aspect de la personnalité associé à un message négatif prend ce message négatif pour lui-même. Ce qui signifie que le monstre dit : « *Je suis* stupide/laid/non désiré », et non pas : « *Tu es* stupide/laid/non désiré. »

C'est ainsi que je voudrais que vous visualisiez à présent cet aspect de votre personnalité.

ÉTAPE 2

Prenez un moment pour imaginer votre monstre en train de raconter son histoire limitative à propos de lui-même, plutôt qu'à propos de vous. À quoi cela ressemble-t-il maintenant qu'il possède sa propre histoire ?

En fonction de la manière dont vous avez documenté l'évolution de votre monstre, prenez un moment pour noter ou dessiner tout ce qui vous vient à l'esprit.

ÉTAPE 3

Une fois cela fait, je voudrais que vous repensiez à l'une des premières questions que je vous ai posées :

▶ *Si vous pouviez faire quelque chose avec votre monstre, que feriez-vous ?*

Écrivez la réponse qui vous vient maintenant à l'esprit.

Récréation

Dans la troisième partie, nous allons nous pencher sur les manières dont vous pouvez apprendre au capitaine à communiquer avec l'équipage (monstre inclus). Si vous avez commencé ce livre avec le désir de mettre votre monstre dehors, j'espère qu'à ce stade vous vous êtes fait une idée différente de la meilleure façon de vaincre vos comportements autodestructeurs (si vous vouliez lui faire un câlin, peut-être que cela n'a pas changé...). La troisième partie va donner à votre monstre ce dont il a besoin pour lâcher prise.

9

La métaphore

Apprendre le langage du symbole et de l'image

Mon entraîneur me regarde taper dans le sac. « Il faut que tu retrouves l'assurance brutale que tu avais, me dit-il. Tu ne pousses plus ton adversaire de la même manière. C'est moins... convaincant. »

Il a raison. Avant mon burn-out, ma capacité de travail et ma gestion de la pression étaient mes plus grandes forces. Mais depuis mon retour à l'entraînement, je me bats beaucoup plus timidement. C'est plus sûr, je suppose, puisque je m'effondre moins souvent maintenant que j'ai trouvé un moyen de modérer mes coups. Mais cela veut aussi dire qu'on m'attribue plus rarement des victoires claires, et que j'ai souvent droit à des décisions nuancées. Malheureusement, je dois reconnaître que j'ai un peu perdu de ma flamme passée.

J'augmente mon rythme sur le sac, mettant mon corps à l'épreuve pour faire un peu mieux. Je ne veux pas être une boxeuse ennuyeuse. Ce n'est pas dans mes projets. Peut-être que je peux trouver tranquillement une autre vitesse si je me concentre.

Plus tard ce soir-là, je suis assise sur le bord de mon lit pour faire le point sur mes émotions. J'ai un combat ce vendredi, et j'essaie de m'imaginer pleine d'agressivité, mais l'image est trouble. Pendant un moment, j'ai l'air forte, et l'instant d'après, je pleure. Dans ma poitrine, je sens quelque chose comme du doute. C'est un sentiment lourd, comme un sac de sable mouillé, et quelques mots suffisent : « Je ne peux pas. »

Je ne suis pas du tout étonnée. Les six derniers mois, en me remettant à l'entraînement, j'ai été attentive au respect de ce « Je ne peux pas », pour donner à mon corps le repos dont il avait besoin. Pour autant, je ne sais plus trop si c'est vraiment nécessaire, ou si c'est seulement mon monstre qui essaie de trouver un autre moyen de m'empêcher de donner le meilleur de moi-même.

Je me mets au lit et j'éteins la lumière. Alors que j'essaie de m'endormir, je fais un rêve éveillé – une étrange divagation sortie de mon esprit à moitié endormi. J'imagine une lionne. Elle est forte et d'une beauté frappante. Redoutable. Nul ne peut l'ignorer. Je la suis. Elle rôde dans un paysage singulier. C'est un environnement que j'ai du mal à décrypter : en partie sauvage, mais dans une ambiance urbaine ; désagréable ; qui m'est familier. L'obscurité est intense, avec cependant des puits de soleil éclatant qui percent et illuminent par endroits le sol sableux sous ses pattes. Elle reste imperturbable face à la bizarrerie environnante et se déplace – parfois rapidement, parfois lentement – dans ce décor sinistre qui semble éclairé par des projecteurs comme s'il lui appartenait. Un pas silencieux après l'autre, elle fait sien l'espace, poussée seulement par son instinct qui lui indique ce qu'elle doit faire. Et puis elle disparaît, et son monde tourmenté avec elle – étrangement avalés par la noirceur du sommeil qui m'accueille.

Des outils de signification

> *La plupart des gens pensent pouvoir s'en sortir convenablement sans métaphore. Or nous avons découvert, au contraire, que la métaphore est omniprésente dans notre vie quotidienne, non seulement dans notre langage, mais aussi dans nos pensées et nos actions. Notre système conceptuel ordinaire, celui grâce auquel nous pensons et agissons, est fondamentalement et par nature métaphorique.*
>
> George LAKOFF et Mark JOHNSON,
> *Les Métaphores dans la vie quotidienne*

La métaphore n'est pas seulement un procédé littéraire fleuri utilisé par les poètes pour communiquer la profondeur de leur amour ou l'obscurité de leur chagrin ; c'est un élément indispensable et profond de l'être humain. Nous pensons en métaphores, nous parlons en métaphores et, évidemment, nous rêvons en métaphores.

En 1980, George Lakoff et Mark Johnson ont publié *Les Métaphores dans la vie quotidienne*, livre dans lequel ils explorent l'influence omniprésente des métaphores sur nos vies. Dans les décennies qui ont suivi, leurs recherches ont conduit à une relecture complète de certaines des idées parmi les plus fondamentales sur le fonctionnement de l'esprit humain et sur la manière dont nous comprenons ce dont nous faisons l'expérience. L'étude de la métaphore s'est poursuivie et a considérablement influencé non seulement les domaines de l'art, de la littérature et de la communication comme on pouvait s'y attendre, mais aussi ceux des sciences cognitives, du droit, de la politique, de la religion et même des mathématiques ou de la philosophie des sciences. Nous nous sommes éveillés à la nature profondément suggestive de la comparaison métaphorique, même dans son usage le plus basique et le plus quotidien.

Nous utilisons les métaphores dans notre langage beaucoup plus souvent que nous n'en avons conscience. On estime qu'une personne moyenne utilise au moins six métaphores par minute de parole. Simplement, nous n'identifions pas la majorité des mots et des phrases métaphoriques que nous employons, car leur signification a été normalisée. Vous avez déjà dit à quelqu'un qu'il était « bon ». Mais à moins que vous ayez goûté son visage, il s'agissait d'une métaphore. Vous vous êtes bien entendu déjà plaint de « crouler » sous le travail, vous avez remarqué que les bons mots « fusaient », ou que l'examen était « dur ». Ce sont encore des métaphores.

Les scientifiques ont débattu pendant des décennies de la manière dont le cerveau traite les métaphores linguistiques. Certains pensent que nous comprenons des phrases métaphoriques comme « Il lui a jeté un regard noir » simplement parce que nous avons appris que le mot « noir » dans ce contexte signifie « méchant ». Toutefois, des études récentes ont abouti à des résultats qui suggèrent une possibilité plus intéressante.

Le neurologue Krish Sathian, de l'université Emory à Atlanta (aidé de ses étudiants), a mené une étude sur le fonctionnement de la signification littérale et métaphorique en utilisant l'imagerie par résonance magnétique fonctionnelle (IRMf). Les scientifiques ont scanné le cerveau des participants alors qu'ils écoutaient des phrases littérales et métaphoriques qui décrivaient la même chose.

EXEMPLE :

Littéral : « Il a passé une journée difficile. »
Métaphorique : « Il a passé une dure journée. »

Littéral : « Il s'est impliqué. »
Métaphorique : « Il s'est mouillé. »

Littéral : « Il est de bonne humeur. »
Métaphorique : « Il est de bon poil. »

La partie du cerveau qui traite le langage était autant active lorsque les sujets écoutaient la phrase métaphorique que lorsqu'ils écoutaient la phrase littérale. Toutefois, les phrases métaphoriques stimulaient aussi la région du cerveau qui permet de sentir différentes textures grâce au sens du toucher. Elles ont aussi pris plus de temps à être traitées que les descriptions littérales. Ces résultats suggèrent que la compréhension par le cerveau de la signification métaphorique pourrait être ancrée dans la perception sensorielle et dans la compréhension linguistique, ce qui a d'importantes conséquences sur l'étendue des significations que l'on peut déduire de descriptions qui paraissent simples.

L'expérimentation précédente a été précisément élaborée pour que chaque phrase ne comporte qu'un seul mot métaphorique. Si l'on imagine quelqu'un en train d'écouter une histoire qui convoque des significations métaphoriques dans toutes les perceptions sensorielles – vue, ouïe, toucher, odorat et goût –, alors on verrait de nombreuses autres aires du cerveau être stimulées pour comprendre la signification d'ensemble de l'histoire. Ce qui est peut-être le plus fascinant là-dedans, néanmoins, c'est que nous avons tous eu des expériences sensorielles différentes. Je veux dire que nous avons tous des souvenirs différents dans notre esprit, souvenirs qui donnent une signification individualisée aux mots tels que « dure », « mouillé » ou « poil ». J'ai mis ces trois mots l'un à côté de l'autre dans la même phrase à dessein, et je vous prie de m'en excuser. Toute image qui pourrait avoir surgi dans votre esprit viendra probablement corroborer – de manière assez évidente – la suite de ma démonstration.

Puisque nous pouvons comprendre un mot seulement grâce à nos sens empiriques, nous ne pouvons saisir le concept de « dureté », par exemple, qu'en l'ayant expérimenté par nous-mêmes. De ce fait, même si nous pensons tous savoir ce que « passer une dure journée » veut dire, la phrase pourrait susciter différents types de réponses émotionnelles chez des personnes différentes. Est-ce que la journée a été dure comme du papier de verre (est-ce qu'elle nous a rabotés) ? Était-elle dure comme un grand frère turbulent ? Ou comme un gardien de prison hargneux ? Peut-être que « dure » peut avoir des connotations positives ? Dure comme les mains d'un grand-père qui a beaucoup travaillé, peut-être. Puisque nos expériences nous sont propres, qu'elles personnalisent notre vision de la réalité, nous aurons notre propre et unique version de ce que « dure » signifie.

Glissements freudiens

C'est notre inconscient qui est en grande partie responsable de notre choix d'utiliser des descriptions métaphoriques. Bien sûr, certaines métaphores peuvent être élaborées avec soin et de manière rationnelle (comme beaucoup de celles utilisées en littérature), mais celles qui surgissent dans notre langage quotidien appartiennent rarement à cette catégorie, car nous ne pensons pas assez vite pour sélectionner consciemment chaque mot que nous disons. De plus, même quand nous pensons avoir pleinement envisagé le sens de la métaphore que nous avons choisie, une foule d'associations implicites sont susceptibles de naître, associations dont notre esprit inconscient est maître, et qu'il utilise sans se soucier du fait qu'elles ont échappé à l'attention du capitaine.

Dans cette perspective, pour utiliser une métaphore justement, la signification complète d'une métaphore est comme un petit arbre avec des racines extrêmement profondes. Consciemment, nous percevons ce symbole (la partie visible de l'arbre), mais souterrainement grandit une structure de significations bien plus importante.

Sans tenir compte du fait que nous y fassions référence explicitement ou non, l'esprit inconscient est lui très au fait de ces parties invisibles de l'arbre, ainsi que de leurs fonctions, de leurs connexions à la terre et de leur étendue. Toutes ces informations seront condensées – puis exprimées – dans tout symbole dérivant de l'arbre (comme les feuilles, l'écorce, etc.).

Cela veut dire que les métaphores qui nous viennent à l'esprit ou qui surgissent automatiquement dans notre langage peuvent être utilisées pour étendre notre compréhension consciente de notre inconscient. Il nous suffit de creuser un peu.

Équivalence

> *L'imagination est le début de la création. On imagine ce que l'on désire, on veut ce que l'on imagine et enfin on crée ce que l'on veut.*
>
> George Bernard SHAW,
> *Retour à Mathusalem*

L'esprit est une machine à fabriquer des associations. Il est perpétuellement en chasse de modèles et de similarités entre les choses que nous rencontrons et celles dont nous avons déjà fait l'expérience. Il le fait pour comprendre et pour gagner du temps. Nous n'avons pas besoin de nous demander ce qu'est une chaise à chaque fois que nous entrons dans une pièce inconnue où il y en a, parce que notre esprit a déjà une empreinte mentale pour « chaise ». Tout ce qui remplit les conditions clés – stabilité, quatre pieds et un dossier – va déclencher automatiquement notre connaissance et nos comportements liés à une chaise. Donc nous nous asseyons.

L'amour de l'esprit pour l'équivalence est ce qui fait de la métaphore un outil suggestif aussi puissant. Vous pouvez vous figurer l'esprit comme un mathématicien consciencieux : il essaiera toujours d'équilibrer ses équations. Vous avez probablement appris à l'école, dès vos premières leçons d'algèbre, que si $x = y$, alors $10x = 10y$. Les équivalences métaphoriques fonctionnent de même. L'esprit se bat pour maintenir les choses dans un rapport d'équivalence :

$$10x = 10y$$
$$\text{gros } x = \text{gros } y$$
$$\text{petit } x = \text{petit } y$$

Et aussi :

Mon amour = une rose sauvage
Mon amour flétrit = la rose sauvage flétrit
Mon amour fleurit = la rose sauvage fleurit

Une fois définie une métaphore pour, mettons, l'amour, tout changement de cet amour se retrouvera dans l'image métaphorique. Si nous avons désigné notre amour comme une rose, lorsque notre amour meurt, on peut aisément imaginer que la rose se fane aussi. Ce qui est peut-être moins évident à comprendre est qu'il s'agit d'une rue à double sens. Si nous voulions inviter notre esprit à se concentrer sur la naissance de notre amour, nous pourrions utiliser la métaphore de la rose qui va éclore. Tant que la demande reste rationnelle, l'esprit – tout consciencieux qu'il est – se bat pour que les deux directions fonctionnent de manière équitable.

Évidemment, ce n'est pas toujours aussi simple. Il y a souvent des obstacles à surmonter tout au long du chemin. Si l'amour n'est pas encore en train d'éclore, il doit y avoir une raison, et l'esprit inconscient est beaucoup plus susceptible de connaître cette raison que ne l'est l'esprit conscient. Ce que nous permet la métaphore, c'est de travailler avec ces obstacles de manière abstraite et sans résistance, surtout parce que nous n'avons pas à penser directement au problème auquel nous faisons face. Ainsi, au lieu d'essayer de créer un changement inconscient en donnant des ordres, le faire en utilisant une métaphore ressemble plutôt à une conversation avec un ami pour résoudre un problème de façon collaborative, une rencontre d'esprits où chacun peut faire des suggestions basées sur sa compréhension individuelle de la situation, et en apprendre sur le point de vue de l'autre. Cela rend infiniment moins probable la possibilité que l'autre ressente le besoin de contre-attaquer.

Dépasser le « Je ne peux pas »

L'image du lion que j'ai utilisée pour retrouver mon agressivité perdue (voir page 348) m'a aidée à dépasser le « Je ne peux pas » qui aurait très bien pu m'arrêter. D'une certaine manière, ma conversation abstraite avec moi-même ce soir-là m'a permis de respecter et de dépasser ma résistance inconsciente.

Le matin qui a suivi mon rêve semi-éveillé, je me souvenais encore de ce que j'avais ressenti en regardant la lionne rôder sur les terres en friche du paysage symbolique. Je l'ai gardée en tête le lendemain durant l'entraînement, et je me suis rendu compte que je pouvais créer un sentiment de force et de contrôle en me remettant à l'esprit cette image et en bougeant ensuite d'une certaine manière. Mon corps répondait à mes projections mentales avec une autorité calme et des rafales énergiques d'élans en avant, comme si j'avais accès à la férocité de cette lionne. Elle est devenue un coach intérieur. Elle m'a aidée à concentrer mon esprit sur ce que je voulais faire, et elle m'a informée rapidement et de façon automatique sur la manière dont je devais le faire.

Le vendredi soir, pendant que je m'échauffais pour le combat dans une pièce sombre d'un club de l'Essex, je l'ai imaginée ouvrant le chemin. Je l'ai regardée monter sur le ring ; forte, déterminée et sûre d'elle. Je l'ai vue se déplacer avec un équilibre puissant, ancrée dans le sol, comme si ses pieds étaient magnétiques, et toutefois capable d'entrer en action à l'instant même où ce serait nécessaire. Elle a été mon guide, mon empreinte mentale pour agir comme je le souhaitais.

Quand j'ai réellement grimpé dans les cordes, j'ai sauté dans cette métaphore. J'ai imaginé la sensation du tapis sous ses pattes et j'ai ressenti la même énergie, très intense, dans mon corps. La cloche a sonné, et, sans avoir besoin de réfléchir, je me suis avancée, esquivant les coups de mon adversaire, la repoussant avec une force d'intention que je n'avais pas ressentie depuis des années.

Avant la fin du deuxième round, les hommes de coin de mon opposante ont jeté une serviette pour demander un arrêt du combat. J'ai gagné par TKO (un KO technique). Mais ce n'est pas le résultat du combat qui m'a rendue le plus fière. La victoire réelle, c'est que j'ai eu la sensation, pour la première fois ce soir-là, d'avoir un certain contrôle sur mon état mental, même au cœur du combat. Plutôt que d'être paralysée par un manque de confiance ou par ma peur de la fatigue, je me suis battue ce jour-là comme je le voulais vraiment. C'était la victoire que je chérissais le plus, et elle a marqué un tournant dans mon parcours de boxeuse.

Les émotions métaphoriques

Les descriptions sensorielles sont souvent utilisées comme métaphores : « Le futur est *lumineux* », « la situation était *épineuse* », « le programme électoral *puait* le mensonge ». Quand il est question d'émotions, nous utilisons instinctivement des mots relatifs aux cinq sens.

Comme nous l'avons déjà vu, le problème, ce ne sont pas les émotions négatives elles-mêmes – elles sont seulement le support du message qui circule entre l'inconscient et le conscient. Toutefois, elles sont liées au problème et elles changent lorsque le problème évolue. Cela semble évident, mais c'est un point important, car cela signifie que l'esprit doit avoir établi une équivalence entre la réaction émotionnelle et le problème dans son ensemble (si « grosse angoisse » = « gros problème », alors « petite angoisse » = « petit problème »). Cette équivalence veut dire que, une fois que nous avons accès à nos réactions inconscientes en plongeant dedans (et une fois que nous avons commencé à établir une relation de confiance avec la partie de notre esprit qui crée ces réactions), nos émotions deviennent une ressource puissante pour impulser un changement, non seulement sur notre expérience présente, mais aussi sur l'ensemble de notre vie.

La fluidité métaphorique

La deuxième question de la plongée – « Qu'est-ce que je ressens ? » (voir page 315) – invite à créer une représentation métaphorique de l'état émotionnel associé à notre autosabotage. Les exemples du chapitre précédent étaient un sentiment hérissé et pointu (pivert), une boule chaude qui se logeait dans la gorge, et une forme floue dans l'estomac, sombre, lourde, d'une couleur rouge foncée.

En jouant avec ce type d'images métaphoriques (nous allons ajouter une section pour cela au sein de l'étape « Maintenant, respirez… » du processus), nous pouvons encourager un changement dans notre manière de ressentir les choses, ainsi qu'une progression pour sortir de l'état de protection. Si le symbole original représentait une émotion figée, stagnante ou gelée, alors n'importe quel changement effectué sur ce symbole (s'il est accepté par l'esprit inconscient) devrait aller de pair avec une évolution de cette émotion vers un état plus fluide. Chaque fois que nous jouons avec les sentiments que notre esprit inconscient crée pour nous, nous mettons en œuvre deux idées importantes :

1. Les émotions changent ; nous ne sommes pas obligés de rester coincés dans un état émotionnel.

2. Nos émotions nous appartiennent ; nous pouvons les influencer (tant que nous choisissons de ne pas leur résister).

Finalement, à tout âge, les êtres humains apprennent et grandissent grâce au jeu. En nous amusant avec ce qui, précisément, est susceptible de nous épuiser, nous pouvons choisir de progresser dans les moments importants de notre vie.

Apprendre au capitaine à « jouer gentiment »

Évidemment, un sentiment ne va pas nécessairement s'améliorer par une suggestion métaphorique. Cette suggestion n'est pas un substitut pour la conscience de soi. Si nous nous contentons d'essayer de chasser nos émotions grâce aux métaphores, nous risquons d'entrer dans un territoire dangereusement résistant. Quoi qu'il en soit, cela signifie que, plutôt que de nous reposer entièrement sur notre conscience pour faire évoluer nos réactions inconscientes, nous pouvons entrer en conversation avec elles et ajouter notre bon mot métaphorique.

Quand notre réaction inconsciente à la vue d'une araignée est une angoisse intense et que notre conscience estime à l'inverse que l'araignée n'est absolument pas dangereuse, la métaphore crée un espace pour que la conversation ait lieu. Visualiser la peur devenant plus petite (ou quelque chose de similaire) est juste une façon métaphorique de dire : « Non, cette petite araignée n'est pas dangereuse, mon cher esprit ! Honnêtement, ça va aller ! »

L'art de jouer avec ses sentiments

Vous connaissez ces personnes qui s'allongent et s'endorment au moment où leur tête touche l'oreiller ? Eh bien… je ne suis pas de celles-là.

Au moment où je me couche dans mon lit, mon cerveau, qui s'endormait, s'anime. Le son et le langage sont presque toujours impliqués dans ce fonctionnement. Parfois, c'est comme si un groupe de musique avait élu domicile entre mes oreilles. Il aime bien me chanter des chansons – cela peut être seulement un couplet – et il en a beaucoup. Certaines nuits, une partie extrêmement enthousiaste de mon esprit (celle qui boit trop de café) n'arrête pas de parler, débattant des nuances de chaque détail d'un sujet quelconque qui ne m'intéresse même pas vraiment.

Alors que j'écris ce livre, cette partie de mon esprit, saturée de café, a décidé de discuter de théorie jusqu'au petit matin. Elle me parle avec ma voix d'écriture et m'explique ce sur quoi je me suis concentrée durant la journée. Parfois, elle le fait mieux que je ne peux le faire, et je saisis mon carnet de notes pour retranscrire les idées. J'aime bien ce fonctionnement et je prévois toujours un peu de temps au lit pour lui faire une petite place. Toutefois, arrive un moment (généralement peu après une heure du matin) où je décide que cela suffit.

Je suis une personne auditive, donc mon esprit sera toujours un endroit relativement bruyant. Je commence à penser avec une voix très claire, et cela se poursuit sans discontinuer, quelle que soit mon activité. Là, vous vous dites probablement : « Tout le monde fait ça », ou : « Elle se parle à elle-même dans sa tête ? Elle est vraiment bizarre. » Mais nous ne pensons pas tous de la même manière. Certaines personnes utilisent une voix, alors que d'autres pensent plus par images, par sons ou par sentiments. La plupart d'entre nous peuvent utiliser toutes ces modalités, mais nous préférons souvent une ou deux d'entre elles. En ce qui me concerne, je préfère penser de sorte que je puisse m'entendre.

Toutefois, indépendamment de ma manière sonore de penser, je ne suis pas assez naïve pour me dire que ma difficulté à m'endormir est simplement « ma façon d'être », car c'est variable. Lorsque je suis très calme, cette voix me parle doucement de tout et de rien pendant environ dix minutes, puis disparaît petit à petit alors que je m'endors. En revanche, lorsque je suis sous pression, elle pourrait probablement me tenir éveillée pendant des heures si je ne m'étais pas préparée à faire quelque chose. J'ai pratiqué plusieurs méthodes pour m'endormir au fil des années. Au cours de ma carrière marquée par l'adrénaline des combats, avant que je ne soumette mon problème à un thérapeute, j'ai pris religieusement des médicaments. Je cherchais le remède miracle aux insomnies qui me persécutaient, même si ces pilules me donnaient l'impression de patauger dans la semoule le lendemain. Maintenant, heureusement, je dispose de moyens plus sains. La plongée et la fabrique de suggestions métaphoriques pour dormir sont ceux que je préfère.

Il y a quelques nuits, alors que j'étais allongée, éveillée, en train de me parler de ce chapitre, j'ai décidé de le déclarer terminé après avoir piqué deux idées à la partie insomniaque et bavarde de moi-même. La question « À quoi je pense ? » m'a donné du grain à moudre. Il y avait les métaphores, les arbres et leurs racines profondes, ainsi qu'une série de pensées un peu angoissantes sur le besoin de sommeil pour être opérationnelle le lendemain pour mes patients et pour écrire. « Qu'est-ce que je ressens ? » a révélé un serrement dans le haut de ma poitrine, quelque chose d'anguleux, de léger, de rapide, d'affairé, qui semblait produit par quelque objet métallique. Ensuite, alors que je me suis concentrée sur cette sensation, j'ai entendu le bruit familier d'un crissement de pneus. Il était léger, puis plus précis, directement dans mes oreilles.

La question « Quelle est l'histoire du monstre ? » a confirmé mes soupçons : j'étais dans une activité de scénario. « Dépêche-toi » (voir page 182) est un personnage fréquent dans mes séances tardives de plongée et cette fois il essayait de me faire croire que je n'allais pas réussir à terminer ce chapitre dans les délais impartis.

Alors que j'essayais de respirer, je me suis demandé ce qui serait nécessaire pour que le symbole émotionnel se transforme. J'avais deux cartes à jouer : la forme et le son. D'abord, j'ai ajusté le son. J'ai baissé le volume, comme s'il jouait sur un vieil enregistreur qui commençait à manquer de piles. Alors que j'imaginais le niveau devenir plus profond et sourd, les muscles de mon front ont commencé à se relâcher, mais l'émotion n'avait pas encore beaucoup changé.

Ensuite, j'ai visualisé la forme anguleuse, métallique dans ma poitrine comme si elle flottait juste devant mes yeux, et je l'ai gentiment invitée à devenir plus petite. Au début, elle a résisté. « Dépêche-toi » n'était pas encore prêt à dormir, apparemment. J'ai dû faire tourner la structure métallique, comme si elle était sur un axe, pour qu'elle commence à flancher. En faisant cela, j'ai pris conscience, vaguement, d'une forme de relâchement. C'était comme si une partie différente de mon esprit, plus adulte, tapotait mon scénario « Dépêche-toi » sur la tête en lui disant : « À chaque fois tu ressens cela, mais tu finis toujours à temps, pas vrai ? » Puis, presque comme si je regardais un vaisseau de science-fiction disparaître dans la galaxie, la taille de la forme métallique s'est réduite rapidement et elle a disparu dans l'obscurité. Silence.

La dernière chose dont je me souviens de cette nuit est de m'être dit quelque chose comme : « Ah. Cool. Je devrais utiliser ce cas comme exemple. » Mais je ne l'ai pas écrit. J'étais trop occupée à m'endormir.

C'est l'heure de jouer

Une fois que vous avez compris comment ajouter des suggestions métaphoriques au processus de plongée, cela devient un outil fantastique pour les moments où vous avez besoin de contrôler vos émotions. Il y a évidemment les moments de trac avant de parler ou de monter sur scène, de nervosité avant un événement stressant ou, comme je viens de le décrire, si vous avez du mal à vous endormir. Cela dit, libre à vous d'essayer cela quand bon vous semble.

L'idée est d'utiliser le processus de plongée pour « entrer » dans les choses et être au fait de vos réactions, puis de jouer avec votre état émotionnel présent grâce à une métaphore, de manière à pouvoir suggérer un changement.

Rappelez-vous bien ceci : toutes les fois où vous êtes angoissé, quelle que soit la situation, vous réagissez à votre propre point de vue, plutôt qu'à la réalité. Cela ne veut pas dire que votre point de vue est nécessairement mauvais – votre situation peut être réellement difficile. Mais cela n'entraîne pas non plus forcément que vous deviez continuer à souffrir de l'émotion que vous créez en réponse à cette situation. En vous réappropriant vos émotions, vous pouvez revendiquer un certain pouvoir sur vos réactions, et cela vous placera dans une meilleure position pour prendre le contrôle, lorsque cela est possible, de la réalité.

Fabriquez vos suggestions

Avant de poursuivre, observons un moment les différentes options dont vous disposez pour fabriquer des suggestions métaphoriques.

Premier type de suggestion : les changements simples

Très souvent, des changements simples opérés sur la forme, la taille, le lieu, le mouvement du symbole peuvent faire une grosse différence. On les appelle des « changements de sous-modalités » dans le langage

PNL et ils constituent une grande partie des techniques de changement d'état. Essayez de changer la couleur de l'émotion, de la faire tourner autour d'un axe (comme je l'ai fait plus haut), de changer le niveau du son qu'elle peut avoir ou de l'imaginer plus lumineuse. Tout ce qui vous vient à l'esprit vaut le coup d'être essayé.

Note : Je trouve que rendre le symbole plus petit peut très souvent susciter le changement le plus tangible. Si les autres suggestions échouent à produire une différence notable, je recommande de revenir à celle-ci, éventuellement plusieurs fois.

Deuxième type de suggestion : la métaphore créative

Le changement métaphorique n'est pas toujours la chose la plus évidente, donc essayez de rester à l'écoute de toute suggestion que votre inconscient vous présente. Peut-être vous paraîtra-t-il juste d'imaginer le symbole couler comme de l'eau. Ou peut-être votre esprit aimera-t-il voir des rayons de soleil briller sur lui. Nous sommes des êtres créatifs. Tout peut fonctionner. Un de mes patients a utilisé ce procédé pour vaincre le sentiment grandissant de panique qui le gagnait chaque fois que son ex lui écrivait un message. Il imaginait, alors qu'il se détendait, qu'il soufflait la panique hors de lui. Ce faisant, il la voyait s'envoler au loin sous la forme de papillons. Non seulement cette visualisation l'aida à rester calme chaque fois que le nom de la personne s'affichait sur son téléphone, mais il découvrit plus tard que cela l'aidait aussi à mieux exprimer ses idées au bureau.

En imaginant un changement sur le symbole, observez l'émotion qui imprègne votre corps alors que vous continuez à respirer tranquillement et à relâcher vos muscles. Si l'émotion se transforme d'une manière quelconque, alors vous êtes probablement sur la bonne voie. Répétez peut-être ce changement une nouvelle fois pour voir si vous pouvez accentuer l'évolution. Si cela ne fonctionne pas, utilisez une suggestion métaphorique différente et voyez si elle est plus efficace. Peut-être aurez-vous besoin d'essayer plusieurs idées différentes avant de trouver la bonne et de remarquer un changement physique dans ce que vous ressentez.

Rappelez-vous que vous êtes en train d'avoir une conversation, et non de donner des ordres. Il peut y avoir quelques débats avant que le problème soit résolu, et vous devez respecter l'avis de votre inconscient. Exactement comme dans une conversation avec une autre personne, si votre suggestion n'est pas acceptée, vous devrez trouver une meilleure manière de vous exprimer. (Je pense que nous sommes tous d'accord pour dire que répéter la même chose mais PLUS FORT ne fonctionne que rarement.)

Parfois, lorsque cela commence à changer, l'évolution initiale peut être très subtile, vous devrez donc garder une partie de votre esprit concentrée sur votre expérience physique intérieure. Quoi que vous fassiez, rappelez-vous que le but n'est pas de réduire l'émotion à un état complètement neutre. Cela arrivera parfois. Mais dans les moments où ce n'est pas le cas, même un changement de l'ordre de 5 % est un succès, si l'on garde à l'esprit la démarche générale.

Assurez-vous que vous êtes prêt à apprendre

Rappelez-vous que la plongée est un processus visant à accroître la conscience de soi, ce qui reste vrai même si vous l'utilisez quotidiennement pour vous aider à vous endormir. Parfois, un changement émotionnel apporte une nouvelle manière de voir les choses ou un changement de perspective. Donc restez à l'écoute des nouvelles idées quant à ce que vous pourriez faire ou dire pour améliorer votre situation de manière pratique également.

Note : On ne peut pas attendre de cette démarche qu'elle fonctionne pour les émotions profondes, importantes, comme le deuil.

EXERCICE : Plongée vers la fluidité émotionnelle

Si vous êtes prêt, lançons-nous dans le processus. Vous n'avez pas besoin de stylo. Vous pouvez tout faire dans votre tête.

Voici les étapes de cette nouvelle version du processus de plongée :

1. Demandez-vous : « À quoi je pense ? »
2. Demandez-vous : « Qu'est-ce que je ressens ? »
3. Demandez-vous : « Quelle est l'histoire du monstre ? »
4. Maintenant, respirez... et jouez avec la métaphore.

Commencez par choisir un sujet. Qu'y a-t-il dans votre vie en ce moment que vous aimeriez envisager différemment ? Ou alors, y a-t-il quelque chose qui se profile qui vous rende nerveux plus que de raison ? Nous avons besoin de ce sujet pour avoir un impact émotionnel tangible, donc je recommande de choisir quelque chose qui vous rende actuellement assez anxieux, en colère, triste, ou qui vous donne un sentiment de culpabilité.

ÉTAPE 1 : DEMANDEZ-VOUS : « À QUOI JE PENSE ? »

Pour gagner en conscience concernant les processus de pensée en relation avec le sujet que vous avez choisi, observez et racontez votre dialogue intérieur lorsque vous envisagez les données du problème.

ÉTAPE 2 : DEMANDEZ-VOUS :
« QU'EST-CE QUE JE RESSENS ? »

Maintenant, regardez à l'intérieur de votre corps pour observer la manifestation physique des émotions liées au problème. Prêtez particulièrement attention à la façon dont vous ressentez ces sensations, de manière à créer un symbole métaphorique pour les représenter.

Si rien ne vous vient immédiatement à l'esprit, voici quelques-unes des questions qui peuvent vous aider à développer une idée. Comme toujours, faites avec ce qui vous vient à l'esprit. Il n'y a pas d'attitude bonne ou mauvaise, puisqu'une fois que vous avez décidé d'une réponse, votre esprit aura élaboré une équivalence :

- Si vous pouviez désigner l'endroit de votre corps qui ressent cette émotion, que désigneriez-vous ?
- Si cette émotion avait une forme, quelle serait-elle ?

- Cette forme est-elle en deux ou trois dimensions ?
- De quoi cette émotion semble-t-elle être faite ?
- Bouge-t-elle d'une manière ou d'une autre ou est-elle statique ?
- Est-elle grande ou petite ?
- Est-elle lourde ou légère ?
- Est-elle bouillante, chaude, tiède ou froide ?
- Est-elle douce ou dure ?
- Cette émotion est-elle associée à un son ? Si oui, à quoi ce son ressemble-t-il ?
- Si cette émotion avait une couleur, quelle serait-elle ?
- Les limites de cette émotion sont-elles épineuses, douces, ou autre ?

Prenez un moment pour vous concentrer sur ce symbole émotionnel, en l'autorisant à se développer dans votre esprit de manière à vous faire une idée claire de ce à quoi il ressemble, du son qui l'accompagne ou de ce que vous ressentez à son égard.

ÉTAPE 3 : DEMANDEZ-VOUS :
« QUELLE EST L'HISTOIRE DU MONSTRE ? »

Pour vous assurer que vous savez à quoi vous avez affaire et que vous adoptez le point de vue de votre lieu de contrôle intérieur, mettez-vous à l'écoute de votre expérience profonde pour identifier ce à quoi vous êtes réellement en train de répondre. Ensuite, complétez la phrase suivante :

► *« Je me sens [émotion X] car une partie de mon esprit veut croire [l'histoire de votre monstre]. »*

ÉTAPE 4 : MAINTENANT, RESPIREZ… ET JOUEZ AVEC LA MÉTAPHORE

Respirez régulièrement et tranquillement au milieu des idées qui émergent, pendant au moins trois expirations. Pendant que vous faites cela, détendez consciemment vos muscles et observez l'émotion (telle que vous la voyez, l'entendez ou la ressentez) dans votre corps. Ensuite, posez-vous la question suivante à propos de ce symbole :

▶ *« Si je pouvais faire quelque chose avec ce symbole, qui encouragerait une évolution positive de la manière dont je me sens, qu'est-ce que ce serait ? »*

Fermez les yeux et concentrez-vous sur la métaphore tout en envisageant les réponses possibles. Pour chaque idée qui fait surface, essayez quelque chose. Restez détendu et curieux en jouant avec les options qui s'offrent à vous. Répétez celles qui fonctionnent et continuez la conversation en modifiant celles qui ne fonctionnent pas. Lorsque vous remarquez un changement, ouvrez les yeux.

FINIR

Cette dernière étape vous semblera plus appropriée et nécessaire certaines fois que d'autres, en fonction de ce dont vous avez fait l'expérience en jouant avec la métaphore. Toutefois, je pense que se poser la question des « nouveaux territoires » est une bonne pratique les fois où vous avez identifié une pensée limitative en action. Voici la question :

▶ *« Si je devais réécrire cette histoire du monstre, comment la ferais-je différemment ? »*

Résumé : Les émotions métaphoriques

La pratique de la plongée que nous avons présentée dans ce chapitre consiste seulement en cela : une pratique. Peut-être avez-vous réussi à opérer un changement cette fois-ci, ou peut-être n'avez-vous perçu presque aucune évolution. Quoi qu'il en soit, rien de ce que je propose dans ce texte n'est conçu comme une réparation rapide – de toute façon, je ne crois pas vraiment que cela existe.

Lorsque j'ai appris pour la première fois à faire ce genre de suggestions pour moi-même, je dois avouer que je manquais un peu de conviction. Je cherchais quelque chose qui produirait une différence magique, donc tout ce qui n'y ressemblait pas me semblait un échec. Cependant, le simple fait que vous choisissiez de faire une pause et d'agir est déjà très important. Parfois, ce type de procédé fonctionne à merveille, et grâce à cela nous nous sentons comme les maîtres de notre propre esprit. Mais d'autres fois… rien du tout. Dans ce dernier cas, il serait trop simple de décider que « cela ne marche pas » et de se renfermer dans la position (in)confortable de la Victime du Triangle du drame. Je vous en prie, ne faites pas cela. Vous avez déjà fait un tel chemin !

Cela dit, nous n'avons qu'effleuré les possibilités offertes par la fabrique de suggestions métaphoriques. Dans le chapitre suivant, nous allons nous pencher sur le récit, pour comprendre comment mettre en œuvre une image allégorique plus complexe, de manière à raconter à notre esprit de meilleures histoires.

10

Le récit

Raconter de meilleures histoires

Le club de boxe danois est situé dans une zone périurbaine tranquille entourée de terrains de basket-ball. La température est glaciale. Il est seize heures trente lorsque nous arrivons de l'aéroport. Sur ma peau, le froid produit l'effet d'une lame de rasoir aiguisée. Je m'enfonce encore un peu plus dans ma capuche et commence à sauter d'un pied sur l'autre pour tenter de me réchauffer.

Mon entraîneur souffle sur une tasse de café chaud, et ses lunettes se couvrent de vapeur. Je le regarde avec envie. Je n'ai rien mangé depuis la nuit dernière et même, alors, je n'ai pris que deux œufs durs et quelques dés de tomates. J'ai vraiment faim, mais cette faim n'est rien, comparée à ma soif. J'ai l'habitude des déshydratations pour les pesées, mais cette fois-ci elle a été extrême. Je n'ai pas bu une goutte d'eau en presque vingt-quatre heures.

Comme c'est souvent le cas pour les combats de l'Association de boxe amateur, la sélection a eu lieu dans des délais très courts. Lorsque mon coach m'a demandé si je voulais participer, je pesais environ cinq kilos de plus que ce que je devais peser, et j'avais moins de deux semaines pour les perdre. Cela aurait été relativement simple à faire avant que je tombe malade – j'aurais arrêté les glucides, fait une longue course chaque matin et je me serais un peu déshydratée pour la pesée. Mais mon corps n'a plus la volonté ou la capacité de devenir complètement fou pendant deux semaines. J'ai donc accepté ce combat en sachant que j'allais devoir ne pas boire pendant un jour entier pour m'approcher des soixante-sept kilos. Heureusement, je vais monter sur la balance dès ce soir, et non demain juste avant la compétition. Mais tandis qu'on poireaute devant le club, j'ai conscience que j'ai encore entre deux et trois kilos à perdre.

Finalement, notre hôte arrive. Après une petite plaisanterie amicale, mon entraîneur se tourne vers moi et me dit avec sérieux : « OK, allons-y et débarrassons-nous-en. »

Nous arrivons dans la salle, qui est miraculeusement vide, et je disparais derrière les armoires de rangement à l'arrière pour me changer. D'abord, je mets des collants thermiques et un haut à manches longues, puis un survêtement, un T-shirt, un pull, un sweat en plus, un bonnet et d'épaisses chaussettes en laine, et je commence enfin à m'échauffer.

Saut à la corde, course, encore du saut à la corde, de la boxe dans le vide, encore de la course... Maudit soit cet hiver danois glacial. Je m'entraîne depuis trente minutes et je ne pense pas avoir même commencé à transpirer. Encore du saut à la corde, de la course, de la boxe dans le vide...

Presque deux heures plus tard – et après quelques tentatives désespérantes sur les balances du club, suivies par le supplice d'enfiler à nouveau tous ces vêtements (maintenant imprégnés de sueur) pour poursuivre l'entraînement –, je parviens finalement à soixante-sept kilos. Soulagés, nous allons droit à l'hôtel où a lieu la pesée officielle. Je rencontre mon adversaire, mon poids est validé et je remonte dans ma chambre pour engloutir sans attendre une minute les liquides de réhydratation dont je rêve depuis que je me suis levée ce matin.

Même après avoir mangé et bu, je me sens assez mal, et maintenant que je ne peux plus m'occuper l'esprit avec l'objectif de parvenir au poids requis, mes pensées tournent autour du combat. Je suis nerveuse ; plus nerveuse que je le souhaiterais car mon adversaire est beaucoup plus expérimentée que moi et je viens déjà de passer mon corps à l'essoreuse. Mais ces pensées ne m'aident pas. Je dois rester concentrée sur le positif. Je me mets donc au lit, remonte la couette jusqu'au menton et décide de canaliser ma nervosité en élaborant une histoire métaphorique.

Je commence en me posant une question simple : « Qu'aimerais-je faire advenir ? »

Plus que toute autre chose, ce dont j'ai envie, c'est d'un sommeil réparateur et de me réveiller nette et fraîche. Oui, ces derniers mots résonnent en moi. Trop souvent, il m'est arrivé de mal dormir avant un combat du fait de mon agitation et de mon anxiété, et de me réveiller confuse, ralentie et léthargique. Je n'ai pas fait tout ce voyage pour revivre ça. J'ai besoin d'avoir une conversation avec mon inconscient à propos de ce « nette et fraîche ».

Quand je me pose la question : « Nette et fraîche comme... quoi ? » me vient l'image de l'océan vaste et bleu. Un poisson volant sort de l'eau, plein d'énergie, et, comme je m'autorise à me perdre dans ma scène imaginaire, je remarque des icebergs non loin, et des étoiles qui scintillent avec éclat dans le ciel nocturne.

Le poisson, me semble-t-il, tient le rôle principal dans ce petit récit. J'imagine la sensation de remonter à travers l'eau fraîche, et d'utiliser cette ascension pour rassembler la vitesse nécessaire à l'envol. J'aime ce contraste de l'eau et de l'air. Il me semble libérateur d'une certaine manière, comme une délivrance ou peut-être juste une nouvelle perspective. Pour me détourner des pensées liées au combat qui vont m'empêcher de m'endormir, je rejoue l'histoire quelques fois dans mon esprit, en prenant plaisir à la simplicité de la répétition. En peu de temps, mes paupières deviennent lourdes, et je me blottis plus profondément sous la couette pour un sommeil long et réparateur.

Enrouler les fils

Le récit est partout. Dans les livres, les films, à la télévision et à la radio, dans les chansons et les pièces de théâtre, nous lisons, regardons et écoutons des histoires. On nous vend des produits grâce aux histoires des publicités. Ces publicités ne nous disent pas seulement que tel jus de fruits est bon, elles nous vendent cette idée en nous racontant un petit bout de la vie de quelqu'un – une vie rendue meilleure par la présence dudit jus de fruits. Pourquoi ? Parce que l'histoire nous aide à apprendre.

L'art de mettre les métaphores en récit

Robert Sapolsky, professeur de biologie, de neurologie et de sciences neurologiques à l'université Stanford, suggère que le cerveau humain a acquis la capacité à penser par métaphores car il s'agissait d'un « raccourci nécessaire ». Dans un article intitulé « This is your brain on metaphor », Sapolsky encourage gentiment le lecteur à s'imaginer en train de « croquer un cafard qui se débat » (image pour laquelle nous le remercions tous chaleureusement). Les neurones d'une partie précise du cerveau qui produisent le dégoût gustatif vont s'agiter, exactement de la même manière que si nous avions imaginé goûter ou sentir de la nourriture avariée ou toute autre chose répugnante. C'est une réaction que notre cerveau produit pour nous empêcher de faire des choses comme manger des cafards. Bien.

Selon Sapolsky, la même zone du cerveau (le cortex insulaire) s'activera aussi si nous lisons dans le journal un récit sur quelque chose que nous considérons comme dégoûtant moralement – disons un massacre ou l'enlèvement d'un enfant. Nous sommes susceptibles de faire référence à un criminel en parlant d'une « ordure », d'une « pourriture » ou même d'une « lamentable vermine ». Nous faisons ces comparaisons de manière presque automatique car, en considérant un acte moralement écœurant, nous allons automatiquement stimuler les mêmes fonctions neurologiques qui nous rappellent à quel point nous ne voulons vraiment, vraiment pas croquer un cafard qui se débat. Sapolsky le formule en ces termes : « Lorsque nous avons développé notre capacité à être dégoûtés par des défaillances morales, nous n'avons pas développé de nouvelle région du cerveau pour s'en charger. Au lieu de cela, le cortex insulaire a étendu son répertoire. »

Mais l'effet de cette extension mentale dépasse de loin le seul déclenchement d'un sentiment désagréable. Nos émotions constituent le fondement de nos jugements et de notre comportement. Chose effrayante, une étude menée par l'université du Kansas a démontré que des personnes ayant lu deux articles, dont l'un parlait de la nation de façon métaphorique comme d'un organisme vivant (avec des phrases comme « Après la guerre civile, les États-Unis ont connu une poussée de croissance ») et l'autre de la dangerosité des bactéries dans l'air ambiant, auraient un avis plus négatif sur l'immigration après leur lecture que des personnes qui n'auraient lu que le premier article. Le recoupement métaphorique s'est insinué en eux en provoquant la peur ; il les a encouragés à craindre l'immigration de la même manière qu'une infection.

Nos monstres sont également capables d'utiliser la métaphore pour nous maintenir dans un état de protection. À un moment donné, ils peuvent adjoindre à la plus anodine des informations une métaphore choisie parmi les nombreuses dont il dispose, pour rendre cette information menaçante. Quoi qu'il en soit, ce qui est beau dans cette notion de récit, c'est que nos monstres eux aussi écoutent les histoires. L'exercice proposé dans ce chapitre va vous permettre d'écrire une histoire qui pourra apprendre à votre esprit comment résoudre un conflit inconscient et renforcer les éléments désirés et positifs.

Utiliser la métaphore pour résoudre des problèmes

Alors qu'en Essex mon rêve éveillé sur la lionne m'avait aidée à dépasser le « Je ne peux pas » qui me freinait, au Danemark le récit du poisson volant s'est glissé dans mon inconscient et a dénoué certaines de mes peurs. J'étais allongée sur mon lit dans ma chambre d'hôtel et je pensais au combat à venir ; j'ai souri en réalisant que j'utilisais la métaphore du « poisson hors de l'eau » en y pensant. Cela faisait sens. Se mettre en danger volontairement n'est pas une démarche naturelle et, par le passé, ma peur m'avait souvent mise en difficulté. J'ai interprété mon histoire métaphorique ce soir-là en me disant que j'étais en train d'accepter cela pour moi-même : « Oui, je fais quelque chose que mon instinct m'inviterait plutôt à ne pas faire. Mais cela ne veut pas dire que je ne peux pas en faire quelque chose de beau. »

J'ai gagné, le lendemain. En fait, je pense que ce combat a été une de mes meilleures performances. Mon adversaire avait peut-être quarante ou cinquante fois plus de combats que moi à son actif, mais malgré cela j'ai choisi de prendre le contrôle dès le début de chaque round en attaquant vite et en bougeant sans attendre d'être frappée en retour. Je savais que j'allais vivre un beau combat avant même qu'il commence. Je me souviens clairement de ce que je ressentais en frappant le sac pendant l'échauffement. J'étais vive, puissante et précise, et cette sensation a perduré quand je suis montée sur le ring. Vous pensez peut-être que je le devais à une bonne nuit de sommeil, mais je crois que ce n'était pas seulement cela.

Déverrouiller des forces cachées

En nous accordant un peu de temps pour penser de manière créative à ce que nous souhaitons de bien pour nous-mêmes, ou aux progrès que nous souhaitons faire, nous allons mieux comprendre ce qui sera nécessaire pour y parvenir. C'est ce sur quoi débouche la conversation entre le conscient et l'inconscient pour résoudre un problème. Pendant que nous parlons métaphoriquement de ce vers quoi nous voulons aller – disons la confiance nécessaire pour parler à quelqu'un, ou la motivation pour sortir courir le matin –, l'inconscient explore la vaste structure de racines qui s'étendent sous la surface et qui fournissent l'eau, les nutriments et la stabilité à ce que l'on souhaite nourrir. De plus, puisque nous n'avons pas besoin de penser directement au but, nous pouvons plus aisément éviter le piège des mirages.

J'utilise souvent des métaphores avec les personnes que j'entraîne à boxer. Il n'y a peut-être pas de meilleure situation qu'une séance d'entraînement épuisante pour démontrer combien les gens réagissent plus simplement aux images qu'ils ne le font aux argumentations logiques et techniques. Mon client le plus fidèle à ce jour – un banquier que j'entraîne depuis plus de dix ans – dispose de tout un répertoire de commandes symboliques auxquelles il réagit presque instantanément. Il n'a pas besoin de s'asseoir et d'y penser sérieusement ; ce sont simplement des images qu'il a mobilisées pendant nos conversations au cours des entraînements. Cela peut sembler ridicule qu'un coach crie à un adulte qui échange des coups avec un autre : « Flamenco ! » (des coups plus vifs), ou : « Cube d'acier ! » (surveille ta garde). Mais cela fonctionne.

La diversité

Dans ma pratique, au fil des années, j'ai vu mes patients développer des paysages métaphoriques incroyablement variés, et je crois pouvoir affirmer qu'il n'y en a jamais deux identiques (ni même similaires). L'un a imaginé une montre de poche artisanale pour réguler son rythme, un autre un cerveau holographique traversé d'impulsions électriques multicolores pour aiguiser sa réflexion. J'ai pris énormément de plaisir à entendre parler d'un robot aux yeux laser capables de se concentrer exclusivement sur l'exercice à faire, ou de bulles de lumière magiques qui dévient les conflits tout en laissant filtrer l'amour et le sens…

Tout le monde ne pourra pas immédiatement déambuler dans des paysages imaginaires si riches. Mais les possibilités sont vraiment surprenantes lorsqu'on a la liberté et l'espace pour être créatif. Même les patients qui paraissent les plus terre à terre et les plus directs – des P-DG de grandes entreprises, des athlètes de haut niveau qui ressemblent à des hommes d'affaires – parviennent à se promener dans des mondes imaginaires presque enfantins sortis de leur esprit inventif. Plus encore, j'ai remarqué que ceux-là ont précisément tendance à opérer des changements plus rapides lorsque cela fonctionne.

Difficulté, ma vieille amie

> *La difficulté est le fil rouge épais qui relie les extravagances des jeux imaginaires, des fictions et des rêves, et elle fournit un indice possible quant à la fonction qu'ils partagent : nous donner la possibilité de nous exercer aux grands dilemmes de la vie humaine.*
>
> Jonathan GOTTSCHALL,
> *The Storytelling Animal*

Dans *The Storytelling Animal*, Jonathan Gottschall se penche sur l'histoire et l'évolution de la fonction du récit. Il fait l'hypothèse que les histoires constituent la colonne vertébrale de ce qui fait l'humanité, en parlant de notre « niche évolutionniste ». À première vue, la force du lien entre l'espèce humaine et les histoires suggère que la fonction de la fiction est de proposer une forme d'évasion. Mais, comme le dit Gottschall, « si la fiction est une évasion, elle est une évasion étrange. Nos mondes fictionnels sont, dans l'ensemble, un peu comme des horoscopes [...]. Nous sommes attirés par la fiction car elle nous donne du plaisir. Mais la majorité de ce qui se trouve dans la fiction est profondément déplaisant : menaces, mort, désespoir, angoisse, passions ».

Cela paraît logique. Observez des enfants en train de jouer, plongés dans leurs mondes fictionnels, et vous les verrez aux prises avec des forces obscures : des dragons, des extraterrestres, des méchants et, bien sûr, des monstres. La répétition de conflits effrayants semble être le moyen par lequel les enfants se préparent à naviguer sur les eaux inévitablement agitées de la vie réelle, et cela ne s'arrête pas lorsqu'on grandit. Il suffit de voir quelques films ou un épisode d'une série pour réaliser que la difficulté joue presque toujours le rôle principal dans les histoires d'adultes également.

Gottschall avance l'argument selon lequel « l'esprit humain a été formé *pour* les histoires, de sorte qu'il puisse être informé *par* elles ». Nous apprenons à agir comme des humains, à préserver les valeurs humaines, à résoudre des problèmes humains, et à apprécier la vie humaine en grande partie grâce au récit (sous ses diverses formes). Nos neurones miroirs nous permettent de modéliser les comportements, les émotions et autres expériences du protagoniste d'une histoire. Ensuite, le cerveau se rebranche comme si nous-mêmes avions participé au même voyage et résolu les mêmes problèmes.

C'est également vrai des histoires métaphoriques que nous écrivons pour nous-mêmes ; nous recréons mentalement le parcours effectué par les symboles principaux, qu'ils soient animaux, minéraux ou végétaux. Lorsque j'ai imaginé mon poisson monter en flèche, sans effort, jusqu'à l'air frais, cela a permis à mon esprit de changer physiquement pour incorporer le projet allégorique qui me ferait prendre mon propre envol.

Cela signifie que pour qu'une métaphore nous aide à dépasser un problème, certains obstacles feront souvent partie de l'histoire. Lorsque je travaille avec mes patients, la « difficulté » (c'est-à-dire la résistance inconsciente) surgit parfois comme un problème important et épineux que nous passons beaucoup de temps à démêler, et parfois comme une chose ténue qui paraît se résoudre d'elle-même assez naturellement quand le récit se déploie. Dans les deux cas, quel que soit le moment ou la manière, notre vieille amie la difficulté est toujours la bienvenue à la fête.

Une présentation « fluide et fraîche »

Il y a quelques années, j'ai mené un atelier dans une entreprise sur l'utilisation de la métaphore. Au début, le sujet a été accueilli (sans surprise) avec une certaine résistance. L'équipe venait de terminer une longue série de modules très techniques et aurait probablement préféré aller prendre un verre plutôt que d'avoir à écouter l'exposé un peu littéraire typique d'une thérapeute sur la résolution créative de leurs problèmes. Mais, bon, j'étais là, et je n'allais pas laisser quelques haussements de sourcils ternir mon enthousiasme. Quelques années auparavant, j'aurais moi-même perçu le sujet avec un scepticisme identique, donc je savais exactement ce qu'ils en pensaient.

Le but de l'atelier était d'apprendre aux participants à s'entraîner les uns les autres pour atteindre un état émotionnel propre au travail : pour une présentation, par exemple, ou pour certaines tâches difficiles. Une femme (appelons-la Janet) cherchait à être dans un état mental « fluide et frais » pour ses présentations en public. Elle pensait clairement que l'atelier était difficile et un peu ridicule. Elle s'est assise, les bras fermement croisés sur sa poitrine, et a regardé ses genoux lorsque sa collègue lui a posé les questions que j'avais élaborées, en commençant par celle destinée à susciter une métaphore : « Fluide et frais comme… quoi ? »

« Je ne comprends pas l'idée ! a-t-elle dit. Que voulez-vous dire par cette question ? Je veux simplement me sentir calme quand je parle devant beaucoup de monde, plutôt que nerveuse et crispée… comme maintenant. »

Une des choses les plus fascinantes dans le fait de travailler avec des métaphores est que l'on peut voir l'histoire résoudre le problème en temps réel. Il est normal (en fait, c'est même très utile) que les patients se retrouvent dans leur « état problématique » au cours du processus. Cela signifie qu'ils enregistrent et apprennent, ici et maintenant, de manière à la fois pratique et allégorique, le changement qu'ils sont en train d'effectuer. Il est alors plus facile pour l'esprit conscient de reconnaître ce changement en cours et de l'identifier.

La collègue de Janet a continué courageusement à lui poser les questions, en prenant soin de se concentrer sur les descriptions positives employées par Janet (« fluide » et « frais »). Finalement, Janet a dit : « Je ne sais pas. Peut-être fluide et frais comme un lac. Peut-être. » Elle était loin d'être convertie, mais au moins elle jouait le jeu.

Alors que le binôme poursuivait le processus, le lac s'est révélé être dans les Alpes. Il était entouré de montagnes enneigées et du vert intense des sapins environnants. Le ciel était d'un bleu éclatant, et son immensité se reflétait sur la surface de l'eau. Mais... il y avait un problème. À un moment donné, une silhouette est apparue dans la métaphore de Janet, prête à nager dans l'eau bleue jusqu'alors paisible. Elle était en maillot de bain et allait plonger, mais lorsqu'elle a trempé un orteil, elle s'est reculée, horrifiée. Le lac était *trop* frais. Nager dedans n'aurait jamais procuré aucun calme. En un instant, la frustration de Janet a refait surface et elle a de nouveau fermé la porte. « Cela ne fonctionne pas pour moi ! »

Réagissant à cette résistance, la collègue de Janet lui a posé les deux questions les plus importantes pour résoudre un problème au sein d'une scène métaphorique. D'abord, elle lui a demandé : « Que voudriez-vous qu'il se passe ? », ce à quoi Janet a répondu : « Je veux seulement pouvoir profiter du lac. » Ensuite, elle lui a posé la question des conditions nécessaires : « Que doit-il se passer pour que vous profitiez du lac ? »

J'ai observé Janet pendant un moment, alors qu'elle commençait à proposer quelques idées pour résoudre son problème métaphorique : peut-être la personne avait-elle besoin d'une combinaison ? Peut-être fallait-il que ce soit l'été ? Janet était revenue dans le jeu.

Satisfaite que ces deux-là soient sur la bonne voie pour une résolution, je me suis dirigée vers un autre binôme au sein du groupe, qui était en train de discuter d'un certain tir de roquette (honnêtement, ce fut une magnifique journée). Lorsque je suis revenue dix minutes plus tard, Janet et sa collègue étaient en grande conversation. Le lac alpin avait gelé et la nageuse était devenue une patineuse. Elle faisait des pirouettes et des triples saltos – elle les faisait magnifiquement, avec pile la bonne interruption du son des patins sur la glace quand ils décollent.

Tout avait changé dans le comportement de Janet. Elle se tenait droite, dans une attitude ouverte, ses mains et ses bras en mouvement venaient appuyer ses descriptions, et elle parlait calmement, avec éloquence. Plus encore, sa collègue paraissait complètement subjuguée par l'histoire, elle hochait la tête et approuvait tandis que Janet décrivait le talent de sa patineuse. Janet avait adopté la grâce, la posture et la fluidité d'une athlète de haut niveau en train de pratiquer en beauté sa discipline. On peut dire aussi qu'elle était en train de faire une brillante présentation.

C'est ce que peut produire le pouvoir de la métaphore. Nous ne nous contentons pas de voir surgir une belle idée, nous *devenons* cette idée alors qu'elle se développe. Janet n'avait pas seulement réussi à accéder à l'état émotionnel qu'elle désirait avoir pour sa présentation – elle avait construit quelque chose de plus. Peut-être savait-elle, lorsqu'elle avait dit « fluide et fraîche », qu'elle voulait également être « excitante et captivante », ou peut-être pas. Dans les deux cas, il est clair qu'elle avait trouvé son style, et qu'il lui allait parfaitement.

Le lendemain, j'ai reçu un mail du coordinateur du groupe. Quelques personnes lui avaient dit le matin même qu'elles parvenaient déjà à accéder aux états souhaités grâce à leurs métaphores. Je ne sais pas si Janet était l'une d'entre elles, mais je l'espère sincèrement.

Passons à l'exercice pour voir ce que votre esprit peut trouver.

Exercice : Raconter sa propre histoire

Avant de commencer, vous allez choisir un sujet. Que souhaiteriez-vous le plus améliorer ou accomplir grâce à cet exercice ?

Je vous suggère de vous concentrer sur quelque chose de relativement simple. Vous pourriez tout à fait travailler sur une attaque de panique qui aurait vraiment quelque chose à voir avec de l'autosabotage, ou à une compulsion alimentaire, mais il serait peut-être préférable de garder ces questions pour le processus du souvenir développé dans la deuxième moitié de cette troisième partie. Peut-être pourriez-vous penser à un état psychologique qui vous aiderait aussi à résoudre ces problèmes majeurs : une certaine confiance, de la concentration pour lire ou étudier, plus d'enthousiasme au travail, une impression de connexion avec les autres lorsque vous leur parlez. Ou bien, dans une autre perspective, vous pourriez également penser à un aspect physique que vous aimeriez améliorer : une technique sportive, une meilleure posture dans certaines situations ou une voix plus claire pour vos présentations. Sinon, comme beaucoup le font, vous pouvez utiliser ce processus pour trouver le calme, un état simple mais pourtant souvent recherché.

Si vous êtes coincé, voici une question pour vous aider à trouver une idée :

▶ *S'il y avait quelque chose que vous aimeriez être capable de faire différemment pour vous sentir plus productif, plus confiant ou plus heureux, qu'est-ce que ce serait ?*

Pendant que vous réfléchissez, voici quelques points que vous devrez avoir en tête. D'abord, l'inquiétude la plus répandue au sujet du processus que je décris est de ne pas être assez créatif. Mais vous n'avez pas besoin d'écrire des poèmes ou de peindre pour que cette technique vous soit utile. Il est vrai que certains ont plus de facilité que d'autres à utiliser la « pensée détournée ». Bien que je sois moi-même obstinée et terre à terre, j'ai appris à travailler avec les métaphores en pratiquant des exercices comme celui-ci. Je suis sûre que votre inconscient trouvera de merveilleuses idées pour vous si vous parvenez à vous détendre.

Vous devriez aussi garder à l'esprit que le travail avec les métaphores peut parfois vous emmener au cœur de votre état émotionnel problématique avant que vous ne trouviez le moyen d'en sortir. Il peut arriver, comme ce fut le cas pour Janet, que mes patients commencent à se sentir un peu anxieux ou frustrés en développant leur récit. Cela est dû au fait que travailler avec des métaphores pour résoudre un problème déclenche des résistances. Rappelez-vous que l'inconscient ne veut pas résoudre le problème car il le voit comme une solution. Il peut créer des pensées limitatives et faire en sorte que ces histoires négatives paraissent vraies. Donc si vous vous sentez incapable, en colère ou si vous ressentez toutes sortes de sentiments de type « pas assez » alors que vous construisez votre histoire, je vous en prie, restez concentré sur l'exercice, car cette émotion peut constituer une partie très importante du processus.

Maintenant, si vous avez pensé à un but, à un état psychologique ou à tout autre élément que vous voudriez améliorer, commençons.

ÉTAPE 1 : EXPLOREZ VOTRE CHOIX

Vous allez créer une description plus détaillée de votre but. Elle n'a pas besoin d'être métaphorique. Quel que soit ce but, il est essentiel de vous assurer que tout est formulé de manière positive et non pas négative, car créer une métaphore à propos de quelque chose que vous ne désirez pas faire ou ressentir encouragerait votre esprit à faire ou à ressentir cette chose.

Par exemple, disons que votre but est d'utiliser un langage du corps plus positif lorsque vous parlez à des personnes que vous considérez comme des figures d'autorité. Dans ce cas, plutôt que de dire : « Je *ne voudrais pas* me ratatiner lorsque je m'adresse à mon patron », il vous faudra essayer d'élaborer une solution positive à ce problème. À quoi ressemblerait la situation, quel son aurait-elle, quel sentiment susciterait-elle si ce problème d'affaissement corporel n'existait pas ? Votre réponse ressemblera plutôt à quelque chose de ce type :

▶ *« Je serais capable de me tenir droit, les épaules en arrière et le menton relevé lorsque je m'adresse à mon patron. Je respirerais plus facilement, je parlerais de manière plus claire et calme, et cette façon de me comporter inspirerait plus de confiance dans mon travail. »*

Prenez un moment pour repenser à votre description. Laissez simplement les mots sortir sans être dans l'autocritique. Plus vous serez attentif aux détails, mieux ce sera.

Avant de poursuivre, prenez un moment pour observer ce que vous avez écrit et relevez les mots les plus importants. Dans l'exemple que je viens de citer, je sélectionnerais par exemple « me tenir droit », « menton relevé », « respirer plus facilement », « parler de manière claire et calme » et peut-être « inspirer ».

Il nous faut une bonne sélection de mots descriptifs parmi lesquels nous devrons choisir lors de la prochaine étape, de manière à pouvoir développer votre idée initiale (surtout si elle est plutôt terre à terre), donc essayez de poser la question suivante à tout mot important :

- *« Quelle sorte de... ? »*

Exemple :

« Quelle sorte de *droit* ? »

« Un *droit* qui serait fort, grand et assuré. Ou un *droit* qui serait fier et autoritaire... »

Nous avons maintenant à notre disposition d'autant plus de mots à ajouter à notre liste : « fort », « grand », « assuré », « fier » et « autoritaire ».

ÉTAPE 2 : DÉVELOPPEZ VOTRE MÉTAPHORE

Ensuite, vous allez sélectionner un mot ou une phrase à utiliser comme point de départ de votre histoire. Peut-être y a-t-il déjà certaines métaphores dans votre description. Peut-être avez-vous parlé du désir de « fluidité » dans votre travail ou de « zoom » sur la tâche à accomplir. Peut-être avez-vous mentionné l'idée de parler plus « librement » ou d'avoir un esprit plus « puissant » lorsque vous donnez votre opinion. Chacun de ces mots pourrait présenter une belle opportunité. Toutefois, si vous ne trouvez pas de métaphore toute faite, vous pouvez simplement choisir un mot descriptif. Par exemple, parmi les options ci-dessus, je pourrais me concentrer sur « me tenir *droit* » car cela me paraît résumer l'enjeu principal.

Notez bien que votre choix peut se porter sur votre but initial. Si votre but était de parvenir à un état de calme, par exemple, alors vous pourriez facilement utiliser le mot « calme » pour cette étape.

Décidez du mot ou de la phrase la plus adéquate à utiliser comme point de départ de votre histoire. Ensuite, pour susciter l'émergence d'une métaphore dans votre esprit, prenez le mot ou la phrase sélectionnée (appelons-les « X ») et posez-vous la question suivante :

► *« X comme quoi ?* »*

* La structure de cette question et de certaines autres que je mentionnerai dans ce chapitre a été empruntée à une série de questions de coaching élaborées par le psychothérapeute David Grove. Grove a créé l'approche Clean Language™ (littéralement « langage propre ») pour aider les conseillers et les thérapeutes à travailler avec le langage métaphorique de leurs patients sans contaminer l'image qui en résulte avec leurs propres associations.

EXEMPLE :

Se tenir *droit*.
Droit comme quoi ?
Droit comme un séquoia géant.

Observez cette question pendant un moment et voyez ce qui vous vient à l'esprit. Vous n'avez pas besoin de critiquer votre réponse ; faites simplement confiance à l'équipage et faites avec ce qui surgit, quel qu'il soit. Si rien ne vous vient, choisissez un point de départ différent.

Par écrit : Rédigez votre réponse.

ÉTAPE 3 : DÉVELOPPEZ VOTRE SCÈNE MÉTAPHORIQUE

Ensuite, vous allez développer votre métaphore en détaillant la scène dans laquelle votre symbole prend place (par exemple, le séquoia). Cette étape va apporter de la vie à votre idée, de manière à ce qu'elle devienne plus détaillée et plus réelle dans votre esprit. Avant de commencer à écrire ou à visualiser, examinez les questions suivantes :

Questions pour développer votre scène métaphorique :

- Où imaginez-vous votre symbole primaire (le protagoniste de l'histoire) ?
- Dans quel type d'environnement se trouve-t-il ?
- Que voyez-vous d'autre dans la scène ?
- Comment interagit-il avec ces autres choses ?
- Quels types d'attributs votre symbole possède-t-il ?
- Quels sont les éléments visuels remarquables de la scène ?
- Quels types de sons vous parviennent-ils avec cette scène (que ce soient ceux produits par votre symbole ou les sons produits par les choses qui l'entourent) ?
- Quelle autre sorte d'information sensorielle la scène vous évoque-t-elle ? (Y a-t-il quelque chose à sentir, à goûter ou à ressentir dans cette scène ?)

EXEMPLE :

« Le séquoia est grand et solide. Il pousse dans une forêt canadienne, mais il est plus grand que les autres arbres qui l'entourent. Son écorce est d'un beau rouge profond et elle est très épaisse et robuste. Des centaines d'espèces d'oiseaux, d'insectes et d'autres animaux font de cet arbre leur maison, et ils vivent en harmonie tous ensemble. Sur la cime de cet arbre, les branches plus fines permettent aux feuilles de se balancer paisiblement dans le vent, ce qui produit un bruit doux et relaxant. L'arbre s'élève si haut que la vue depuis sa cime s'étend sur des kilomètres et des kilomètres... »

Prenez un moment pour développer cette scène. Vous n'avez pas encore besoin de penser à ce qu'elle pourrait signifier. Absorbez-vous simplement dans l'image et laissez-la prendre vie.

Par écrit : Écrivez de manière fluide et expressive ce qui vous vient à l'esprit à propos de cette scène.

ÉTAPE 4 : UN DÉBUT, UN MILIEU ET UNE FIN

Pour que cette histoire soit réelle, elle doit avoir une durée. Donc, pour donner à votre récit un début, un milieu et une fin, répondez aux questions suivantes (entre les crochets, insérez une brève description de votre symbole et de la manière dont vous souhaitez qu'il se comporte) :

Que se passe-t-il avant [X] ?
Que se passe-t-il après [X] ?

EXEMPLE :

Que se passe-t-il avant que le séquoia s'élève très haut ?

« Avant que le séquoia s'élève très haut, comme tous les autres arbres, il était un jeune arbre et il a dû pousser. Lorsqu'il était petit, la forêt lui a donné abri et protection. »

Que se passe-t-il après que le séquoia s'est élevé très haut ?

« Une fois que le séquoia est assez grand pour s'élever plus haut que les arbres autour de lui, il peut voir par-delà les autres arbres. Il participe aussi de cette canopée protectrice qui fournit un abri aux nouveaux jeunes arbres à son pied. »

Explorez votre récit un moment, en prenant en compte tout ce qui vous vient à l'esprit (même si vous avez l'impression que cela pourrait emmener votre histoire vers un endroit inattendu).

Par écrit : Écrivez de manière fluide et expressive le début et la fin de votre histoire.

ÉTAPE 5 : VÉRIFICATION

Pour cette étape, je voudrais que vous imaginiez avoir un écran de cinéma dans votre esprit. Ensuite, dans un moment, j'aimerais que vous jouiez l'histoire du début jusqu'à la fin en ayant deux objectifs en tête :

1. Observez ce que le récit entier vous fait ressentir.
2. Prêtez attention à toute image ou idée inconsciemment générée qui surviendrait en plus de ce que vous avez déjà imaginé.

Prenez un moment pour cela avant de poursuivre votre lecture. Une fois que vous avez visionné l'histoire entière, ouvrez les yeux et répondez aux questions suivantes :

► *Quelque chose d'autre doit-il se passer pour que votre histoire paraisse complète ?*

Si oui, ajoutez-le.

► *Est-ce que tout dans votre histoire vous semble convenir ?*

Si oui, c'est parfait. Vous pouvez aller directement à la section intitulée « Cartographier le retour au réel », à la page 398. Si ce n'est pas le cas, répondez à la question suivante :

▶ *Qu'est-ce qui vous a empêché de trouver votre histoire adaptée ou de la visionner entièrement ?*

Si vous avez rencontré un problème, alors vous avez rencontré notre amie la difficulté. Prenez un moment pour vous décrire intérieurement l'obstacle rencontré.

Exemple :

Difficulté : « Lorsque j'essaie d'imaginer le séquoia grandir, depuis le très jeune arbre jusqu'à sa taille finale, cela me semble trop serré et trop intimidant, comme si les arbres déjà présents autour de lui l'empêchaient de s'élever autant qu'il le souhaiterait. »

Par écrit : Faites une note écrite sur les obstacles qui ont surgi dans votre histoire.

ÉTAPE 6 : SAVOIR UTILISER LA DIFFICULTÉ

Si vous avez rencontré la difficulté, alors le travail éditorial et créatif que vous faites en ce moment pour résoudre votre problème pourrait bien être la partie la plus importante du processus. C'est la manière dont vous allez savoir converser avec votre inconscient qui va vous permettre de trouver la solution au problème de la vie réelle. Vous allez devoir vous poser les mêmes questions que celles posées à Janet par sa collègue pour l'aider à faire évoluer sa figure de nageuse en une figure de patineuse.

Les voici :

- ▶ *(Vérification de l'intention) Lorsque vous observez l'obstacle, que souhaiteriez-vous qu'il se passe ?*
(Vérification des ressources) Que doit-il se passer pour que cela ait lieu ?

EXEMPLE :

Lorsque vous observez que le jeune arbre se sent trop à l'étroit pour pousser et s'élever haut, que souhaiteriez-vous qu'il se passe ?

« Je voudrais que le séquoia soit capable de trouver sa place parmi les autres arbres. »

Que doit-il se passer pour que le séquoia trouve sa place parmi les autres arbres ?

« Le jeune arbre a besoin de prendre racine progressivement, de manière à pouvoir devenir plus fort en grandissant. Lorsqu'il se fera assez confiance pour trouver sa propre place, il pourra se frayer un passage dans la canopée. S'il le fait doucement et naturellement, les autres arbres dans la forêt s'adapteront et l'accueilleront chaleureusement. »

Lorsque vous avez trouvé une éventuelle solution, posez-vous la question :

- ▶ *Cela peut-il se passer ?*

Si la réponse est « oui », vous avez su utiliser notre vieille amie la difficulté. Bien joué.

Si la réponse est « non », vous avez besoin de faire encore un peu de travail éditorial. Pensez à ce qui doit se passer pour que la solution fonctionne (par exemple : « Que doit-il se passer pour que le jeune arbre prenne progressivement racine et devienne plus fort en grandissant ? »). Si vous ne parvenez pas à trouver un moyen pour faire fonctionner votre solution initiale, envisagez une autre solution. Il y a toujours des options, et plus vous serez créatif, plus votre inconscient fera de nouvelles connexions – et c'est une bonne chose.

Continuez à réécrire et à enrichir votre histoire jusqu'à ce qu'elle suscite un sentiment positif, stimulant et en accord avec ce que vous souhaitiez. Terminez avec cette question : « Cela peut-il se passer ? » Lorsque vous répondez « oui » à cette question, vous avez terminé l'exercice.

Par écrit : Si vous voulez tirer le maximum de votre histoire, prenez un peu de temps pour l'écrire en entier. Vous pourriez même envisager d'en faire un scénario dessiné.

Cartographier le retour au réel

Vous n'avez pas vraiment besoin de savoir ce que signifie votre métaphore pour qu'elle soit efficace (nous ne pouvons jamais comprendre toute l'étendue des significations implicites). Toutefois, je crois que plus nous informons le capitaine, mieux c'est. Rechercher la signification des différents symboles dans votre histoire peut mettre en lumière les actions pratiques susceptibles de vous amener plus facilement et plus rapidement vers votre objectif.

Lorsque j'ai imaginé la scène de l'océan avec les icebergs au Danemark, au début le poisson se débattait pour accumuler assez de vitesse et de puissance pour s'envoler. C'était ma difficulté, et je suis presque certaine que cela représentait mon manque de confiance dans mes propres niveaux d'énergie après une perte de poids aussi épuisante. J'ai travaillé ce problème dans l'histoire en autorisant le poisson à commencer son ascension depuis une position plus profonde. En faisant cela, le début de l'histoire était plus agréable car il y avait plus de choses à voir sous l'eau, mais le poisson devait commencer doucement et augmenter sa vitesse très progressivement pour sauter aussi haut que je le souhaitais lorsqu'il atteignait la surface.

J'ai utilisé cette partie de l'histoire comme un programme pour mon échauffement le lendemain. J'ai commencé à me préparer très tôt, pour me sentir en contrôle ; mais j'ai fait en sorte de rester détendue aussi longtemps que possible avant d'intensifier l'énergie juste avant le combat. Grâce à cette approche, j'ai non seulement bénéficié d'une formidable sensation en frappant les protections avec une précision aiguisée, mais je me suis aussi amusée tout au long de la journée avant la rencontre. J'ai discuté avec mon entraîneur et d'autres boxeurs, et j'ai rencontré des personnes très intéressantes dans le public – tout cela parce que je m'étais donné la possibilité de nager tout doucement avant d'avoir vraiment besoin de m'envoler.

Pensez pendant un moment aux différents éléments que votre histoire pourrait représenter. Comment pourriez-vous mettre ces idées en action dans votre vie ?

Garder l'histoire vivante

Développer votre histoire a peut-être débloqué des ressources ou des points de vue inconscients jusqu'alors inaccessibles (il pourrait être drôle de guetter dans les jours qui viennent de possibles signes de changement positif). Que cela ait lieu ou non, votre histoire peut être utilisée pour que votre esprit continue à être concentré sur la solution plutôt que sur le problème.

La rendre efficace pour vous

Pour garder votre métaphore à l'esprit dans les jours et les semaines à venir, vous pouvez envisager de l'écrire sur un papier sur lequel vous poserez régulièrement les yeux. Votre métaphore condense une quantité potentiellement très grande d'informations implicites en une seule image, un seul son, une seule scène ou séquence vidéo, facilement mémorisable. Chaque fois que vous convoquerez cette image, votre cerveau appuiera sur le chemin synaptique associé au changement positif que vous allez mettre en place. Avec le temps, même sans avoir à opérer de changements dans la vie réelle, votre esprit commencera à avoir l'impression d'avoir vécu cette histoire plusieurs fois.

Si votre métaphore s'avère particulièrement utile dans un environnement spécifique, trouvez un moyen pour vous souvenir de vous remettre cette image à l'esprit juste avant d'entrer dans ce type de situation. Par exemple, si le séquoia était votre métaphore, et que vous avez un entretien avec votre patron demain, vous pourriez mettre une alerte sur votre téléphone pour penser à imaginer le séquoia qui s'élève très haut et existe naturellement avec les autres arbres. Il suffit que vous vous concentriez sur l'image pendant quelques secondes avant d'entrer dans la salle où a lieu l'entretien pour créer une suggestion positive dans votre esprit inconscient.

Vous pouvez également réfléchir aux exercices suivants :

- Dessiner des caractéristiques du paysage métaphorique pour développer encore davantage les idées et mieux les « imprimer » dans votre circuit neuronal.
- Rédiger une note concernant les idées particulièrement stimulantes que vous avez glanées.
- Garder un pense-bête des mots et phrases clés sur l'écran de veille de votre ordinateur ou de votre téléphone.
- Parler de votre histoire métaphorique à un ami (cela va la rendre plus facile à mémoriser).

Nous avons encore une chose à faire ensemble avant de passer à la suite. J'ai gardé le meilleur pour la fin.

Des angles différents

De retour dans ma chambre d'hôtel avant mon combat au Danemark, j'ai senti qu'avoir résolu la difficulté et laissé ce poisson volant faire ce qu'il avait à faire avait procuré une bonne diversion à mon esprit. Mais je n'avais pas tout à fait fini. Je voulais en savoir plus sur la métaphore. J'ai donc décidé de jouer à l'un de mes jeux favoris : le changement de point de vue.

C'est un outil qui peut être utilisé dans presque toutes les situations, métaphoriques ou non. Cela requiert seulement de prendre un moment pour regarder quelqu'un ou quelque chose dans les yeux, autre que vous-même. Cela peut être utile, en cas de conflit par exemple, pour se mettre à la place de l'autre et voir les choses de son point de vue. Cela paraît évident, mais si vous prenez le temps de réellement déclencher ce processus – en imaginant littéralement être cette autre personne : se tenir comme elle se tiendrait, utiliser les expressions de son visage et vous voir à travers ses yeux –, les renseignements que vous pourrez récolter vous surprendront certainement.

Lorsque nous travaillons avec une histoire métaphorique, le processus est toutefois plus abstrait. Ce que l'on doit faire pour avoir un point de vue plus général sur l'histoire est d'entrer dans les différents symboles pour observer la scène avec leurs « yeux ».

Au Danemark, j'ai essayé d'imaginer que j'étais l'océan. J'ai regardé les icebergs, les étoiles et le poisson depuis cette position. L'océan donnait l'impression d'être en symbiose avec les étoiles et le ciel, et il semblait protecteur à l'égard du poisson. Il en prenait soin et lui offrait un sanctuaire.

Ensuite, je me suis imaginé être le poisson. Du point de vue du poisson, le ciel paraissait formidablement excitant, rempli de possibilités. Le petit poisson se sentait en sécurité dans l'eau, mais il adorait s'élever puissamment vers les étoiles qu'il voyait dans la nuit noire.

Finalement, je me suis mise dans la position des étoiles et j'ai vécu une expérience assez extraordinaire. Le poisson paraissait incroyablement petit dans cet océan bleu et massif, et il devenait de plus en plus petit, comme si je faisais un zoom arrière. En un éclair, j'ai vu non seulement mon petit poisson volant, mais aussi l'océan tout petit sur une petite planète qui semblait une petite tache sur le fond infini de l'immense univers.

Tout cela peut sembler étrange, mais l'insignifiance de ma personne et de mon petit combat m'a énormément réconfortée cette nuit-là. Je me suis endormie en ayant deux idées en tête concernant la compétition du lendemain :

1. Il est excitant de chercher à atteindre les étoiles. Je le fais parce que j'aime cela.
2. La compétition n'a de sens que pour elle-même.

EXERCICE : Avoir accès à l'ensemble de la situation

Revenons une fois de plus à votre récit. Pour voir cette scène à travers les « yeux » des différents éléments de l'histoire, commencez par faire la liste de tous les symboles (par exemple : le poisson, l'océan, les icebergs, les étoiles). Ensuite, mettez-vous dans la position de chacun d'eux, l'un après l'autre, et posez-vous la question suivante à propos des autres symboles :

« Depuis cette position, comment est-ce que je perçois [l'autre symbole] ? »

EXEMPLE 1 (du point de vue du poisson)

Question : « Depuis cette position, comment est-ce que je perçois les icebergs ? »

Réponse : « Ils semblent grands, calmes, immobiles et solides. Je sais que je peux compter sur le fait qu'ils sont là. »

Exemple 2 (du point de vue d'un autre séquoia)

Question : « Depuis cette position, comment est-ce que je perçois l'arbre central dans l'histoire ? »

Réponse : « C'est un arbre, tout comme moi. Je prends plaisir à le voir s'élever si haut. »

En pratique, je trouve que ce changement de point de vue peut souvent nous fournir les renseignements les plus significatifs durant le travail métaphorique. Une autre boxeuse, qui percevait originellement son attaque comme une vague tranquille clapotant sur le rivage, se mit dans la position d'une personne sur la plage et se rendit compte que sa vague ressemblait plutôt à un tsunami pour elle. Un golfeur avec qui j'ai travaillé a imaginé sa carrière comme le vol d'un avion en papier à travers de délicats nuages. Pourtant, lorsqu'il observa l'avion depuis le point de vue de ces nuages, son accélération dans le ciel paraissait « intimidante ».

Qu'obtenez-vous lorsque vous regardez votre scène depuis tous les points de vue disponibles ?

Note : Si vous rencontrez d'autres difficultés lorsque vous jouez à ce jeu, vous savez quoi faire. Revenez à l'étape 6 de l'exercice précédent (« Savoir utiliser la difficulté », page 396) et exploitez cette difficulté.

Le message à emporter avec soi

Faire un zoom arrière pour prendre conscience de l'insignifiance de mon petit combat (le petit poisson dans le petit océan sur la petite planète) devint une visualisation routinière d'avant combat, et je l'utilise encore aujourd'hui lorsque je fais face à un problème. Voici donc ma dernière question pour vous :

▶ *S'il y avait une information essentielle dans votre histoire que vous pouviez emporter avec vous, quelle serait-elle ?*

Dans le chapitre suivant, nous allons observer comment devenir créatifs avec le type de métaphore qui est peut-être le plus fondamental et qui a le plus d'influence : le souvenir.

11

Les premières ébauches

Retour aux sources

Nous sommes sur la ligne de départ, fébriles, attendant que la course commence. Je ne sais pas pourquoi, les battements de mon cœur s'accélèrent. Dans un coin de mon esprit, j'ai l'impression que quelque chose d'important dépend de ce qui va se passer. Ce sont les journées sportives de l'école primaire de Coton Village. J'ai cinq ans.

Au bout du couloir d'herbe irrégulière devant moi, je vois mon père. Depuis la ligne d'arrivée, il m'encourage avec enthousiasme : « Allez, Hazey ! »

Papa aime le sport et le poker, et d'autres jeux également, et quand il joue, généralement, il gagne. C'est important de gagner, en tout cas c'est ce que je crois, car cela semble le rendre heureux.

Prêt. Feu. Partez !

Soudain, mes jambes bougent aussi vite qu'elles le peuvent, si vite que j'ai l'impression que mes pieds ne touchent pas le sol. Je ne suis même pas sûre que ce soit ce que je dois faire, mais à cet instant tout le monde essaye de courir vite, donc je le fais aussi, prête à tout pour atteindre la foule des parents avant les autres. On dirait que mon corps me porte, de toute la vélocité dont il est capable, m'éloignant de quelque chose de trop terrible pour qu'on se risque même à y penser. Il n'y a pas de retour en arrière. Pas de pensée. Seulement la course.

Alors que je franchis la ligne d'arrivée, les cris des parents se transforment en applaudissements et je file vers mon père, qui me récupère fièrement dans ses bras : « Bien joué, Hazey-baby ! Tu as gagné ! » Mais mon cœur bat encore trop fort pour que j'entende ses mots. Je suis soulagée, c'est tout.

Je suis soulagée. C'est fini et j'ai fait quelque chose qui a rendu mon père heureux. C'est fini et j'ai gagné.

La carte du souvenir en perpétuel mouvement

La façon la plus puissante de revendiquer la paternité de notre propre histoire est peut-être de revenir au tout début. Dans ce chapitre, nous allons explorer la nature métaphorique du souvenir et du temps, et la manière dont nos premières histoires, celles de notre enfance, peuvent être réécrites, de sorte que notre esprit dispose d'un scénario auquel se référer qui lui convienne mieux.

Comme vous le verrez dans la suite de cette troisième partie, le souvenir ci-dessus a peut-être joué le rôle le plus important dans mon processus d'acceptation de mon propre petit monstre. C'est pourquoi je le raconte ici au présent. Pendant longtemps, il s'agissait de mon souvenir de cette journée, associé à toute l'anxiété et à tous les doutes que je ressentais. Jusqu'à ce qu'on m'en donne l'opportunité, jamais je ne l'avais remis en question ou ne m'y étais confrontée, car dans ma tête il s'agissait seulement d'un événement normal qui avait eu lieu. Il ne me paraissait pas si important. Pourtant, la manière dont mon esprit a choisi de se souvenir de ce jour en dit long sur la version (in)confortable de la réalité que j'avais faite mienne. Réécrire cette histoire m'a aidée à redéfinir ma relation non seulement à la compétition, mais aussi à la vie, à l'amour, à l'amitié et à l'idée même d'être « moi ». Dans ce chapitre et le suivant, nous allons explorer précisément comment j'ai procédé.

Il importe peu que vous puissiez ou non vous souvenir de moments remarquables de votre enfance, ou que vous jugiez « bonnes » ou « mauvaises » vos capacités mémorielles ; il y aura des moments rangés dans votre banque de souvenirs qui vous offriront une opportunité similaire. Il s'agira d'apprendre à les identifier.

Avant de passer à la mécanique du processus, toutefois, j'ai quelques informations nouvelles pour vous, concernant tout ce dont vous avez fait l'expérience jusqu'à maintenant.

La plasticité du souvenir

Vous souvenez-vous de l'endroit où vous étiez quand vous avez appris les attentats du 11 septembre ou ceux de Londres en juillet 2005 ? Moi aussi. Avez-vous des images ou des impressions auditives claires de ce qui se passait autour de vous à ce moment-là : les conversations que vous avez eues, les expressions sur le visage de ceux qui vous entouraient, etc. ? Moi aussi. Pourriez-vous jurer sur votre vie que vous étiez à cet endroit précis, avec ces personnes, en train de parler de ceci ou de cela ? Moi aussi. Tout du moins, je l'aurais juré il y a quelques années… Maintenant, je ne suis plus aussi sûre de moi.

Les souvenirs saisissants que l'on conserve d'expériences particulièrement poignantes s'appellent des « souvenirs flashs » – un terme inventé en 1977 par les psychologues Roger Brown et James Kulit, qui ont étudié la manière dont les gens se souvenaient de l'assassinat de John F. Kennedy. En 1986, au lendemain de l'explosion de la navette spatiale *Challenger*, d'autres chercheurs ont interviewé des personnes. Ils les ont interrogées sur des détails : comment elles avaient appris la nouvelle, ce qu'elles avaient ressenti et ce qu'elles faisaient à ce moment-là. Pourtant, quand ces mêmes personnes ont été interviewées à nouveau deux ans et demi plus tard, un quart d'entre elles ont déformé de nombreux détails et aucune n'a raconté la même histoire dans les deux interviews.

Je ne sais pas vous, mais moi, ce constat m'a sciée. Et je me suis empressée d'appeler ma mère pour lui demander : « Dis, tu te souviens du moment où on a appris pour le 11 septembre ? Est-ce que tu te rappelles que je suis venue dans le jardin pour t'annoncer ça ? – Non, m'a-t-elle répondu, j'étais en train de faire du repassage quand j'ai su la nouvelle. » Bon sang !…

La théorie de la reconsolidation

Il n'y a peut-être pas que les souvenirs flashs que nous déformons. Certains travaux révolutionnaires de la toute fin du XXe siècle ont indiqué que le souvenir est malléable par nature, et en perpétuel mouvement.

Initialement, les spécialistes pensaient que le souvenir d'un événement passait par un stade d'archivage temporaire, puis que notre version originale de l'événement était préservée comme une empreinte physique dans le néocortex (la partie extérieure du cerveau). Imaginez un album de famille qui prend la poussière dans le grenier. Les souvenirs étaient comme les photographies dans cet album. Chaque fois que l'on décidait de les descendre du grenier et de s'en souvenir, les photographies étaient les mêmes (un peu ternies).

Pourtant, la théorie de la reconsolidation, qui résulte d'une étude conduite par les neuroscientifiques Karim Nader, Glenn E. Schafe et Joseph LeDoux en 2000, a suggéré que l'acte même de se souvenir est précisément ce qui rend le souvenir instable ; cette instabilité signifie que la mémoire peut être mise à jour automatiquement pour s'adapter à de nouvelles informations. Ainsi, plutôt qu'à parcourir un album photo, l'action de se souvenir consisterait à extraire des fichiers d'images du disque dur d'un ordinateur, à les modifier sous Photoshop, et à les sauvegarder au détriment des fichiers originaux.

Voici comment ces scientifiques sont parvenus à ce résultat (si vous n'aimez pas les expériences sur les rats, sautez les deux paragraphes qui suivent).

La démonstration

Les scientifiques ont commencé par sensibiliser les rats à une tonalité auditive précise. Pour y arriver, ils l'ont jouée aux rats de manière répétée et leur ont ensuite donné un électrochoc simultanément à l'écoute de la tonalité. Avec le temps, les rats ont développé une phobie à l'égard de cette tonalité. Pauvres rats.

Ensuite, ils leur ont administré une drogue bloquant la synthèse des protéines dans l'amygdale, partie du cerveau responsable de la formation des souvenirs liés à la peur. L'effet recherché était d'empêcher leur amygdale de consolider le souvenir dans la mémoire à long terme. Lorsqu'ils ont drogué les rats à des moments où ceux-ci n'avaient pas conscience de la tonalité, ils ont conservé leur phobie. Mais en faisant de même après avoir rappelé la tonalité aux rats, ils ont oublié leur phobie, ce qui indique que l'action de se souvenir a dû faire la différence. Pour résumer, se souvenir du souvenir avait ouvert la possibilité de le changer.

Les implications

> *La réalité de la fonction cognitive est que les souvenirs sont altérés chaque jour quand nous apprenons quelque chose, et chaque fois que nous nous souvenons de quelque chose. En un sens, la thérapie est un moyen de détourner les souvenirs, en les interprétant différemment.*
>
> Joseph LeDoux, « Manipulating Memory »

Cette découverte pourrait être une très bonne nouvelle pour les personnes souffrant de maladies mentales ou de problèmes d'anxiété comme l'état de stress post-traumatique (ESPT), car cela signifie que, plutôt que de simplement faire face au stress déclenché par le souvenir du trauma passé, on pourrait réécrire les empreintes traumatiques elles-mêmes. Les personnes affectées par des troubles importants pourraient ne pas être les seules à bénéficier de cette thérapie. Comme nous l'avons déjà vu, nous n'avons pas besoin de nous mettre au milieu de la route et de regarder un bus foncer droit sur nous pour faire l'expérience de la peur ; les êtres humains apprennent la peur au contact de pratiquement tout (et même lors de journées sportives à l'école, par exemple). Si la théorie de la reconsolidation se révèle exacte, nous devrions être capables de *dés*apprendre nos peurs superflues en reconsolidant les informations utiles et positives à l'intérieur de nos souvenirs en formation.

La mémoire en tant que métaphore

Si nous ne faisons qu'inventer, alors pourquoi ne pas inventer mieux ?

Trevor SILVESTER

Dans cette perspective, même si cela nous semble contre-intuitif, notre mémoire n'est plus guère un historique des moments qui se sont déroulés. C'est davantage une collection d'histoires que notre cerveau nous raconte en utilisant le langage familier de notre propre expérience, afin que d'importants messages restent pertinents. Ces messages ne sont importants, cependant, que dans la mesure où l'esprit inconscient est concerné, celui qui résiste au changement.

Afin que nous restions en sécurité, bien à l'abri sous nos plafonds de verre respectifs, l'inconscient a besoin que nos croyances limitatives soient toujours actives et « vraies ». Un peu comme les récits déployés par la publicité, notre mémoire servirait en fait à nous vendre cette part (in)confortable d'identité qui respecte notre système de croyances préexistant. Il est fort probable qu'instinctivement nous nous servions de la plasticité de notre mémoire pour nous rappeler une version du passé qui justifie nos actions. Nous inscrivons les « Ce n'est pas ma faute » et les « Ils ont ce qu'ils méritent » dans la trame de notre histoire afin de nous protéger de la douleur de la culpabilité. En revanche, comme nous le savons déjà, la position de victime apporte son lot de souffrances sur le long terme, car elle alimente encore plus le feu du « pas assez ». Alors, si notre mémoire gère notre esprit en y mettant des publicités pour la victimologie, il est peut-être temps d'y effectuer un peu de réécriture pour mettre en avant un produit qui nous valoriserait davantage…

La naissance d'un petit monstre

Ma toute première compétition – cette course quand j'avais cinq ans – n'a peut-être rien d'un traumatisme typique de l'enfance. Pourtant, de nombreuses raisons expliquent pourquoi ce moment a pu être – ou, pour être plus précise, aurait pu être – un fil conducteur fondamental de ma mémoire.

Premièrement, il s'agit de la course elle-même : c'est le baptême du feu par lequel j'entre dans le monde de la compétition ; et c'est un concentré de ma rivalité avec ma sœur lorsque nous étions petites. Ce souvenir constitue une métaphore pertinente de la vie combative, une vie de lutte placée sous le signe du « battre ou se fait battre ».

Ensuite, à un niveau plus profond, cela concerne ma relation avec mon père. Je l'aimais énormément, mais son métier de chercheur faisait qu'il était souvent en déplacement, absent la moitié du temps. Vous vous souvenez de la façon dont les jeunes enfants ont tendance à tout ramener à eux ? Mon cerveau fonctionnait ainsi, et les absences de Papa ont donc soulevé des questions assez déstabilisantes au sein de mon inconscient : « Pourquoi me quitte-t-il ? Compte-t-il rentrer ? Qu'ai-je fait de mal ? »

Maintenant que je suis adulte, je sais que ces peurs n'étaient pas justifiées. Mais, comme enfant dont le monde ne s'étend pas plus loin que ses propres intérêts et désirs (je ne comprenais pas trop pourquoi mon père devait partir travailler loin pour que nous ayons ce qu'il nous fallait), j'essayais, par tous les moyens, de l'empêcher de disparaître. Et ensuite, à chaque échec, je me repassais ce message de plus en plus douloureux : « Je ne suis pas une raison suffisante pour qu'il reste. » Mon monstre était né.

La création d'un mirage

Rétrospectivement, il est facile de trouver la signification de mon souvenir de cette course. Entre le début de la course et le moment où j'ai gagné, j'ai vécu une transition majeure et terrifiante : je cours, je gagne, *et* Papa est là, *et* il me témoigne son amour dont j'ai tant besoin chaque fois qu'il s'absente. Mon jeune esprit allait forcément tirer les mêmes conclusions quant à l'importance de la réussite. Lorsque j'ai gagné, ce jour-là, j'ai gagné aussi l'affection de la personne avec laquelle je désirais le plus de proximité, et mon esprit a enregistré cette victoire comme une stratégie efficace, et même essentielle, pour me sentir bien et continuer à progresser.

Cette manifestation sportive n'a pas été le seul exemple de la fierté que mon père témoignait face à mes prouesses physiques. Il valorisait le sport, et c'était pour lui une excellente façon de passer du temps avec moi. J'ai un autre souvenir, qui date de la même époque et sur lequel j'ai aussi travaillé en thérapie : alors qu'il fêtait son quarantième anniversaire, il a voulu que je descende montrer mes biceps à ses amis. Bien sûr, j'en ai été ravie, mais le fait d'être forte, rapide ou agile physiquement a vite fusionné avec l'attention quelque peu sporadique que me montrait mon père, en un temps où je n'étais pas encore capable de comprendre la nature inconditionnelle de son affection. À cause de ma capacité limitée à assimiler ces événements, j'en ai conclu, de façon inconsciente, que je devais être plus forte, plus rapide ou en meilleure forme que les autres pour mériter son amour.

Par conséquent, il était tout simplement impensable pour moi de faire autre chose dans la vie que gagner, ce que ma victoire lors de cette course avait entériné dans mon esprit : « Lorsque je gagne, il m'aime. Mais alors… si je ne gagne pas… il ne m'aime pas ?… » Attention, danger.

Soudainement, en moi, un moteur « Sois parfaite » et un féroce esprit de compétition sont entrés en action. Je devais absolument remporter chaque partie de pierre-feuille-ciseaux, chaque jeu de société, chaque bras de fer (et j'en faisais beaucoup avec mon père), sinon je ressentais quelque chose d'horrible, une voix qui me répétait : « Je ne suis pas assez. » J'en ai honte, mais pendant des décennies ma principale stratégie pour séduire un romantique prétendant consistait à emmener cette pauvre victime, qui ne se doutait de rien, dans un endroit où l'on pouvait boire jusque tard dans la nuit, et à la battre à plate couture au billard – une jeune femme qui tremble d'adrénaline à la simple idée de jouer dans un bar n'est-elle pas irrésistible ?

Mes valeurs de « winneuse » dissimulaient un mécanisme de défense. Tout cela avait très bien fonctionné quand j'étais jeune, et mon esprit continuait à me passer des publicités mentales vantant l'importance de la victoire, pour que je continue à investir là-dedans. En revanche, comme j'avais dépassé l'âge où vaincre m'aurait procuré un câlin de mon père, mes victoires ne m'apportaient pas ce que je voulais vraiment. Il est très compliqué de déconnecter les adultes de leurs stratégies enfantines, et gagner s'est vite transformé en mirage. Quelles que soient mes prouesses au bras de fer, mon monstre a continué à me pourchasser sur les terres brûlées et solitaires du « pas assez ».

Jenny est danseuse professionnelle. Elle est venue me voir car elle ne se sentait pas capable de s'exprimer ou de montrer ses émotions sur scène. La seule sensation qu'elle éprouvait quand elle dansait était un grand vide au creux de son ventre, et elle le vivait avec honte. Cette sensation la poussait à éviter de s'exprimer de façon honnête et ouverte, et elle n'arrivait pas à partager quoi que ce soit avec un public.

Son fil conducteur, c'était le souvenir d'une humiliation. Pour la punir d'avoir omis de se laver les pieds en rentrant à la maison après un jeu en extérieur, son père l'avait forcée à traverser pieds nus (et sales) le centre-ville plein de monde. Lorsque nous avons commencé à travailler sur ce souvenir, le message qu'il communiquait, selon elle, était le suivant : « Je ne dois pas être moi-même », ou : « Je suis sale, et nul ne peut m'accepter. » C'est comme cela que son monstre s'était formé, et, par conséquent, elle avait appris à garder sa part émotionnelle sous les verrous, uniquement par peur de ce qui pourrait arriver si elle l'exposait. Après des décennies à utiliser ce mécanisme de défense, ses émotions avaient automatiquement commencé à ressembler à des substances dangereuses : certainement pas des choses que l'on pouvait dévoiler aux autres sur scène.

Jenny a changé de point de vue et a compris que la punition de son père était le résultat de sa propre éducation, très stricte, et qu'en fin de compte il avait essayé de lui inculquer quelque chose d'important à ses yeux. Elle n'avait jamais été très proche de lui, et il n'était pas question d'établir une connexion positive le concernant. Elle a donc utilisé ses souvenirs d'autres personnes de son enfance pour que son « moi » plus jeune se sente aimé et pleinement accepté.

Ensuite, afin d'accéder à un état d'évolution plutôt que de protection, elle a progressivement initié son double enfantin aux joies de l'expression émotionnelle. La méthode qu'elle a choisie était, bien sûr, métaphorique. Tout d'abord, elle a nettoyé avec amour les pieds nus de ce « moi » plus jeune, afin qu'il soit lavé des résidus de honte. Puis ils ont dansé ensemble sur les rochers, près du rivage, dans sa ville natale, jusqu'à ce qu'elle ne sente plus aucun danger lié au fait de communiquer ainsi.

Peu de temps après cette séance, l'émotion dégagée par sa performance lors d'une audition lui a valu de nombreux compliments.

EXERCICE : Créez votre carte temporelle

Afin de vous préparer pour l'exercice de mémoire du prochain chapitre, vous allez répondre à des questions concernant la façon dont votre cerveau envisage le temps. Elles pourront vous sembler un peu étranges. Suivez cependant votre instinct pour y répondre. Je vous expliquerai leur raison d'être par la suite.

Commencez par imaginer que le passé et le futur, en tant que concepts, possèdent un positionnement dans l'espace par rapport à votre corps. Puis répondez à ces questions :

► *Si vous pouviez voir où se situe le passé, quelle direction m'indiqueriez-vous ?*

Si vous pouviez voir où se situe l'avenir, quelle direction m'indiqueriez-vous ?

Fermez les yeux un moment pour intégrer votre réponse avant de continuer.

Ce processus vous donne une idée de la façon dont votre cerveau aime organiser le temps dans l'espace. Par exemple, le passé pourrait se trouver derrière ou devant vous, à droite ou à gauche, vers le haut, le bas, ou autre part encore ; et le futur aura tendance à se situer dans la direction inverse (mais ce n'est pas toujours le cas). En les connectant, vous pouvez établir une « ligne temporelle », une *timeline* métaphorique de votre vie. Pour y parvenir à coup sûr, répondez à cette troisième question :

▶ *Si vous pouviez voir votre* timeline, *à quoi ressemblerait-elle ? (Par exemple, si votre* timeline *avait une couleur, de quelle couleur s'agirait-il ? Ou si elle avait une forme, de quelle forme s'agirait-il ?)*

Fermez les yeux un instant pour visualiser les points qui connectent les moments de votre vie de la façon qui vous convient, puis reprenez votre lecture. Pour l'exercice du chapitre suivant, nous nous servirons de l'idée de *timeline* que vous avez trouvée.

La métaphore du temps dans l'espace

Automatiquement (et inconsciemment), nous connectons le temps à l'espace. C'est une métaphore que la plupart des cultures, sinon toutes, semblent partager. Ce n'est pas forcément quelque chose dont nous sommes conscients, et c'est pourquoi ces questions peuvent sembler bizarres lorsqu'on les aborde de façon directe, mais la partie inconsciente du cerveau considère que l'espace et le temps sont quasiment interchangeables. Vous pouvez l'entendre dans des phrases aussi banales que : « Le passé est *derrière* toi », « Regarde *vers* l'avenir », « *Sous* le poids des années », « Se projeter *dans* le futur », « *Ici* et maintenant », etc.

Notre langage corporel peut aussi trahir le lien inconscient que nous établissons entre l'espace et le temps. Avez-vous déjà remarqué que, lorsque quelqu'un parle de ses vacances de l'an passé, il a tendance à vous montrer quelque chose qui se situe derrière lui ? Je suis prête à parier qu'il ne s'agit pas de la direction où se trouve Marbella actuellement par rapport à vous. Il s'agit plutôt de l'endroit où, lui, il place le passé ; et si vous le lui faites remarquer, il ne s'en est probablement pas rendu compte.

Essayez de repérer ce phénomène au cours des prochains jours, et vous verrez que cela n'est pas aussi insensé qu'il y paraît. Je suis sûre que quelqu'un vous donnera des indications au sujet de sa *timeline* à un moment où un autre (« à un moment où un autre » : vous voyez, ça sort tout seul).

Organisation de la *timeline*

Les configurations les plus fréquentes sont les suivantes :

Horizontale

Le plus souvent, le passé se situe à *gauche* et l'avenir à *droite,* en ce qui concerne les Occidentaux. En revanche, pour les gauchers et dans les cultures où l'on lit de gauche à droite, cette dynamique est souvent inversée.

En avant/en arrière

Pour les Occidentaux, le passé se situe vers l'arrière et l'avenir vers l'avant. Cependant, cette organisation peut varier selon les langues. Dans la langue aymara, qui se parle au Pérou, le mot pour futur (*qhipuru*) signifie « derrière le temps », car l'avenir comporte une notion d'inconnu (et l'on ne peut voir que le passé).

Verticale

Il peut arriver que la *timeline* d'un patient soit verticale (vers le haut ou le bas). C'est souvent le cas pour les personnes qui parlent des langues comme le mandarin, où le futur s'exprime par un mouvement vers le bas et le passé par un mouvement vers le haut, mais cela se manifeste aussi chez certains Occidentaux.

L'effet de la langue sur la perception est également démontré par le fait que les bilingues qui parlent des langues avec différentes organisations temporelles modifient leur point de vue en fonction de la langue qu'ils parlent. Ainsi, quelqu'un qui parle à la fois aymara et anglais, par exemple, pourra indiquer un espace derrière lui en parlant de l'avenir à quelqu'un d'autre en aymara, mais indiquer un espace devant lui avec un anglophone.

En somme, il n'y a ni bonne ni mauvaise réponse lorsqu'il s'agit de la direction que prend votre *timeline*, et même si la langue anglaise semblerait suggérer que l'avenir se situe devant nous, de nombreuses personnes (60 %, selon les estimations des praticiens en PNL) établissent une *timeline* qui va de gauche à droite (ou vice versa).

Prendre le contrôle du temps

Les *timelines* ne sont pas qu'un moyen pour comprendre comment notre inconscient perçoit le temps ; nous pouvons aussi les utiliser pour l'influencer.

Certains traits sont en corrélation avec la façon dont nous structurons notre *timeline*. Gauche/droite et avant/arrière sont les deux configurations les plus communes. De façon générale, ceux qui choisissent une représentation latéralisée, comme un texte que l'on lit, ont tendance à être plus conscients du temps qui passe, comme s'ils l'observaient. Ils sont peut-être du genre à savoir systématiquement quelle heure il est, sans avoir besoin de regarder une horloge, et ils seront plutôt ponctuels (ou du moins, ils se sentiront mal lorsqu'ils seront en retard). Ceux qui placent le passé derrière eux et le futur devant auront tendance à entrer profondément dans ce qu'ils font, au point d'en oublier toute notion du temps. Ils pourront aussi abandonner une tâche à la dernière minute ou avoir du mal à respecter les délais. Cela ne signifie pas que quelqu'un avec cette *timeline* ne saura jamais être ponctuel ni anticiper ; cela sera peut-être juste moins naturel pour lui que pour les autres (en ce qui me concerne, cela se confirme).

Mais notre *timeline* n'est pas figée. Ce n'est pas parce que nous envisageons un futur qui s'étend au-devant de nous que nous sommes systématiquement en retard, et je connais des gens qui se créent des visualisations en se basant sur un repositionnement de leur *timeline* pour maîtriser certains événements. Un patient, designer freelance, qui avait du mal à respecter les délais, a découvert qu'il pouvait, lorsqu'il se mettait au travail, se visualiser en train d'épingler un morceau de la *timeline* représentant sa journée. Cela l'aidait à allouer de façon plus efficace des plages à chaque tâche qu'il devait accomplir. Puis, le soir, il détachait ces morceaux et les épinglait de nouveau en fonction de l'avancement, jusqu'au lendemain.

Peut-être pourriez-vous bénéficier d'une astuce similaire ? Commencez votre journée en pensant à ce que vous avez à faire. Puis visualisez les différentes tâches le long d'une *timeline* latéralisée (c'est peut-être encore plus simple de la dessiner). Cela pourrait vous permettre de mieux quantifier et répartir votre temps, sur un plan pratique et émotionnel.

Configuration de la *timeline* et état émotionnel

La *timeline* métaphorique choisie révèle sur chacun beaucoup plus que sa capacité à être à l'heure. Les personnes souffrant d'hyper-anxiété découvrent parfois que la partie future de leur *timeline* est invisible ou inaccessible, comme si elles étaient si préoccupées par rapport à l'avenir qu'elles n'arrivaient même pas à se le représenter (ou à l'inverse, il se peut que leur anxiété résulte de l'incapacité de leur esprit à envisager l'avenir). Les personnes qui ont très peur de la mort ou qui sentent que le temps leur échappe ont parfois l'impression que leur *timeline* s'est raccourcie de façon alarmante. J'ai eu des patients qui avaient connu une enfance traumatisante et qui imaginaient des *timelines* circulaires, où ils revenaient constamment vers un passé innommable. Chez les Occidentaux, ces mêmes problèmes peuvent être représentés par une *timeline* inversée, où le passé se trouve à l'avant (cela dit, si vous parliez aymara, cela ne poserait aucun problème). De telles configurations peuvent être des indicateurs de dépression (« Je n'ai rien à attendre de la vie » ou « Je vais droit dans le mur »), et un symptôme fréquemment associé est le sentiment d'être piégé, coincé, ou incapable de progresser.

De temps à autre surgissent des métaphores inhabituelles : un nuage de vapeur d'eau, une corde qui pend ou une pelote de laine emmêlée. Ces représentations ne sont pas forcément mauvais signe, mais on en discutera probablement. Si votre *timeline* sort de l'ordinaire, la question que vous devez vous poser est : vous sentez-vous bien avec elle ? Si c'est le cas, il n'y a aucun problème. Mais dans le cas contraire, il faudrait penser à faire évoluer cette métaphore, afin qu'elle corresponde mieux à vos besoins. Vous avez déjà les cartes en main pour le faire. Vous n'avez qu'à vous poser les questions suivantes :

► *Si vous pouviez faire quelque chose à votre* timeline *afin qu'elle vous donne l'impression d'être plus positive ou plus efficace, que feriez-vous ?*
Que doit-il se passer afin que cela s'accomplisse ?
Et est-ce envisageable ?

Le temps subjectif, les souvenirs en mutation et le rôle de la résistance

Nous savons tous que le temps est subjectif, même avant de nous le représenter sous la forme d'une visualisation métaphorique. Nous essayons de découper le temps en unités concrètes, secondes, heures, mois, années… mais ces étiquettes n'ont que peu de sens, dans la mesure où nous savons bien que cinq minutes à attendre le bus durent dix fois plus longtemps que cinq minutes passées à faire quelque chose que nous adorons.

Un moment n'en finit plus ou au contraire file à toute vitesse ? Tout cela n'est qu'une question d'accent mis sur les choses. Nous résistons à celles dont nous ne voulons pas. Mais en y résistant, nous leur donnons plus de place dans notre conscience – et non pas moins.

Cela signifie que nous avons l'impression que leur durée s'étire à l'infini. Par contraste, les événements auxquels nous ne résistons pas (les moments positifs) peuvent sembler très courts : l'inconscient ne perçoit pas de menace, l'attention n'est pas mobilisée. Tout comme les émotions auxquelles nous ne résistons pas, ils ont le droit de nous traverser sans obstacles.

Lorsque nous prenons du recul, ce phénomène peut signifier que l'esprit allongera automatiquement toutes les expériences désagréables de notre *timeline*. Imaginez que vous déposiez quelques gouttes d'encre noire sur une bande de papier buvard. Peu à peu, l'encre s'étend, et les espaces clairs sont moins grands. De la même façon, les passages douloureux de notre passé peuvent éclipser les moments de bonheur. Avec le temps, notre expérience du présent et nos attentes par rapport au futur peuvent être contaminés par la noirceur de notre expérience globale de la vie (telle que nous la percevons).

C'est pour cela que la nature malléable de la mémoire est si cruciale lorsqu'il s'agit du changement. Si vous ne la mobilisez pas, les mauvais moments pourraient devenir toujours plus monstrueux. Débrancher les fils conducteurs de notre mémoire, en revanche, est une opportunité de nous libérer de la douleur qui, autrement, encouragerait notre esprit à accorder trop d'attention à ce qui le gêne, trop de place dans le temps.

Rétrécir la mémoire = rétrécir le monstre

Retravailler un événement qui est stocké dans votre mémoire et qui, à une époque, a limité vos croyances, et le minimiser, vous donne les moyens de réconcilier différents aspects de la personne que vous êtes. Vous mettrez ces aspects face à face et établirez des liens entre eux. Par ce biais, vous pourrez aussi neutraliser le monstre, ainsi que son habitat contextuel, pour le réduire à une taille gérable.

Alors, si vous êtes prêt à vous délivrer de ce que cette part obscure représente pour vous, il est grand temps de revisiter vos souvenirs.

12

La rencontre des esprits

Mettre en scène ses propres retrouvailles

J'imagine que je flotte au-dessus de ma timeline, *et je me positionne pour avoir une vision globale, de haut, sur la façon dont ma vie est balisée. Cette ligne est mince, nette et de couleur noire, comme si elle avait été tracée avec une règle et un stylo Bic. Le passé se trouve derrière moi et le futur devant. Là, elle s'estompe doucement, comme si le stylo n'avait plus d'encre.*

Trevor me demande de trouver un exemple récent de problème que j'ai affronté. Pas besoin de chercher bien longtemps. La semaine dernière, je devais m'entraîner avec une fille très expérimentée qui venait de rejoindre notre club. Cela m'a rendue extrêmement nerveuse. Pourtant, j'ai déjà bien progressé sur ma trajectoire thérapeutique. Je suis remontée sur le ring, mon corps répond désormais mieux à mes attentes, je peux compter sur lui. En revanche, je continue à beaucoup trop m'investir dans chaque moment de compétition, de façon inutile. La perspective de cette séance d'entraînement avec cette nouvelle recrue a tout particulièrement déclenché mon anxiété, car tous mes coéquipiers allaient être présents, et je voulais – non, j'avais besoin – de les impressionner.

Dès que j'y repense, une sensation familière se répand en moi, au niveau de mon torse. Elle n'est pas aussi intense qu'au gymnase, mais je m'en souviens clairement : ça commence avec une vibration qui resserre ma poitrine, suivie de la sensation qu'on m'enfonce une lame en plein cœur : « Je ne suis pas assez. »

Trevor me pose une autre question : « Si votre inconscient était au courant du tout premier événement lié à cette sensation... » Je n'écoute même pas la fin de sa phrase, mon esprit part en roue libre pour accéder à tous les moments où je me suis sentie ainsi. Il y a des événements récents, compétitions et séances d'entraînement en équipe, mais ensuite, comme si on me tirait en arrière le long de ma timeline*, ce sont les événements de mon enfance qui dominent mes pensées.*

Tel un groupe d'enfants bruyants, les souvenirs enfouis essaient de se faire entendre. Parmi eux, il y en a un qui crie plus fort que les autres. C'est ce qu'il me semble, du moins. Peut-être est-ce parce que je me concentre sur lui, mais à présent je ne peux plus penser à autre chose, alors je commence à en parler. Je raconte à Trevor l'histoire d'une petite fille angoissée qui attend le début d'une course. Elle veut à tout prix bien faire et espère ainsi gagner l'amour de son père. En parlant, le lien entre ce récit et l'anxiété que je ressens face à la performance s'éclaircit. Tout comme moi au gymnase la semaine précédente, cette petite fille a l'impression qu'elle doit bien faire afin d'obtenir l'estime de ceux qui l'observent.

Lorsque je me tais, Trevor ne dit rien, comme s'il me donnait le temps de m'imprégner de ce souvenir. Puis il me pose encore une question : « Si vous pouviez enseigner quelque chose à cette enfant, quelque chose qui lui permettrait de se détacher de cette ancienne sensation, de quoi s'agirait-il ? »

C'est frappant de voir comme tout a l'air évident sur ma timeline, *à cette distance. La peur de cette petite fille se trompe totalement de cible. Son père l'aime. Énormément. Le reste de sa famille aussi. Elle n'a pas besoin de gagner leur affection, elle la mérite déjà. Comme tout le monde, elle est bien comme elle est.*

Je l'observe et j'éprouve un sentiment assez maternel envers elle. J'aimerais tant qu'elle voie les choses à ma façon. Alors je m'imagine lui transmettant cette nouvelle vérité, et je suis heureuse de constater que cela fait sens chez elle. Elle est soulagée. Puis elle esquisse un sourire. Et elle se met à courir – mais d'une foulée désordonnée et mal assurée, comme tout enfant de cinq ans, vers les bras de son père attentionné.

Je souris moi aussi. La fillette finit sa petite course joyeuse en trottinant. Et soudain, j'éprouve un amour infiniment profond et très triste en imaginant mon père qui la prend dans ses bras. Il a l'air fier, bien sûr, mais cette course ne signifie rien pour lui. Ni pour moi d'ailleurs. Ce dont il s'agit, ce n'est plus la course des journées sportives de mon école primaire. Ce qui compte dans ce souvenir qui m'est venu, c'est Papa. L'événement principal, c'est notre relation.

Je fais alors le point sur cette relation. Je me rends compte qu'elle est chaleureuse, proche et tangible, comme si je pouvais étendre le bras et la toucher, ou peut-être la saisir et m'en servir. Je vois l'amour de mon père s'écouler, de lui vers moi, avec intensité, avec sa propre couleur : un or doux et vibrant comme la lumière du soleil matinal. La couleur s'écoule dans mon cœur puis se répand dans mon corps tout entier, elle y circule comme du sang. Cette circulation efface toutes les traces de panique sur mon jeune visage, et je suis capable de renvoyer cette même couleur dorée vers lui, en retour, et de le regarder réagir à notre connexion. Le changement de direction est libérateur. C'est une espèce de dénouement. Me recentrer sur autre chose que ma propre lutte est comme un baume. En d'autres mots, cela fait du bien de donner quelque chose en retour.

Quelques minutes plus tard, je remonte encore ma timeline, *et je revisite tous ces souvenirs qui essayaient d'attirer mon attention. En naviguant, je vois cette même couleur parcourir ma* timeline, *irriguant les moments de ma vie qui en avaient besoin. Me voici enfant, adolescente, adulte... Tous ces « moi » sont fortifiés grâce au même message important : « Vous n'avez pas besoin de gagner l'affection de qui que ce soit. Vous méritez déjà cet amour. »*

Alors, quand je me retrouve à planer de nouveau au-dessus du présent, ma timeline *tout entière scintille grâce à cette lumière dorée et vibrante. Et lorsque je cherche à l'intérieur de mon corps, que je pense aux séances d'entraînement de la semaine précédente ou aux compétitions qui m'attendent, cette sensation qui me perçait comme un couteau a disparu.*

Trop, c'est trop !

Le passé bat en moi comme un second cœur.

John BANVILLE, *La Mer*

Le travail effectué sur ce souvenir m'a aidée. Mon idée de la compétition, terrifiante, a été transformée en quelque chose qu'il était possible d'apprécier. En d'autres termes, ma motivation arrière s'est inversée pour devenir une motivation avant (voir page 194 pour un rappel de la différence). Ce jour-là, je me suis donné la permission de me déplacer *vers* la motivation, *vers* le partage et la connexion, plutôt que d'essayer d'échapper à la possibilité d'un échec.

J'ai réussi cela en contrant à la racine la vieille croyance que je n'étais « pas assez », grâce à l'idée plus adulte que chacun mérite d'être apprécié, quels que soient ses performances, ses victoires, ses échecs. C'est quelque chose que j'avais probablement tenté de me dire des milliers de fois, mais le capitaine n'arrivait pas à faire passer l'information à l'équipage. En transmettant le message à mon « moi » jeune, à cette partie de moi qui ressentait la douleur de la déconnexion, j'ai pu susciter l'intérêt des matelots.

Reroutage

Pour moi, le réarrangement du souvenir est une façon de rerouter des mécanismes de pensée établis. Lorsque je repense à cette course des journées sportives, je ne ressens plus de peur, je ne me sens plus dans un état cotonneux et déconnecté. Mon esprit me dirige automatiquement vers le câlin sur lequel ce souvenir s'achève désormais. Cela veut dire que je vois l'événement pour ce qu'il était : l'évidence de l'amour inconditionnel de mon père *et non pas* le moment où j'avais risqué de révéler que je ne méritais pas son amour. Mon scénario a changé. Le nouveau thème en est l'acceptation absolue et la mémoire de la présence, dans ma vie, de quelqu'un de très important. À présent, je peux utiliser ce moment pour me rappeler que les défis et les challenges sont plus importants en eux-mêmes que les résultats, et que lorsque nous les partageons avec d'autres, nous profitons bien plus des compétitions auxquelles nous participons.

De plus, il s'avère que lorsque nous « courons » en souriant, nous allons beaucoup plus loin…

Robert et l'invité surprise

Robert, un chercheur d'environ cinquante ans, est venu me voir car il pensait qu'il buvait trop, qu'il avait une mauvaise hygiène alimentaire et qu'il faisait plein d'autres « mauvais choix » chaque jour. Sa vie, qu'il m'a décrite lors de notre première séance, était presque entièrement régie par le « bien-fondé » ou l'« absurdité » (surtout l'absurdité) de ses décisions. Il la jugeait de façon binaire : à moins que sa journée soit la plus vertueuse et parfaite qui soit, il avait l'impression d'être une personne fondamentalement mauvaise.

Robert avait essayé, de toutes les façons possibles, de vaincre ses mauvaises pulsions, et sa stratégie principale pour résister à la tentation d'acheter une bouteille de vin ou un paquet de chips m'a vraiment brisé le cœur. Pendant des années, il avait l'habitude, dès qu'il se sentait sur le point de prendre une « mauvaise décision », de se punir avec des images de sa femme et ses enfants en pleurs à côté de sa pierre tombale. Comme nous le savons, ce genre de motivation arrière, négative, ne marche que rarement (et surtout pas longtemps), et Robert ne faisait pas exception. De façon répétée, il mettait en scène sa propre mort comme conséquence de cette « mauvaise décision » imminente, puis la prenait tout de même. Le résultat était que son monstre – le monstre de la honte la plus sombre et la plus profonde – le suivait partout où il allait, lui disant constamment qu'à l'avenir il serait responsable de la souffrance de ceux qu'il aimait.

Lorsque j'ai demandé à Robert ce qui, selon lui, était à l'origine du sens si tenace qu'il donnait à ses « mauvaises décisions », c'est à reculons qu'il a admis qu'il craignait que cela soit en lien avec sa mère, une femme qui avait toujours placé la barre beaucoup trop haut. Sa maison devait être propre et nette à tout moment, chaque repas devait être parfait et la politesse était d'une importance primordiale. Par conséquent, Robert et ses deux jeunes sœurs étaient impeccablement bien élevés, mais ils avaient aussi un sens du devoir excessif quand il s'agissait de bien faire les choses, et ne pas y arriver était grave, suivant en cela ce que leur mère leur avait inculqué.

Un soir – Robert avait six ans –, alors que la famille était à table, quelqu'un a frappé à la porte. On a rapidement proposé à cet invité surprise de venir partager le repas. Mais dans la salle à manger, il n'y avait pas de chaise de libre. Voulant « bien faire », Robert a bondi de sa chaise et l'a offerte à l'ami de la famille, disant qu'il serait content de rester debout jusqu'à la fin du dîner. Puis, fier de sa décision, il s'est tourné vers sa mère, tout sourire, espérant qu'elle le félicite. Hélas, au lieu des compliments qu'il espérait, il a reçu un regard dur et froid qui a glacé son cœur. Il n'avait pas bien agi.

En fait, la mère de Robert avait probablement trouvé la situation saugrenue, ce qui l'avait empêchée de se rendre compte des bonnes intentions de son fils. Elle avait même été horrifiée par la décision qu'il avait prise de céder sa place. À ses yeux, il avait humilié leur invité en jouant le petit martyr. Et donc, sous les instructions de son propre monstre, elle a puni son fils sévèrement.

Robert en avait été profondément blessé et se souvenait encore de ce jour, quarante ans après. Mais ce n'est pas la punition associée qui lui avait fait le plus mal. C'est le regard hostile de sa mère. Même quand il essayait de tout son cœur de bien faire, il pouvait échouer au point que sa mère lui retire son amour. Ou, du moins, c'est ce qui lui avait semblé, du haut de ses six ans. Ensuite, cette expérience a contaminé presque tous ses besoins. Il s'est senti mal aimé, seul, en danger, peu sûr de lui, insignifiant : ses efforts ne seraient jamais remarqués, ne pourraient jamais apporter quoi que ce soit à quiconque. Cette impression de manque a perduré, et chaque fois que son inconscient entrapercevait quelque chose de similaire (c'est-à-dire dès qu'il envisageait de prendre une décision), un jugement sans appel l'immobilisait en resserrant toujours plus fortement les liens : « Je suis une mauvaise personne. »

Pour réarranger ce souvenir, Robert a commencé par comprendre la réaction de sa mère de façon adulte. Lorsqu'il a pris le temps de la regarder d'un point de vue objectif, il a clairement vu que sa réaction ce jour-là relevait plus de ses propres anxiétés à elle que du fait qu'il soit, lui, fondamentalement « mauvais ». La partie la plus bouleversante de la séance a ensuite été la construction d'une connexion entre les deux parties de lui-même. Robert a constaté que son « moi » plus jeune se comportait un peu comme son fils, et il a alors éprouvé un sentiment profond et naturel d'amour et d'acceptation. Mais c'est seulement quand la partie plus jeune de lui-même l'a accepté à son tour, même après toutes les « mauvaises décisions » qu'il avait prises à d'autres moments, que quelque chose a vraiment commencé à faire sens.

Robert a imaginé le petit garçon innocent nouant une médaille de saint Christophe autour de son cou d'adulte, et, en décrivant la scène, des larmes de soulagement ont roulé le long de ses joues. Il a compris que même si, comme tout le monde, il n'était pas parfait, il restait un être humain qui valait quelque chose. Il était prêt à s'affranchir de la notion binaire du bien et du mal, de la bonne façon de faire contre la mauvaise. Car, au fond, tout le monde prend de mauvaises décisions. Même les mères qui ont l'air parfaites.

J'ai dit au revoir à Robert, certaine qu'il avait abordé quelque chose d'important ce jour-là. Lorsqu'il est revenu à mon cabinet à la séance suivante, il m'a dit que, contrairement aux visions épouvantables de son propre enterrement, l'image de lui-même plus jeune lui faisant cadeau d'une médaille l'aidait à prendre des décisions plus saines. Puis, même des mois plus tard, lorsqu'il se représentait cette image, il sentait une sensation de chaleur l'envahir, laquelle pouvait, en certaines occasions, complètement dissiper son envie de boire de l'alcool ou de manger n'importe quoi.

Robert a trouvé une raison de sourire pour, comme moi, remporter sa course, à sa façon. L'aspect de lui-même qu'il avait combattu était selon lui incapable de bien faire les choses. Quand il a choisi de s'intéresser à l'origine des croyances qui le limitaient, il a vu cet aspect de lui-même différemment : c'était un fils aimant, animé des meilleures intentions du monde. C'est cela qui lui a donné une raison de sourire. Il n'y avait pas de monstre, juste un malentendu.

Réarranger le souvenir : le processus

Tout au long de ce livre, nous avons cheminé vers ce processus. Dans ma pratique, j'ai vu de nombreuses personnes réaliser d'incroyables changements après avoir « débranché » le fil conducteur de certains souvenirs. En choisissant d'effectuer ce travail pour vous-même, vous allez pouvoir changer de point de vue sur la partie de votre personnalité que nous appelons le monstre. Ensuite, vous pourrez réécrire votre rapport à certaines de vos histoires les plus destructrices, et peut-être même les annuler. Comme Robert l'a découvert, les difficultés sont désamorcées lorsque vous reconnaissez que ce monstre n'était qu'un processus de pensée innocent, apeuré et enfantin. Il cesse d'être un élément terrifiant et honteux de votre personnalité. Nous allons vous expliquer comment faire, avant de sauter le pas.

Utilisez votre *timeline*

Établir une *timeline* nous permet de créer un paysage métaphorique bien défini et sur lequel il nous est facile de naviguer, un paysage qui représente notre vie, et que nous pouvons ensuite utiliser pour retrouver les souvenirs qui agissent comme des fils conducteurs. Cette *timeline* est comme une voie de chemin de fer qui nous mène à travers une séquence d'événements spécifiques et pertinents : si vous montez à bord de ce train en ayant peur, il vous emmène vers un souvenir terrifiant ; si vous y montez heureux, il vous conduira vers quelque chose de positif. Cela signifie qu'en vous connectant à un moment récent de peur, de colère ou d'une autre émotion d'autosabotage, quelle qu'elle soit, le train peut s'arrêter dans toutes les gares « mémoire » associées au problème en question, et remonter jusqu'à l'endroit où est branché le fil conducteur (il peut y en avoir plus d'un).

Si vous réarrangez le premier souvenir douloureux d'une chaîne qui pose problème, votre perception des événements qui se sont greffés dessus par la suite changera elle aussi, car sur le moment vous aviez dû les interpréter à travers le prisme d'une croyance négative qui était déjà figée. Pour cette raison, même si les souvenirs qui vous viennent vous semblent quelque peu anodins à première vue, il est bon de remonter le plus loin possible. Cependant, la *timeline* est un outil que vous pourrez utiliser à nouveau, et vous aurez toujours la possibilité d'y retourner ultérieurement et d'examiner d'autres souvenirs si nécessaire.

Revisiter des événements qui ont eu lieu avant l'âge de huit ans produit souvent les résultats les plus marquants. Ce sont ces moments qui nous lient directement à nos croyances et valeurs centrales, et qui par conséquent définissent les limites de notre zone d'(in)confort. De plus, ils suivent une façon de penser enfantine associée à un lieu de contrôle extérieur, car ils ont eu lieu à une époque de notre vie où, naturellement, nous n'avions que peu d'emprise sur ce qui nous arrivait. Tout réarrangement d'un schéma de pensée qui nous place en position de victime aura, par ricochet, des répercussions sur le reste de notre cartographie mentale.

Nous ne trouverons pas tous un événement singulier et clairement défini à la première tentative. Certains se souviennent d'une période étendue, par exemple les années passées dans une certaine maison. Parfois, ce qui vient à l'esprit est davantage la combinaison d'événements similaires plutôt qu'un événement qui sort du lot (c'est-à-dire qu'il ne s'agit pas, par exemple, d'un cours de maths précis, mais de la sensation que vous aviez pendant tous les cours de maths avec un professeur en particulier qui vous semblait très méchant). Il peut arriver aussi que vous pensiez à quelque chose mais que vous doutiez fortement de la véracité des événements en question. Ce n'est pas important. Étant donné que, de toute façon, la mémoire n'est pas « réelle », vous pouvez travailler avec tout ce qui vous vient en tête comme si cela documentait le passé (car si vous y pensez ainsi, il est fort probable que votre esprit l'utilise de cette façon).

Transmettez un nouveau message

Quelles que soient les limitations qui peuvent en découler, l'enfance est une période de grande créativité. Notre esprit, dans sa prime jeunesse, est capable de prouesses incroyables lorsqu'il s'agit du merveilleux. Les enfants peuvent se perdre des heures dans des mondes fantastiques de magie ou de batailles imaginaires – quand She-Ra combat la horde des Petits Poneys appartenant à sa petite sœur (je ne suis pas la seule à aimer ça, quand même ?). Une des conséquences les plus fantastiques du travail sur la mémoire est qu'il réactive cette créativité. Le symbolisme qui en résulte peut contribuer de façon décisive au processus thérapeutique, car il permet de réduire la distance entre le conscient et l'inconscient sans trop d'efforts.

Lorsque nous aborderons le processus en lui-même, dans un instant, je vous donnerai des éléments pour le déclencher, mais vous aurez une liberté créatrice absolue en la matière car il s'agit de votre histoire. Vous pourrez entamer une conversation avec votre « moi » plus jeune, pour lui apprendre certaines choses, le prendre dans vos bras, lui montrer quelque chose d'important ou lui donner quelque chose de symbolique. Peut-être aurez-vous envie de danser avec lui sur le rivage, comme Jenny (voir page 417).

Quelle que soit la méthode que vous choisirez, votre esprit vous dira quand vous aurez atteint un stade satisfaisant (et quand vous n'y serez pas encore tout à fait) grâce à vos émotions et vos images. Si votre « moi » plus jeune continue à avoir l'air de manquer d'assurance, alors il faudra peut-être trouver un autre moyen pour faire passer le message. Lorsque vous serez arrivé à bon port, vous le saurez. Vous ressentirez une émotion nouvelle et plus positive, ou bien vous verrez votre « moi » jeune avec un visage plus heureux, plus paisible, plus espiègle, ou encore un aspect de vous-même qui fait preuve de plus de maîtrise de soi.

Trouvez un ancrage

Le processus de connexion des stimuli sensoriels, c'est-à-dire tout ce que nous pouvons voir, entendre, ressentir, goûter ou sentir et qui est lié à un état émotionnel particulier, s'appelle l'« ancrage » en PNL (ou « conditionnement classique » dans d'autres écoles de thérapie). C'est quelque chose qui se fait tout naturellement. Si j'entends la chanson « When Will I Be Famous » de Bros, je me retrouve immédiatement à la boum de fin d'année de mon collège, Blackdale Middle

School, où j'espérais danser un slow avec le garçon qui me plaisait. C'est parce que mon esprit a lié cet ensemble spécifique de sons à l'état émotionnel dans lequel je me trouvais à l'époque (voici comment je le décrirais : « un désir douloureux, nerveux et quelque peu anxieux »).

Cet ancrage « Bros » s'est fait tout seul, bien sûr. Mais nous pouvons aussi provoquer intentionnellement un ancrage, afin de mettre en avant des sentiments positifs et utiles. Tout ce qu'il faut, c'est souligner un marqueur sensoriel spécifique en faisant l'expérience de quelque chose qu'on a envie de répéter (un état de calme, une sensation de confiance ou un sens du lien).

Vous trouverez sûrement plein de façons de créer un ancrage positif dans le processus que vous allez bientôt mettre en application. Chacun est différent, cependant, et je vous conseille de relever tout ce qui pour vous a une connotation positive. Une fois que vous aurez terminé le processus de réarrangement, nous parlerons de la façon dont vous pouvez utiliser cet outil.

Connexion

Quel que soit le problème à surmonter en travaillant avec les fils conducteurs de la mémoire, se concentrer sur les liens que les êtres humains établissent entre eux peut souvent s'avérer extrêmement thérapeutique. En insérant quelqu'un ou quelque chose qui compte pour nous, une « figure importante », dans notre mémoire, nous pouvons utiliser le sentiment de connexion qui en découle pour combler les besoins qui ne l'avaient pas été lorsque l'événement originel s'était produit. Il existe une étape spécifique au cours du processus qui vous permettra de vous focaliser sur la construction et l'ancrage d'un lien entre vous-même et autrui.

La figure importante n'est pas nécessairement un parent. Nous n'avons pas tous la chance d'avoir eu des parents aimants et stables sur lesquels nous appuyer, mais cela ne signifie pas pour autant que l'on ne puisse pas bénéficier de cette partie du processus. Quelle que soit la personne (ou même la chose) que vous choisissez, il faut juste qu'elle soit en mesure de communiquer efficacement le message que vous devez entendre. Certains de mes patients ont eu des conversations imaginaires avec leur conjoint actuel, des amis, des membres de leur famille élargie, une figure spirituelle, des stars du cinéma, des sportifs, des jouets ou même des animaux.

De mon côté, lorsque j'ai réarrangé mon souvenir de la course lors des journées sportives à l'école, c'est mon père qui a été mon point de connexion, car c'est lui qui m'a prise dans ses bras après la course. La séance au cours de laquelle cela s'est passé a eu lieu un an environ après son décès, et l'impact émotionnel en a été énorme. La moitié de ce que j'ai dit ce jour-là était inaudible tant je pleurais et hoquetais. Mais ce fut aussi un moment incroyablement pur et authentique. J'ai pu voir sur le visage de mon père de la fierté et de la tendresse lorsque nous parlions : ses yeux brillaient, ses sourcils étaient légèrement arqués et sa tête, un peu penchée sur le côté. Je pouvais véritablement sentir l'affection qu'il me témoignait. Tout ce processus était fort et viscéral, et je m'en souviendrai toute ma vie.

Métaphoriquement, c'est avec une lumière douce et dorée que mon esprit a choisi de représenter la portée émotionnelle de cette connexion. Même maintenant, à la simple évocation intérieure de cette couleur ancrée, je me sens plus détendue et réconfortée. Cela me rappelle que je dois laisser tomber mon ancien moteur, le « Sois parfaite », pour profiter du moment présent. J'espère que vous aussi, d'ici la fin de ce chapitre, vous aurez une ancre bien à vous, et que vous l'utiliserez de façon tout aussi puissante.

Choisir son moment

> Mise en garde
>
> Ce processus est une adaptation de *Timeline Reconsolidation*, écrit par Trevor Silvester. C'est probablement le processus de mon ouvrage qui sollicite la plus forte implication de votre part, celui qui a la portée la plus grande, également. Si vous savez que dans votre passé il existe quelque chose de particulièrement douloureux, je vous recommande de consulter un ou une thérapeute qui vous aidera à faire la lumière sur ces souvenirs. Cependant, même si rien ne vous semble à première vue traumatisant, il se peut que le processus vous révèle quelque chose qui vous semblera trop difficile à explorer seul, et vous devrez alors vous arrêter. Cela n'arrive que rarement, mais il était indispensable que vous le sachiez.

Ce processus fonctionne en reroutant les pensées qui vous empêchent de vivre pleinement. Il faut donc, avant de commencer, que vous ayez en tête une pensée qui vous limite.

Pensez aux histoires du monstre qui ont eu le plus d'impact sur votre vie et choisissez celle qui semble vous avoir imposé le plus de limites ou qui vous met le plus mal à l'aise.

Identifiez un moment récent

Ensuite, j'aimerais que vous identifiiez un moment récent qui confirme, selon vous, les croyances qui vous limitent. Par exemple, pour travailler sur la pensée limitative « Je suis un raté », vous choisirez un moment, au cours des dernières années, où vous avez senti que vous étiez un raté. Si vous vous attaquez à une tendance à l'autosabotage, prenez un exemple de ce comportement ; la pensée limitative sera le sentiment envers vous-même que cette habitude vous évoque.

Idéalement, comme il nous faut une connexion émotionnelle au problème, le mieux est de choisir quelque chose qui vous inspire encore des sentiments violents lorsque vous y pensez. Les émotions ne seront peut-être pas aussi fortes que lorsque l'événement au cœur du problème a eu lieu, mais ce n'est pas grave.

Replacez-vous dans le moment, accédez à vos émotions

Tout en vous souvenant de ce moment récent, j'aimerais que vous identifiiez les émotions négatives qui vous traversent dans toute leur ampleur. Entrez dans votre souvenir et observez comment vous vous sentez en vous rappelant les éléments visuels et auditifs. Essayez de vous repasser les pires moments et d'énoncer la pensée limitative qui y est connectée. Fermez les yeux et faites-le. Puis, lorsque vous commencez à vous souvenir de la façon dont vous vous sentiez ce jour-là, reprenez votre lecture et répondez à la question suivante :

► *En utilisant une échelle allant de 0 à 10 (10 étant le plus puissant), quelle est la force de votre souvenir de ces émotions négatives ?*

Notez à la fois la note que vous avez mise et la chose exacte qui a déclenché ces émotions, avant de commencer l'exercice proprement dit.

EXERCICE : Débrancher vos fils conducteurs

ÉTAPE 1 : LOCALISATION D'UN FIL CONDUCTEUR

Rappelez-vous la métaphore de la *timeline* que vous avez établie au chapitre précédent (voir page 419). Puis imaginez que vous pouvez flotter au-dessus, que vous pouvez en avoir une vue d'ensemble, comme une carte. Fermez brièvement les yeux pour vous la représenter.

À présent, reconnectez-vous à l'état émotionnel qui vous pose problème en vous plongeant à nouveau dans l'événement négatif récent, avec toute l'intensité émotionnelle possible. Lorsque vous commencez à ressentir les émotions associées dans votre corps, lisez la question ci-dessous et accordez à votre esprit tout le temps dont il a besoin pour faire l'inventaire des événements connectés et en extraire l'événement le plus ancien (si vous avez du mal à trouver le fil conducteur, vous pouvez vous aider en répétant la pensée limitative dans votre tête, afin de rester sur la bonne voie) :

▶ *Si votre inconscient était au courant des tout premiers événements associés à cette émotion et si, en le revisitant, vous étiez capable de vous débarrasser de l'autosabotage qui y est lié, de quel événement s'agirait-il ?*

Prenez le temps qu'il vous faut pour vous fixer sur un événement avant de continuer.

ÉTAPE 2 : EXAMEN DU SOUVENIR

Si vous ne l'avez pas fait, remontez votre *timeline* pour vous retrouver en train de flotter au-dessus du souvenir en question.

À présent, penchez-vous et examinez la situation, presque comme si cela arrivait à quelqu'un d'autre. Regardez se dérouler la séquence des événements. Essayez de vous souvenir si vous étiez avec d'autres personnes ou seul, si c'était le jour ou la nuit, si vous étiez à l'intérieur ou dehors, etc. Si vous pensez à une période relativement longue, observez seulement les moments clés qui vous viennent à l'esprit, et choisissez-en un comme point d'appui.

Passez un peu de temps à observer votre « moi » plus jeune, ainsi que ses réactions. Remarquez son langage corporel et ce qu'il aurait pu dire ou faire dans la situation en question. Relevez les pensées qui traversaient son esprit et voyez comment elles ont pu devenir la pensée limitative avec laquelle vous travaillez. Fermez les yeux un moment et observez la scène en détail. Puis, lorsque vous pensez avoir fait le tour de ce souvenir, reprenez votre lecture et répondez à la question suivante :

▶ *S'il existait un lien entre cet événement et le ou les problèmes que vous avez eus jusqu'à présent, quel serait-il ?*

Prenez un moment pour penser à tout ce qui relie cet événement à votre problème dans votre vie d'adulte. Quels éléments vous semblent similaires ?

Par écrit : Décrivez ce souvenir de manière fluide en prêtant attention aux émotions : ce qui s'est passé, comment vous vous êtes senti et les liens entre cet événement et d'autres aspects de votre vie.

ÉTAPE 3 : NOUVELLES LEÇONS

Répondez à cette question :

▶ *S'il y avait quelque chose que vous pouviez enseigner à votre « moi » plus jeune, quelque chose qui lui permettrait, en l'apprenant, de complètement s'affranchir de cet événement et de la croyance qui y est associée, de quoi s'agirait-il ?*

Réfléchissez à cela un moment.

Une fois que vous avez trouvé un nouveau message plus positif pour contrer l'ancienne situation difficile, demandez-vous : « Et qu'aurait-il besoin de savoir encore ? »

Je vous suggère de chercher trois « leçons » différentes à enseigner à votre « moi » plus jeune. Que doit-il savoir à son propre sujet et concernant les autres ? Quels mots doit-il entendre pour se sentir mieux par rapport à cette situation ?

Prenez votre temps et assurez-vous d'avoir tout envisagé avant de continuer.

À présent, imaginez que vous pouvez transmettre ces leçons à votre « moi » plus jeune, celui qui a vécu ces événements. L'idée est de le faire de la façon qui vous semble la plus efficace. Il pourrait s'agir de quelque chose dont vous visualisez l'action, une sorte de métaphore, peut-être, comme une lumière ou un avion en papier comportant un message. Il pourrait aussi s'agir de quelque chose que, plus jeune, vous auriez voulu entendre : des mots ou un certain morceau de musique. Ou bien vous pouvez trouver une façon émotionnelle pour transmettre ces idées positives. Soyez attentif à tout ce qui vous vient à l'esprit, et laissez votre inconscient faire le travail pour que votre « moi » plus jeune absorbe entièrement ces messages positifs.

Fermez les yeux et restez un moment avec cette visualisation. Lorsque vous voyez que votre « moi » plus jeune commence à comprendre, reprenez votre lecture.

Par écrit : Décrivez ce que vous avez en tête comme si vous étiez en train de raconter une histoire. Commencez au début et décrivez le moment d'apprentissage, la façon dont il s'est déployé. En écrivant, connectez-vous aux émotions éprouvées aussi bien par la personne que vous étiez à l'époque que par celle que vous êtes devenue.

ÉTAPE 4 : CONNEXION INTERPERSONNELLE

À présent, il est temps de relier votre « moi » ancien à une figure importante. Ce pourrait être quelqu'un dont, à l'époque, vous vous sentiez douloureusement éloigné, ou tout simplement quelqu'un qui possède les capacités cognitives ou émotionnelles, ou encore l'expertise pour communiquer le message que votre « moi » plus jeune a besoin d'entendre. Regardez parmi les personnes que vous aimez, celles qui vous aiment, que vous admirez, etc. Pour choisir cette personne, répondez à cette question :

► *S'il existait quelqu'un qui pouvait communiquer un message positif à votre « moi » plus jeune, et si, en l'entendant de sa part, vous pouviez vous débarrasser du problème, de qui s'agirait-il ?*

Lorsque vous avez cette personne en tête, pensez à la façon la plus persuasive dont elle pourrait communiquer le message de transformation.

Cette communication peut se faire par une action ou des mots, ou encore de manière entièrement métaphorique. Fermez les yeux et laissez monter l'idée en vous avant de continuer votre lecture.

Lorsque vous avez trouvé, regardez la scène se dérouler dans votre esprit comme sur un écran de cinéma. S'il s'agit de mots, faites attention au ton utilisé. Observez les autres interactions qui pourraient aider votre « moi » plus jeune à lâcher prise : gestes, contacts physiques, jeux ou autres activités partagées, et repérez le langage corporel ainsi que les expressions sur les visages de tous les personnages. Passez un moment à tout observer en détail, en vous assurant que vous permettez à votre « moi » plus jeune de réagir comme il en a envie.

Ensuite, je voudrais que vous observiez comment cette figure importante se sent face à votre « moi » plus jeune. Mettez-vous à sa place un instant. Observez la situation depuis sa place et ses idées sur les pensées limitatives que votre « moi » plus jeune essaie de former. Puis regardez votre « moi » plus jeune à travers ses yeux et plongez dans les émotions que cette figure importante ressent. Comment décririez-vous ses sentiments ? Pourrait-il s'agir de quelque chose se rapprochant de l'amour ou d'un sentiment maternant ? Ou bien pourrait-il s'agir de fierté, de respect, d'optimisme, ou de tout autre chose ? Prenez le temps de renouer avec cette émotion positive. Puis, lorsque vous la ressentez pleinement, répondez à cette question et fiez-vous à la première chose qui vous vient à l'esprit :

► *Si ce sentiment avait une couleur, de quelle couleur s'agirait-il ?*

J'aimerais que vous imaginiez que cette couleur se transfère de cette figure importante à votre « moi » plus jeune, en connectant les deux êtres. Passez un moment à imaginer les détails que votre esprit associe à cette couleur : est-elle douce ou lumineuse ? Le flux est-il fort et puissant, ou doux et graduel ? Le flux entre-t-il dans le corps de votre « moi » plus jeune à un endroit particulier afin qu'il le ressente plus intensément ? Ou peut-être serait-il plus puissant s'il pouvait envelopper entièrement ces deux personnages ? Fermez les yeux et visualisez cette connexion.

Ensuite, prenez un moment pour repérer comment vous vous sentez quand cette connexion s'intensifie. Cette couleur vous semble-t-elle lourde ou légère ? Est-elle chaude ou froide, tiède ou rafraîchissante ? Quelle sorte d'effet produit-elle sur votre « moi » plus jeune une fois qu'il l'a pleinement absorbée ? Ce sentiment vous apporte-t-il de l'énergie, du réconfort, de la puissance ou autre chose encore ? En laissant votre « moi » plus jeune l'absorber, visualisez un moment l'émotion qui circule tout autour de lui et qui l'aide à se sentir en sécurité, important et connecté.

Si nécessaire, vous pouvez aussi laisser votre « moi » plus jeune renvoyer cette connexion vers la figure importante, comme je l'ai fait avec mon père. Remarquez comment chacun réagit à l'émotion partagée.

Enfin, faites répéter le message positif par la figure importante tout en visualisant la métaphore de la connexion, la couleur, et observez votre « moi » plus jeune qui comprend pleinement le message.

Par écrit : Décrivez de façon fluide et expressive cet échange, en vous concentrant sur tout ce qui vous semble avoir une forte charge émotionnelle.

ÉTAPE 5 : RECONNEXION

La phase finale du réarrangement du souvenir consiste à créer une connexion entre les deux parties de vous-même. Imaginez que, tel que vous êtes actuellement, vous pouvez entrer dans ce souvenir, à la rencontre de votre « moi » plus jeune, tel qu'il est désormais. Une fois que cela est fait, regardez votre « moi » plus jeune et pensez à trois choses qui vous plaisent ou qui vous inspirent du respect à son sujet. Comment vous sentez-*vous* désormais ?

À présent, je voudrais que vous utilisiez cette même couleur pour relier votre « moi » enfant à votre « moi » adulte. Fermez les yeux un moment et visualisez votre couleur qui circule entre vous. Une fois de plus, notez bien la réaction de votre « moi » plus jeune, son langage corporel, les expressions de son visage et la manière dont cette connexion l'aide. Pensez à cette question :

▶ *Existe-t-il quelque chose que votre « moi » plus jeune a besoin d'entendre, de voir, ou faut-il lui montrer quelque chose afin qu'il lâche vraiment prise ?*

Maintenant, vous pouvez laisser libre cours à votre créativité. Existe-t-il une activité qui aiderait votre « moi » plus jeune à se sentir mieux dans sa peau ? Aurait-il besoin de savoir quelque chose au sujet de son futur ? Y aura-t-il de l'amour ou du succès pour lui ? Une sorte d'échange métaphorique est-il nécessaire, comme la médaille de saint Christophe de Robert ? Repérez ce qui vous vient à l'esprit et prenez le temps de bien le visualiser.

Note : Au début de la troisième partie (page 345), je vous ai demandé d'imaginer ce que vous pourriez faire avec votre monstre. Vous pouvez envisager de le faire maintenant.

Par écrit : Notez trois choses que vous aimez le plus au sujet de votre « moi » plus jeune, et décrivez toutes les interactions additionnelles que vous avez envisagées.

ÉTAPE 6 : LE MESSAGE LE PLUS PUISSANT

À présent, prenez un peu de recul par rapport à ce souvenir et observez la façon dont vous le voyez désormais. Laissez le nouveau récit de cet événement se déployer et considérez ce qui pourrait constituer le message le plus important et le plus positif de tout ce réarrangement.

Lorsque vous avez une idée de message, exprimez-la en une seule phrase ou en une expression plus globale. Par exemple : « Tu mérites qu'on s'intéresse à toi comme tu es », ou : « Tu es déjà quelqu'un de bien. »

J'aimerais que vous imaginiez que votre inconscient puisse stocker ce souvenir d'une nouvelle façon, afin que chaque fois que vous vous le rappelez vous puissiez vous remémorer ce message positif.

Puis flottez à nouveau au-dessus de votre *timeline*, afin de la voir tout entière, et imaginez que, comme lorsqu'on jette un caillou dans une mare, les ondes du souvenir réarrangé progressent jusqu'au moment présent. En observant cet effet, faites se déplacer le long de votre *timeline* la couleur métaphore de la connexion positive. En allant vers le présent, cette couleur passe à travers tous les événements qui étaient connectés au problème que vous aviez. Visualisez ce qui se passe pendant un temps.

Puis avancez vous-même sur votre *timeline*. Sur ce chemin, en passant par les événements importants, arrêtez-vous un moment et délivrez le message positif à vos différents « moi » qui ont besoin de l'entendre. Laissez la couleur pénétrer chacun de ces événements, et imaginez comment vous auriez pu réagir au flux de chaleur, de légèreté ou aux autres qualités qui y sont associées.

Accordez à votre inconscient le temps qu'il lui faut pour que cette couleur, cette sensation et ce message parviennent jusqu'au moment présent. Lorsque vous y êtes, votre inconscient possède toutes les clés pour se libérer.

ÉTAPE 7 : L'AVENIR

Pour finir, imaginez que les effets provoqués par cette couleur atteignent votre futur. Toujours comme lorsqu'on jette un caillou dans une mare et qu'on y voit des cercles d'ondes qui s'élargissent et englobent de plus en plus de choses, les changements que vous effectuez ici auront de plus en plus de répercussions.

Alors suivez votre couleur vers l'avenir, jusqu'à un événement qui, s'il s'était déjà produit, *serait* lié au problème que vous avez eu. Pour éviter le piège du mirage, ici, imaginez quelque chose qui doive se produire relativement rapidement, et où vous pourrez constater les améliorations. Puis assurez-vous que votre « moi » futur est lié à la couleur métaphore et au message qu'elle peut vous enseigner. Ensuite, répondez à cette question :

► *Dans quelle mesure cela vous semble-t-il différent ?*

Pour la visualisation finale de cet exercice, imaginez pendant un moment toutes les façons dont votre « moi » futur se sent, se comporte et parle différemment.

Remarquez ce que vous arrivez à faire lorsque vous avez bien en tête ce nouveau message et comment il vous aide à mieux répondre à vos besoins. Observez la façon dont vos relations aux autres changent, et quels types de choix vous faites en matière de carrière, de loisirs ou d'orientation. Imaginez que votre « moi » futur mémorise bien cette couleur, cette sensation et cette compréhension quand il crée la vie qu'il désire vraiment mener. Ensuite, quand vous êtes prêt, rejoignez ce moment futur, afin d'en faire l'expérience comme si vous aviez déjà toutes les ressources, tous les talents et toutes les capacités nécessaires. Notez comment vous vous sentez grâce à ce nouveau « moi ».

Par écrit : Décrivez l'avenir que vous envisagez. Comme toujours, faites attention à décrire ces changements par des tournures de phrases positives, plutôt que négatives.

Lorsque vous avez fini, accordez-vous un moment pour revenir dans l'instant présent, et, s'il vous plaît, félicitez-vous pour le travail que vous venez d'accomplir ! Avant de continuer, vous pouvez faire une petite pause – un thé ou un café ? Cependant, je vous recommande de lire les dernières pages de ce chapitre avant d'arrêter pour aujourd'hui. Vous venez de créer un outil très puissant, et j'aimerais vous expliquer comment l'utiliser tout de suite.

Une couleur comme ancrage

Vous avez utilisé une couleur bien précise pour représenter votre relation à vous-même et aux autres pendant le réarrangement du souvenir. L'idée est que cette couleur constitue un ancrage que vous allez pouvoir utiliser. Votre esprit a créé une équivalence entre cette couleur et un certain état d'acceptation, d'amour, de fierté (ou tout autre terme qui décrive ce que vous avez vécu). Elle représente aussi un moment où vos besoins ont été comblés, car l'effet de ce type de connexion sur notre « moi » plus jeune nous aide plus généralement à nous sentir davantage en sécurité (besoin de sécurité), plus détendus, plus joyeux (besoin de variété), plus importants ou plus reconnus (besoin de reconnaissance), plus aimés (besoin d'amour et de connexion), plus ouverts à l'idée d'apprendre (besoin d'évolution), plus aptes à agir auprès des autres (besoin de contribution) – ou tout cela à la fois.

Cet ancrage vous aidera aussi à quitter un état de protection pour entrer dans une phase de fluidité émotionnelle et d'expansion. Il vous servira de métaphore pour l'acceptation de soi car il se fonde sur la sensation positive que vous avez générée en visualisant votre « moi » plus jeune.

Si vous avez réarrangé un souvenir lié à une pensée limitative à laquelle vous résistiez de toutes vos forces, l'ancrage pourrait aussi représenter ce moment où vous vous êtes permis d'accepter et d'aimer cet aspect de votre personnalité, cet aspect qu'auparavant vous aviez essayé de nier parce que c'était un aspect plein de douleur. L'ancrage peut donc agir comme un rappel qu'il faut arrêter de résister ; c'est un outil pour que votre monstre ne soit plus monstrueux.

Convoquer l'ancrage

L'utilisation de la couleur comme ancrage pour définir un contenu émotionnel est un outil particulièrement efficace. D'abord, la couleur est quelque chose de facile et de rapide à se représenter (la plupart des gens n'ont pas besoin de fermer les yeux pour penser à une couleur). C'est aussi une notion très souple : vous pouvez séparer votre couleur de la scène d'origine sans que les émotions de la scène en question disparaissent, et utiliser ensuite votre couleur dans diverses situations.

Nous allons appeler « convoquer l'ancrage » le processus grâce auquel vous allez vous rappeler votre couleur au moment opportun. Voici comment y parvenir.

Confiance/calme

Votre ancrage peut servir à recouvrer votre confiance ou à parvenir à un état d'esprit plus serein. Dès à présent, prenez un moment pour convoquer votre ancrage en imaginant la couleur qui se répand dans votre corps. Repérez comment vos muscles réagissent. Se relâchent-ils ? De nombreuses personnes remarquent aussi une sensation de chaleur, de légèreté ou de picotement quand ils font cela… Ces sensations n'ont pas besoin d'être très fortes, mais si vous ressentez quelque chose qui y ressemble, c'est le signe que vous venez de créer un outil puissant pour déclencher des changements émotionnels positifs. C'est très encourageant.

Relationnel

Vous pouvez aussi utiliser cet ancrage pour améliorer vos rapports aux autres et vos facultés de communication. La honte, la peur, le manque de confiance en soi ou toute autre émotion pouvant vous précipiter dans un état de protection sont autant d'entraves à votre capacité à vous lier avec les autres de façon libre et spontanée. En convoquant votre ancrage lors de vos interactions avec autrui, vous donnez une autorisation métaphorique à votre esprit : il a le droit d'exprimer une version calme et pleine d'acceptation de ce que vous êtes, une version à laquelle les autres réagiront plus agréablement.

Imaginez pendant un moment votre couleur vous reliant à quelqu'un que vous aimez. Fermez les yeux, pensez à cet être qui vous est cher, remarquez comment il se tient, assis ou debout, et l'expression de son visage, puis laissez la couleur se déplacer de vous vers lui, comme vous l'avez fait avec votre « moi » plus jeune. Notez ce que vous ressentez vis-à-vis de lui ainsi que vis-à-vis de cette relation elle-même. Puis remarquez comment il réagit, lui aussi.

La prochaine fois que vous voudrez être certain d'être pleinement connecté à quelqu'un avec qui vous parlez, convoquez votre ancrage de cette façon.

Une fois que vous avez un tel ancrage, vous pouvez l'utiliser – comme Robert avec l'image de la médaille de saint Christophe – pour contrer vos moments d'autosabotage.

Vous pouvez envisager cela comme une « interruption de schéma ». Vous le savez, ce sont nos émotions qui inspirent nos choix en matière de comportement. Cela signifie qu'à tout moment, et en particulier juste avant de faire quelque chose que nous ne souhaitons pas faire, nous pouvons interrompre la séquence émotionnelle à laquelle nous sommes habitués, et ouvrir une fenêtre d'opportunité qui mène au changement. Cela exige que nous prenions nos responsabilités à ce moment-là. À chaque fois que nous agissons ainsi dans une situation où, autrement, nous aurions eu l'impression de ne pas nous contrôler, nous renforçons notre lieu de contrôle intérieur.

Pensez à l'un de vos autosabotages, que ce soit de la procrastination, de l'anxiété, le fait de vous ronger les ongles ou de céder à la pression de votre entourage et de fumer une cigarette lors d'une soirée entre amis. Puis convoquez votre ancrage en imaginant votre couleur qui remplit votre moi imaginaire à ce moment-là. Laissez cette couleur modifier votre comportement, vos pensées et vos sentiments, afin que vous puissiez réagir à ce défi comme vous le souhaiteriez. Ensuite, la prochaine fois que vous serez tenté par ce comportement, faites une pause et répétez l'image : vous avez les moyens de reprendre le contrôle.

Tout ce que je viens de décrire ne prend que quelques secondes à réaliser face à un défi. Dans un instant, nous allons voir comment vous pouvez intégrer cet ancrage au processus de plongée, afin d'en maximiser les effets. Mais auparavant, nous allons tester ce nouvel outil que vous venez de créer.

Testez votre ancrage

L'ancrage se renforce au fur et à mesure qu'on l'utilise, mais vous pouvez tester le vôtre tout de suite pour voir son degré d'efficacité.

Pensez au souvenir récent que vous avez utilisé tout au début du processus pour vous connecter à des pensées négatives. Puis imaginez que votre couleur imprègne ce souvenir. Vous pouvez l'imaginer en train de colorer la scène tout entière, ou les objets qui la composent, ou juste votre « moi » de ce jour-là. Laissez la couleur agir un moment sur tous les éléments qui auraient besoin d'une transformation. Puis répondez aux questions suivantes :

1. Maintenant que vous avez placé votre couleur d'ancrage au cœur de ce souvenir, que remarquez-vous si vous essayez d'accéder aux anciennes émotions ?
2. Si vous deviez évaluer ces anciennes émotions en utilisant une échelle allant de 0 à 10 (0 étant totalement neutre), où les situeriez-vous ?

Si l'intensité émotionnelle de l'événement dont vous vous souvenez a été réduite, ou si à présent vous y pensez tout simplement autrement, vous avez fait un très bon travail. Bravo !

Sinon, ne vous inquiétez pas. Vous avez peut-être besoin d'un peu plus de temps pour assimiler ce réarrangement. Si au bout de quelques jours vous avez toujours l'impression que c'est inefficace, c'est peut-être parce qu'un autre souvenir, potentiellement plus ancien, détient la clé du problème. Ou peut-être avez-vous besoin de travailler encore un peu ce réarrangement du souvenir : vous pouvez remonter votre *timeline* vers un souvenir autant de fois que nécessaire, en y ajoutant de nouveaux messages, de nouvelles métaphores, de nouveaux personnages, jusqu'à obtenir le changement désiré.

EXERCICE : Plongée vers l'acceptation de soi

Le processus de plongée va être enrichi par votre ancrage. Que vous l'utilisiez pour accéder à un état de calme, pour vous sentir pleinement connecté aux autres ou pour vous comporter différemment dans une situation difficile, votre couleur constitue un moyen rapide et puissant de rediriger votre attention et de modifier votre état émotionnel.

Voici les étapes de l'exercice :

1. Demandez-vous : « À quoi je pense ? »
2. Demandez-vous : « Qu'est-ce que je ressens ? »
3. Demandez-vous : « Quelle est l'histoire du monstre ? »
4. Maintenant, respirez... et convoquez votre ancrage.

Si vous voulez le faire tout de suite, commencez par choisir un élément sur lequel vous concentrer, une situation où vous souhaitez bénéficier d'un sentiment plus fort d'acceptation de vous-même. Puis suivez ces étapes :

ÉTAPE 1 : DEMANDEZ-VOUS : « À QUOI JE PENSE ? »

Prenez conscience de vos pensées en relation avec le sujet que vous avez choisi. Observez et écoutez votre dialogue intérieur.

ÉTAPE 2 : DEMANDEZ-VOUS :
« QU'EST-CE QUE JE RESSENS ? »

À présent, plongez à l'intérieur de votre corps pour y observer la manifestation physique des émotions qui sont connectées. Faites bien attention à la façon dont vous ressentez ces sensations, et créez un symbole métaphorique qui les représente.

ÉTAPE 3 : DEMANDEZ-VOUS :
« QUELLE EST L'HISTOIRE DU MONSTRE ? »

Pour être certain de savoir ce à quoi vous avez affaire et d'accéder à un point de vue depuis un lieu de contrôle intérieur, écoutez votre expérience profonde pour établir ce à quoi vous réagissez vraiment. Puis complétez cette phrase :

« Je me sens [émotion X] car une partie de mon esprit veut croire [l'histoire de votre monstre]. »

ÉTAPE 4 : MAINTENANT, RESPIREZ...
ET CONVOQUEZ VOTRE ANCRAGE

Respirez de façon fluide et agréable en examinant les idées qui vous viennent, sur au moins trois expirations. En faisant cela, détendez vos muscles de façon consciente et observez vos sensations physiques. Puis convoquez votre ancrage à l'aide d'une de ces trois méthodes :

a) Imaginez la couleur qui entre dans votre corps pendant que vous respirez.

b) Imaginez la couleur qui circule entre vous et la personne avec laquelle vous souhaitez établir une connexion ou communiquer plus librement.

c) Imaginez la couleur qui se détache de vous pour se diriger vers la situation où vous voulez bénéficier d'une plus grande assurance.

FINIR

Comme toujours, je recommande de finir par un examen de votre cartographie de la réalité, grâce à la question des « nouveaux territoires » :

► *« Si je devais réécrire cette histoire du monstre, comment la ferais-je différemment ? »*

Utilisez l'ancrage, ou il se perdra

L'ancrage est un procédé qui gagne en puissance quand on l'utilise, de la même manière qu'on renforce un muscle en s'entraînant. Cet exercice psychologique ne s'épuise jamais. Mais si vous ne l'utilisez pas, il sera peu efficace. Vous n'aurez jamais de gros biceps si vous ne faites qu'une flexion ; il faut continuer à soulever des haltères. Heureusement, convoquer l'ancrage prend beaucoup moins de temps qu'une séance d'entraînement, et même si je vous recommande de pratiquer ces exercices régulièrement au cours des deux ou trois semaines qui viennent pour vous assurer que vos nouvelles capacités sont bien intégrées, ensuite, vous n'aurez plus besoin de le faire aussi souvent.

Vous pourrez maintenir votre ancrage par une plongée, ou d'une autre façon qui vous convienne, seulement quelques fois par mois.

Avant d'entamer la quatrième partie, pensez aux différents contextes de votre vie au sein desquels votre ancrage pourrait vraiment vous aider. Puis je vous suggère de commencer à plonger profondément dans chacun de ces contextes, afin de construire une association entre ces moments et l'utilisation de votre ancrage.

Vous découvrirez peut-être que vous avez besoin de soulever quelques haltères de plus avant que ces muscles mentaux soient assez forts pour vous permettre de soulever des poids lourds. Ou peut-être allez-vous découvrir que votre couleur d'ancrage arrive déjà bien à imprégner les comportements qui vous échappent dans les situations problématiques que vous avez identifiées. Il faut juste vous souvenir que plus vous pratiquez, plus vos capacités deviendront importantes.

Résumé de la troisième partie « Le jeu »

Dans la troisième partie, nous avons vu comment construire un lien entre la partie consciente et la partie inconsciente de notre esprit, pour que le capitaine parle la langue de l'équipage. Ce langage commun, c'est celui de l'allégorie. Il s'appuie sur la nature métaphorique de la mémoire. Voici les principaux points que nous avons abordés.

La métaphore (page 348)

Parce qu'elle possède un grand pouvoir de conviction, la métaphore joue un rôle clé dans la plupart des styles thérapeutiques. Une fois que nous savons comment créer une métaphore, nous pouvons utiliser le fait que notre cerveau adore les équivalences (si $x = y$, alors $10x = 10y$) pour faire des suggestions à notre inconscient et obtenir des changements.

La plongée vers la fluidité émotionnelle (page 368)

Une des options que nous avons est d'insérer des suggestions métaphoriques dans le processus de plongée que nous avons vu dans la deuxième partie (chapitre 8). Cela nous permet d'exercer un certain contrôle sur la façon dont nous nous sentons, surtout lorsque nous savons que la réaction de notre inconscient n'est pas fondée.

Le récit (page 373)

Comme la métaphore, les histoires que nous nous racontons influencent notre façon de penser et nous aident à apprendre. Au cours du chapitre 10, nous avons vu comment on peut raconter une histoire de façon métaphorique afin de faire des suggestions plus complexes à la partie inconsciente de notre esprit concernant la façon dont nous aimerions agir ou nous sentir.

La mémoire métaphorique et la *timeline* (page 419)

Au cours du chapitre 11, nous nous sommes penchés sur la reconsolidation de la mémoire et nous avons étudié l'idée que les souvenirs sont métaphoriques. Nous avons développé une métaphore visuelle du temps, la *timeline*. C'est une cartographie de notre vie sur laquelle nous pouvons déceler les souvenirs qui sont les « fils conducteurs ».

Débrancher vos fils conducteurs (page 445)

Dans le chapitre 12, nous avons appris à réarranger de façon décisive les souvenirs d'expériences problématiques passées. Nous avons aussi établi un ancrage (la couleur liée à une connexion bénéfique), de façon à réitérer le message positif et à contrer les moments d'autosabotage.

La plongée vers l'acceptation de soi (page 460)

Enfin, nous avons évoqué une troisième variation de la technique de la plongée, qui utilise l'ancrage de la couleur à l'étape de la respiration finale.

QUATRIÈME PARTIE

Le but

La quatrième partie va vous montrer comment utiliser les outils que vous avez développés au fil du livre, afin de vous épanouir dans votre vie. Le but est d'éviter l'angoisse qui pourrait naître à force de trop se regarder le nombril, et d'entamer une existence pleine d'énergie et de sens.

QUATRIÈME PARTIE : SOMMAIRE

13

Les mentors

Acceptation de soi et connexion interpersonnelle

Nous sommes le 15 décembre 2013. Aujourd'hui, j'ai vécu une drôle d'expérience. Depuis mon arrivée très calme sur le ring jusqu'au brouhaha du public comme assourdi sous un manteau de neige, tout ce combat que j'ai gagné s'est déroulé comme un rêve, rien à voir avec le cauchemar habituel. Bien sûr, au début j'étais nerveuse, c'était un combat important. Mais cette fois-ci, j'ai été capable d'utiliser mon énergie différemment. Au lieu d'être emportée par une vague d'émotions, j'ai eu l'impression de nager agréablement : je n'étais pas terrifiée, j'étais excitée et concentrée. Quelque chose à l'intérieur de moi était différent, moins désespéré, moins conflictuel, moins solitaire. Pas de trace de quoi que ce soit de désagréable – comme si la partie la plus sombre de ma vie avait été effleurée par un rayon de soleil matinal. Je découvre de nouveaux espaces intérieurs, plus fertiles.

Alors que je lève le bras en signe de victoire, une douce vague de chaleur envahit mon corps, et pour la toute première fois de ma carrière sur un ring je sens naître sur mes lèvres un sourire. Je suis contente que ce soit ici, dans ce gymnase miteux de l'Essex où se tiennent les championnats nationaux féminins et non pas dans la salle plus glamour d'un événement international, qu'enfin je ressente davantage que du soulagement en gagnant. Je sais bien que ma performance est loin d'être parfaite. Je m'en rendrai compte lorsque je regarderai le match plus tard. Mais je ne suis pas désespérée à l'idée de voir tout ce qui ne va pas. Je m'accepte avec mes défauts.

Je regarde les rangs de spectateurs et j'y aperçois quelques amis et collègues d'entraînement avec qui je peux partager mon succès. Et tout à coup, des larmes coulent sur mes joues. Je réalise alors que j'ai en moi un sentiment de joie plus profond que la simple fierté du travail bien fait. Cette victoire n'est pas uniquement la mienne, comme je le pensais avant, dans mon univers de peur. Ce serait déformer le sens de cette joie que de la restreindre ainsi. Mon sentiment de plénitude vient aussi de ce partage.

Sur le chemin du retour, après la compétition, alors que l'effet de l'adrénaline s'estompe et que je m'assoupis, j'ai la sensation que ma vie a trouvé un sens nouveau – que brûle en moi un feu nouveau.

Au début de ce livre, je vous ai dit que ce combat signifiait bien plus pour moi que le simple fait de décrocher un nouveau titre. Sur le papier, ce titre n'était pas, de toute façon, le plus grand de ma carrière. De plus, même si j'avais retrouvé une grande partie de ma forme, j'étais encore bien loin d'être à 100 % et je n'ai probablement pas montré ce que je pouvais faire de mieux. Mais la réussite objective n'avait pas grand-chose à voir avec l'importance de ce moment pour moi. Ce qui comptait à mes yeux, c'était ma victoire intérieure.

Jusqu'à la dernière année de ma carrière, l'idée de victoire n'avait jamais été qu'un mirage flou flottant devant moi. Quoi que je fasse, je ne buvais jamais l'eau de l'oasis. Mais quand j'ai levé le bras vers le ciel et que j'ai souri, là j'ai su que j'avais atteint un point d'accomplissement total. J'avais enfin laissé la petite fille en tenue de sport me rejoindre dans la bataille. Nous avons triomphé ensemble, et c'est elle qui m'a montré comment y prendre du plaisir.

Le paradoxe est là : après tout ce temps passé à fuir mon « petit monstre », c'était lui qui avait fait de ce mirage quelque chose de réel que je pouvais toucher et savourer. Ce jour-là, j'ai également appris qu'en regardant autre chose que moi-même, je pouvais aussi oublier mon angoissant besoin de toujours devoir faire mes preuves. J'ai vu des gens que la honte m'avait empêchée de voir, j'ai arrêté de les éviter, j'ai pu être connectée à eux.

Parent, Adulte et Enfant

Dans l'analyse transactionnelle, le « moi » est divisé en trois « états d'ego », qui sont essentiellement les trois parties principales de la personnalité : Parent, Adulte et Enfant. Nous avons déjà rencontré un concept à trois composantes (le Triangle du drame) : c'est ici une autre façon de comprendre le conflit intérieur. Plutôt que nous montrer ce que nous devons enlever, cette théorie nous explique comment faire évoluer les parties de notre personnalité qui ont tendance à aller vers le conflit.

Adulte

L'Adulte est le capitaine. C'est notre identité consciente, rationnelle, qui réfléchit. Cette partie n'est pas émotionnelle. C'est la composante logique et raisonnable.

Enfant

L'Enfant est notre identité sensible. Il sera le protagoniste de nos premiers souvenirs réactualisables, et c'est lui que nous rencontrons lorsque nous « plongeons ». Quand notre équilibre intérieur n'est pas stable, l'enfant joue le rôle de la Victime.

Parent

Le Parent représente l'identité d'expérience, la partie de nous qui a traversé l'existence, et qui fonde ses jugements et ses décisions sur cette connaissance de la vie. Le Parent définit des objectifs et décide comment les atteindre. Mais, à votre avis, que va-t-il se passer si le Parent pousse son Enfant à faire quelque chose que ce dernier déteste ou dont il a peur ? L'Enfant va se rebeller.

Familles heureuses

L'autosabotage résulte d'un désaccord intérieur. Afin d'éviter ce genre de conflit psychologique, les trois parties principales de l'identité doivent travailler de concert, en harmonie, et deux conditions doivent être remplies pour que cela soit le cas :

1. Le Parent doit occuper une place nourricière et non pas critique, afin d'éviter de persécuter l'Enfant et de provoquer sa désobéissance.
2. L'Enfant doit avoir le droit de vivre et d'exprimer ses émotions en toute liberté si les défis sont sains et que l'évolution est en jeu.

Lorsque ces deux conditions sont respectées, les trois parties pourront communiquer de manière efficace avec leur propre langage et contribuer à une sensation d'harmonie pour le « moi » en entier. Si ces conditions ne sont pas réunies, en revanche, il va y avoir une déperdition d'énergie intérieure.

La face sombre de l'Enfant

Le monstre est la part sombre de l'Enfant. Il est constitué d'émotions et de comportements qui en découlent et que nous voulons renier. Mais nous ne pouvons pas nous débarrasser réellement de la face sombre de l'Enfant, et nous ne pouvons ignorer nos émotions qu'en créant une émotion supplémentaire (un brusque changement d'humeur ou une crise de panique, peut-être). Lorsque nous résistons à nos monstres, nous essayons de les punir de la même façon qu'un parent exaspéré pourrait punir son enfant trop agité. Mais, comme vous le diront de nombreux parents, lorsque vous punissez un enfant, il vous le fait souvent payer cher.

La petite fille apeurée qui ressentait le besoin de gagner l'amour de son père, voilà mon monstre et mon identité Enfant. En refusant de l'écouter, j'agissais comme un parent critique envers cette partie de ma personnalité, laquelle finissait par se rebeller (comme lorsque je tombais malade, ou à chaque fois que j'avais une montée d'adrénaline à l'idée d'aller jouer au billard). Je devais me débarrasser de mon désir pulsionnel de répression, avant de pouvoir sainement quitter mon conflit intérieur fait de honte. En écoutant et en nourrissant mon identité émotionnelle, ma partie Enfant, je lui ai enlevé son côté monstrueux et je l'ai invitée à se joindre à moi. Désormais, je suis heureuse d'avoir cette petite fille « pas assez » dans mon équipage. Et je suis bien plus avisée avec elle à mes côtés.

Je dois cependant clarifier un point. Lorsque je vous invite à laisser votre partie Enfant entrer dans votre vie, je ne veux pas dire que nous devons agir de manière infantile. L'identité émotionnelle peut parfois nous faire des suggestions peu raisonnables. Sortir nous amuser avec des amis quand nous devons remplir notre déclaration d'impôts où nous mettre à trépigner parce que notre chéri a changé de chaîne ne sont pas des super idées. Pour que la « famille intérieure » reste heureuse, il n'est pas question de céder à tous les caprices de l'Enfant. Il s'agit plutôt de respecter la motivation qui se trouve derrière nos pulsions émotionnelles. Et de laisser les trois parties – Parent, Adulte et Enfant – s'accorder sur la meilleure façon de procéder.

Cette intégration ouvre aussi la possibilité de parfaire l'éducation de l'Enfant. En communiquant intérieurement de façon plus efficace, nous pouvons donner quelques indications à notre partie Enfant afin de nous débarrasser de réactions intempestives – comme sauter sur une chaise lorsqu'une araignée montre le bout de ses huit pattes. Des processus tels que ceux que nous avons appris dans la troisième partie permettent à l'Adulte et au Parent d'entrer en scène et de modérer la logique pernicieuse des pensées limitatives de l'Enfant. Pour ce faire, nous devons au préalable avoir invité l'Enfant à réintégrer notre identité.

Apprendre du monstre

> *Diriger notre existence peut être difficile, mais pas autant que de passer notre vie à la fuir. Accepter nos faiblesses est risqué, mais certainement pas aussi dangereux que de renoncer à l'amour, à l'attachement et à la joie – ces expériences qui nous fragilisent le plus. C'est seulement lorsque nous avons assez de courage pour explorer la pénombre que nous pourrons découvrir l'infinie puissance de notre lumière.*
>
> Brené BROWN, *La Force de l'imperfection*

Nous oublions facilement que les parents apprennent des choses de leurs enfants, autant que l'inverse. La majeure partie des jeunes mères et des jeunes pères évoquent le plaisir retrouvé de grandir en jouant lorsqu'ils ont leur premier enfant. À cette étape de la vie, on change souvent de priorités, on choisit de moins travailler pour passer plus de temps à faire « ce qui compte vraiment ». Les enfants peuvent apprendre à leurs parents beaucoup de choses sur l'amitié, la confiance, la joie devant ce qui est nouveau, l'envie d'être debout et la spontanéité.

La différence, bien sûr, entre l'Enfant intérieur et l'enfant réel, c'est que même si ce dernier est un vrai petit monstre par moments, nous savons que nous l'aimons quoi qu'il arrive.

Écouter

L'Enfant est un élément essentiel de votre équipage, car il va vous apporter des informations importantes sur la meilleure façon de vivre votre vie. Ses idées seront variées et parfois plus adaptées à certains moments qu'à d'autres, mais pour profiter des bénéfices de la sensation de plénitude, la voix de l'Enfant doit être écoutée.

Il nous reste donc encore un petit réarrangement à faire. Ce serait dommage d'avoir tant parlé de la puissance de suggestion de la métaphore, pour finalement ne pas l'intégrer à l'analogie centrale de ce livre. Quoi que nous ayons véritablement compris des bonnes intentions de notre monstre, continuer à dénommer ainsi une partie de notre personnalité n'envoie pas un message positif à notre inconscient…

Pour faire grandir notre sentiment d'être pleinement nous-mêmes, nous n'avons rien à supprimer de notre identité, au contraire. De la même façon, nous pouvons réécrire la métaphore du monstre sans en nier les composants. Nous pouvons utiliser une anagramme :

M.O.N.S.T.R.E → M.E.N.T.O.R.S

Voilà qui est mieux.

La peur, la culpabilité, la tristesse, la douleur, la honte, et même l'irritabilité, la mauvaise humeur et la fatigue – tous ces états émotionnels et physiques que nous attribuons à nos « monstres » peuvent nous apprendre quelque chose d'important pour améliorer notre vie, nos relations et réussir ce que nous voulons réussir. Nos émotions mettent en lumière nos faiblesses, et c'est ce qui nous permet d'aller mieux ; elles nous alertent du danger, elles nous incitent à augmenter nos capacités communicationnelles, notre créativité, et elles nous disent ce que nous aimons, afin que nous puissions mieux en profiter. Pour comprendre et utiliser ces émotions, nous devons avoir accès à l'intégralité de notre expérience.

J'ai récemment travaillé avec une patiente dont le jeune « moi » s'était métaphoriquement retrouvé tout seul dans un coin sombre, en colère et apeuré car il pensait que sa mère ne reviendrait jamais. Alors que nous avons travaillé à réarranger ce souvenir, ma patiente est restée silencieuse plusieurs minutes, pour choisir ce qu'elle devait apprendre à son identité Enfant. Elle a fini par dire : « Lorsque tu les vis jusqu'au bout, tes sensations deviennent un savoir. » J'ai trouvé que c'était magnifiquement formulé. Lorsque nous prenons le temps d'accepter, d'écouter, de nourrir et de nous mettre en empathie avec toutes les parties de notre identité, nos monstres deviennent des mentors.

Steve, tout en un

Depuis son plus jeune âge, Steve aimait le golf. Mais pour on ne sait quelle raison, des « anciens » de ce sport l'avaient toujours regardé de haut. « Petit, tu n'y arriveras jamais, lui disaient-ils alors qu'il trimballait son matériel pour son cours. Tu ferais mieux de te trouver une autre activité. »

Mais Steve ne voulait pas faire autre chose. Et malgré leurs critiques, il a rapidement progressé jusqu'à devenir professionnel à l'âge de vingt ans. Mais dans sa tête, les critiques négatives n'avaient jamais vraiment disparu, et lorsqu'il est venu me consulter – avec dix ans de carrière derrière lui –, le vieux message s'était mué en vérité qui le faisait souffrir. Steve vivait dans un état d'angoisse et d'agitation permanentes. Il pouvait piquer des crises de colère au volant de sa voiture, il ne supportait plus les entraînements et il devenait imbuvable avec sa famille et ses amis. Et quel que soit son excellent niveau par ailleurs, en compétition il enchaînait les contre-performances. Son monstre faisait tout pour qu'il ait l'air d'un raté – exactement ce que les vieux joueurs pleins d'amertume de son enfance avaient prédit.

Durant les premiers mois de la thérapie, Steve a connu des hauts et des bas, comme de nombreuses personnes qui veulent impulser des changements importants dans leur vie. Pendant les séances, il se connectait totalement à cet Enfant intérieur rejeté de tous, qui luttait avec son manque de confiance. Puis il vivait quelques semaines de calme, à réfléchir à l'acceptation de soi. Lorsqu'il allait bien, son irritabilité et ses crises de colère disparaissaient, et il reprenait goût à l'entraînement. Mais lorsqu'une compétition se profilait à l'horizon, son angoisse de performance le ramenait très vite dans sa zone d'(in)confort du « pas assez bon » à nouveau, et il avait l'impression qu'il ne s'en sortirait jamais.

Ce conflit sur « gagner ou perdre » était si grave qu'il le rattrapait toujours. Le jeune Steve, même s'il était bien là lors de nos séances, était toujours déterminé à prouver aux anciens qu'il savait jouer au golf. Au moindre signe d'échec (un drive trop puissant, un putt qui loupait de peu le trou), cette partie de son esprit se lançait dans une rébellion intérieure colérique qui perturbait tous ses efforts pour rester calme et contrôler son jeu.

Steve et moi avons travaillé ensemble près d'un an. Durant tout ce temps, il a pratiqué les différents processus décrits dans ce livre (et même plusieurs fois pour certains). Notre but était de réintégrer ce petit garçon blessé et en colère, pour que Steve puisse agir sur le terrain de golf comme un Parent bienveillant, plutôt qu'en père à bout de nerfs avec un adolescent en crise.

Il avait travaillé très dur afin d'internaliser son lieu de contrôle et de se débarrasser de son vieux besoin plein de ressentiment de se prouver à lui-même qu'il valait quelque chose. Il devait simplement se concentrer sur ce qu'il aimait dans ce sport.

Il y a deux mois, j'ai reçu le message suivant :

Le tournoi auquel j'ai participé aujourd'hui est le premier de ma carrière où je me suis senti détendu. J'étais déterminé à prendre du plaisir, tout simplement. Je n'ai eu aucune angoisse lors de la préparation. Et vous savez quoi ? J'ai très bien joué. J'ai fait cinq sous le par (mon meilleur score en tournoi) et j'ai fini deuxième, à un petit point du vainqueur.

À deux ou trois trous de la fin, je savais que j'étais encore en course pour la victoire, et j'ai commencé à être nerveux. J'ai pensé : « Pourquoi es-tu nerveux ? Cela ne va te mener nulle part. » Lorsque le calme est revenu, je me suis dit : « Tu es nerveux parce que tu as assez bien joué pour être en position de l'emporter. Tant mieux, alors. C'est bien, les nerfs. » En fait, mon jeu s'est amélioré avec cette angoisse passagère. Je savais au plus profond de moi que j'étais suffisamment à l'écoute de moi-même pour que ma nervosité m'aide à avancer, et que la victoire n'aurait aucune incidence sur ma vie et mon bonheur. J'ai fini les derniers trous avec beaucoup de fierté. En fait, j'étais plus impressionné par mon état d'esprit que par la qualité de mon jeu. Je ne peux même pas vous dire à quel point cela m'a rendu heureux !

Ce jour-là, Steve s'est débarrassé de son vieux conflit. Il a préféré communiquer avec lui-même plutôt que se battre avec ses démons. Et en reprenant le contrôle de ses émotions, il a transformé son monstre en quelque chose qui pouvait lui donner une énergie positive au bon moment.

Steve connaîtra encore des hauts et des bas sur le terrain de golf, sans doute. Et comme nous tous, il aura besoin de pratiquer ses pensées positives pour être à nouveau heureux de vivre le moment présent. Mais je sais que dans les années à venir, il saura se rappeler ce jour-là, lorsque pour la première fois son monstre mentor s'est senti bien avec lui-même.

Limites

L'un des rôles les plus importants de nos mentors émotionnels, c'est celui de gardiens de nos limites personnelles.

Les limites sont des aspects essentiels du bien-être, même si on a tendance à les sous-estimer. Les personnes qui savent comment reconnaître et respecter leurs limites – et qui font l'effort de le faire – vivent des existences plus saines et plus heureuses, et bénéficient de relations humaines plus enrichissantes. Pendant des années, je hochais la tête l'air entendu lorsque mes amis me parlaient de limites, mais pour être honnête je n'ai pas compris tous ces principes avant de lire *Comment affronter l'adversité*, de Brené Brown. Voici sa définition, si belle et si simple, de ce concept : « Les limites sont simplement la liste de ce qui nous va et de ce qui ne nous va pas. »

Afin de vivre l'existence que nous désirons, nous devons garder des limites autour de nos besoins, de nos valeurs et de notre bien-être général. Respecter ces limites implique de connaître nos sensations, d'y répondre de façon autonome et d'être assez courageux pour dire ce que nous avons à dire – « mettre les pieds dans le plat ». Ne pas les respecter peut vite nous amener dans des endroits où nous travaillons trop, où nous sommes stressés ou humiliés par d'autres ; et nous pouvons ainsi perdre le sommeil, tomber malades, nous sentir déprimés, souffrir de crises de panique ou d'angoisse, avoir du ressentiment et, bien sûr, de la honte. En d'autres termes, le fait de ne pas respecter ses limites et l'autosabotage sont une seule et même réalité.

C'est au mentor Enfant de nous apprendre nos limites. Lorsque nous les dépassons et que nous nous retrouvons sur le territoire de « ce qui ne nous va pas », nous allons vivre une douleur émotionnelle. Cette douleur nous rappelle nos limites – tout comme le linteau d'une porte lorsque mon fiancé qui fait deux mètres de haut oublie de baisser la tête. La douleur physique nous indique où se situent les contours de notre corps ; la douleur émotionnelle nous indique les contours de notre énergie, de notre patience, de nos valeurs morales et émotionnelles.

C'est tentant, bien sûr, d'accuser les autres de franchir nos limites : « Elle aurait dû le savoir », « Il n'avait pas le droit », « Ils sont dingues ! ». C'est peut-être vrai, mais si nous opérons depuis un lieu de contrôle intérieur, alors notre responsabilité prime sur celle des autres. Oui, nous devons savoir qui transgresse nos limites (et pour acter cela, « mettre les pieds dans le plat » nous aidera à éviter le conflit et à maintenir nos limites bien en place). En revanche, une fois que nous avons reçu le message émotionnel et que nous avons réagi comme nous pouvions, nous avons l'entière responsabilité de l'autosabotage qui pourrait subsister – ressentiment, angoisse ou culpabilité. Si nous continuons à souffrir de la sorte, c'est que nous avons nous-mêmes outrepassé nos limites.

Coincée

Une fois, je me suis retrouvée coincée, épaule contre épaule, dans l'encadrement d'une porte, contre quelqu'un avec qui j'avais une relation particulièrement conflictuelle. Cette personne était mon patron, le Persécuteur de ma pauvre petite Victime pendant des années. Il est passé un après-midi prendre un dossier au bureau. Je lui ai ouvert la porte de l'immeuble et c'est là que nous nous sommes retrouvés physiquement bloqués. Cela n'a duré qu'un bref instant, mais ces quelques secondes de marmonnements gênés ont été très importantes.

À cette époque, j'étais en pleine période de révisions pour un examen. Pendant au moins une heure après cet événement (oui, je sais, rétrospectivement, c'était grotesque), j'ai été incapable de lire plus d'une page sans que mon esprit revienne à notre petite rencontre et rejoue la scène. Cela aurait pu être le moment de « mettre les pieds dans le plat ». La gêne que j'avais éprouvée à cette porte était clairement un message de mon mentor intérieur. Je n'assumais pas qui j'étais en présence de cette personne et, finalement, je ne respectais aucune de mes limites lorsque je m'adressais à lui. Mais à l'époque, j'étais encore très fragile (j'avais à peine décroché ma première ceinture), et il m'était impossible d'imaginer une conversation d'égal à égal. Pourtant, je devais faire quelque chose pour lâcher l'affaire et réviser. J'ai donc pris mon journal intime.

Cet incident est arrivé bien avant que j'apprenne la technique de plongée (et longtemps avant que je devienne thérapeute), mais à y repenser, je comprends pourquoi ce que j'ai écrit à ce moment a si bien fonctionné. J'ai commencé par décrire mon petit conflit et cette rencontre sur le pas de la porte, ainsi que ma frustration dans cette relation (« À quoi je pense ? »). J'ai raconté la façon dont je me sentais quand je n'arrivais plus à réviser (« Qu'est-ce que je ressens ? »). Et j'ai décrit à quel point cette rencontre me faisait me sentir mal, triste et inférieure (« Quelle est l'histoire du monstre ? »). Ensuite, j'ai froissé la page et je l'ai jetée dans la corbeille, comme si je voulais signifier que tout cela n'était pas important.

À mon grand étonnement, ce n'était en effet pas très important. Pas important du tout, même. Je ne me suis souvenue de cette expérience que quelques heures après, en repassant devant la corbeille à papier et en apercevant la boule de papier. Ce n'était pas grand-chose d'être coincée dans la porte, mais mon esprit l'avait monté en épingle car cette métaphore du « coincée » était évidente dans ma vie à l'époque.

Les traits que nous détestons le plus chez les autres sont aussi ceux que nous aimons le moins en nous-mêmes – ou que nous aimons le moins voir en nous. Ce phénomène, c'est la projection. Nous transférons notre haine de nous-mêmes, notre peur et notre honte sur les gens autour de nous, plutôt que de les expérimenter directement.

Travailler intelligemment sur nos projections nous permet de canaliser l'énergie que nous mettons dans le conflit vers notre évolution personnelle – car ce que nous trouvons critiquable chez l'autre a de fortes chances de mettre en lumière notre propre résistance. Quelqu'un qui réprime en lui-même une pensée limitative du type « Je suis faible », par exemple, détestera toute faiblesse chez les autres. Ou quelqu'un qui résiste à un monstre qui lui dit « Tu es stupide » sera particulièrement irrité par des collègues qui n'arrivent pas à comprendre quelque chose. En d'autres termes, la projection peut nous apprendre sur quoi travailler nous-mêmes ; elle révèle la face sombre de notre Enfant intérieur.

Je me suis retrouvée bloquée dans la porte, par exemple, avec une personne qui voulait elle-même s'imposer, ce qui était ma problématique du moment, à moi aussi. Si j'avais su écouter mes mentors plutôt que de transformer n'importe qui en monstre, j'aurais peut-être résolu mon problème plus vite, dépassé mes mécanismes de défense et eu une relation plus saine avec mon patron.

Qu'est-ce qui vous frustre le plus chez les autres ? Trouvez-vous insupportables les gens qui en font trop ?

Ceux qui trichent ? Méprisez-vous l'irresponsabilité ? La drague ouverte ? L'infantilisme ? L'égoïsme ?

Je ne veux pas dire que ceux qui détestent l'égoïsme chez les autres sont également des égoïstes, mais cela peut souligner leurs propres tendances à l'être (tendances qui, ne l'oublions pas, sont quand même naturelles chez la plupart d'entre nous). Si nous n'y résistons pas, une pensée égoïste sera tout de suite rejetée. Car notre esprit est ainsi fait qu'il génère en permanence des idées, ce qui ne veut pas dire qu'elles sont toutes bonnes, et ce n'est pas grave, on n'a pas besoin de toutes les réaliser. Mais si nous résistons à une pensée, nous allons peut-être nous retrouver avec un monstre d'égoïsme sur les bras – une partie destructrice de notre personnalité qui nous pousse à agir d'une façon horriblement égoïste que nous regretterons ensuite.

Même sans se terminer en autosabotage, cette résistance à nos propres travers peut faire que nous soyons submergés par des émotions négatives en les observant chez les autres, ce qui peut affecter nos relations.

En vérité, il y a peu de défauts dont nous soyons totalement exempts. Même les gens les plus intelligents disent des idioties et les plus vertueux ont des pensées perverses. Cela dit, comme il est plus simple de faire le bon choix avant d'agir plutôt que de devoir gérer la honte d'une sortie de route, il vaut quand même mieux connaître ses limites. Il faut toujours vous rappeler que si quelqu'un vous semble franchir la ligne jaune, c'est peut-être que votre esprit vous indique que c'est aussi votre cas.

Connaître nos limites

Nous avons malheureusement besoin de transgresser nos limites pour savoir où elles sont. Il est certes possible d'anticiper une violation majeure de celles-ci avant que cela n'arrive et d'agir assez tôt pour éviter la douleur. Mais la plupart du temps, nous allons découvrir une limite seulement une fois qu'elle a été franchie. Les enfants, les adolescents et même les jeunes adultes ne peuvent pas vraiment connaître toutes leurs limites. Le début de notre vie est consacré à les explorer toutes. Nous ne pouvons apprendre qui nous sommes que par des essais et des erreurs. C'est le mentor Parent – la partie la plus expérimentée de notre identité – qui est chargé de surveiller nos limites une fois qu'elles ont été identifiées. Et lorsque l'une d'elles est transgressée, c'est l'Enfant qui nous le signalera, et le message passera par l'émotion.

La douleur consécutive au franchissement d'une de nos limites est très importante car elle définit les zones de notre vie où il sera de notre responsabilité de maintenir notre bien-être. Lorsque vous vous sentez puni comme un enfant qu'on aurait privé de dessert, vous avez sûrement franchi une limite. Lorsque vous avez aussi peur qu'un petit enfant, vous avez sûrement franchi une limite. Lorsque vos relations avec vos amis s'étiolent ou s'abîment parce que vous travaillez trop, lorsque vous laissez quelqu'un abuser de vous ou que vous dites quelque chose de stupide à celui ou celle que vous aimez, vous avez sûrement franchi une limite. À chaque fois que l'impression de « ça ne va pas » se réveille, nous devons nous demander ce que nous pouvons faire pour que « ça aille ». Parfois, la solution est simple : annuler des rendez-vous professionnels, prendre des vacances ou appeler un ami pour discuter. D'autres fois, la solution sera complexe : mettre un terme à une relation malsaine, abandonner quelque chose dont nous sommes dépendants. Quelles que soient la limite franchie et la solution à trouver, c'est toujours à nous d'agir.

Parfois, un peu de « pensée détournée » (un peu de symbolisme) peut être utile. Car nos mentors savent parler bien des langues, et si nous n'entendons pas l'émotion qui nous demande d'agir, le message s'exprimera sous la forme de comportements que nous ne maîtrisons pas ou de symptômes physiques. Si vous êtes, comme Steve, inhabituellement cinglant ou grognon avec des gens que vous aimez d'habitude fréquenter, c'est que vous avez dû franchir une limite quelque part dans votre vie (et cela ne concerne pas forcément les personnes en question). Peut-être vos mentors vous informent-ils du franchissement d'une limite par d'autres biais : mauvaise digestion, sommeil haché, mal de dos, voix cassée, perte de cheveux, nez bouché, tachycardie, œil qui louche, etc. En plongeant dans ces symptômes et en écoutant le message de nos mentors intérieurs, nous pouvons affronter les véritables problèmes avant qu'il ne soit trop tard.

En revanche, si nous faisons la sourde oreille, nous allons indéfiniment nous cogner la tête contre les linteaux des portes de ce monde. Et si nous sommes vraiment accros au conflit, nous allons même peut-être nous dire que ces portes ont été faites trop petites juste pour nous embêter.

Grandir

Nos limites ne sont pas gravées dans le marbre. Certaines peuvent évoluer au même rythme que nous-mêmes. Parfois, les choses que nous mettions dans la catégorie « Ça ne me va pas » peuvent devenir acceptables. Je ne parle pas de limites essentielles, comme le vol, la tromperie ou la violence. Mais sur quelques sujets, il faut savoir ouvrir son esprit.

Quelqu'un qui ne fait guère attention à ses mentors risque fort de se sentir très mal si ses limites sont franchies, même de façon assez anodine (comme quand je m'étais coincée dans la porte ou comme Steve au volant de sa voiture). Une fois le contact établi avec nos émotions authentiques, nous réalisons que ces petits désagréments ne sont pas très importants, et nous cessons facilement de nous énerver. Nous serons aussi plus forts face aux véritables défis.

Respecter nos limites ne se résume pas à rester sur la défensive. Les gens qui posent trop de limites ont autant de problèmes que ceux qui n'arrivent pas à écouter les avertissements de leurs mentors : ils peuvent passer pour froids, fermés et, dans les cas extrêmes, sans cœur et égoïstes. Ceux qui arrivent à les respecter vont pouvoir grandir, changer et se lier, sans chercher à tout prix à se protéger.

Inspiration

Les mentors sont en fait plus que de simples gardiens. Lorsque nous les laissons nous guider en territoire inconnu, nous pouvons trouver beaucoup de joie.

Comme nos limites sont d'ordre personnel, au fur et à mesure qu'elles évoluent, notre identité suit le mouvement. Notre idée de ce qui est possible, important et intéressant augmente et change automatiquement lorsque nous entrons directement en contact avec le langage émotionnel de nos pulsions.

Dans son livre sur la vie créative, Elizabeth Gilbert décrit l'inspiration en ces termes : « Des frissons me parcourent les bras. Les cheveux à la base de mon cou se dressent un instant, et j'ai la tête qui tourne légèrement. C'est comme si je tombais amoureuse, ou que j'avais entendu une mauvaise nouvelle, ou que je regardais au-dessus d'un précipice vers quelque chose de magnifique, d'attirant mais dangereux. »

Pensez-vous que quelqu'un qui résiste à ses émotions puisse entendre cet appel à l'action ? Certainement pas. L'inspiration décrite par Elizabeth Gilbert ressemble à une exquise terreur. C'est parce que la créativité et la peur vont de pair. S'éloigner de ce qui est connu – faire quelque chose de nouveau – est automatiquement un peu effrayant. Sans une connexion courageuse avec nos sentiments, nous ne pouvons ni ressentir notre désir de création ni le suivre. Pour y parvenir, nous devons devenir amis avec nos peurs.

Monstres et mirages, ou mentors et magie ? À vous de choisir !

Pour résumer, c'est en acceptant les aspects de notre identité que nous avions tendance à fuir que nous pouvons transformer nos monstres en mentors. Puis nous

nous débarrasserons des différents mirages qui nous leurrent et nous prendrons plaisir à apprendre qui nous sommes, ce que nous voulons vraiment, et comment nous allons l'obtenir. En écoutant nos mentors, nous allons savoir après quoi ils couraient tout ce temps. Et lorsque nous cessons de nous débattre avec nous-mêmes à *essayer* de satisfaire nos besoins, nous constatons souvent que nous avons déjà tout ce qu'il faut pour le faire.

Dans un monde où il est facile de se complaire dans le rôle de la victime, nos mentors peuvent nous redonner une certaine confiance intérieure, une sensation de sécurité. Ensuite, ils nous incitent au changement en nous amenant des idées neuves et du courage. Ils nous font progresser. Ils nous rendent plus authentiques, plus empathiques avec autrui, ce qui nous ouvre à l'amour et aux relations humaines.

En d'autres termes, nos mentors peuvent nous aider à combler nos besoins. La transition de monstre à mentor se fait quand on abandonne un état de déficit, de manque, de protection pour passer à un état d'évolution fertile et satisfaisant. À nous de choisir si nous l'utilisons pour continuer de grandir dans la même voie ou si nous voulons donner une nouvelle direction à notre vie.

Mais comment s'assurer que nous sommes guidés par un mentor et non plus un monstre ? Le principe clé est de garder en tête ceci :

La douleur ne nous arrive pas à nous,
mais pour nous.

Ce qui nous gêne ou qui nous fait souffrir recèle un savoir. Si on l'utilise correctement, avec le temps il peut devenir un don. Personne ne peut échapper à la douleur, et certaines douleurs ne sont pas près de changer. En revanche, nos combats quotidiens peuvent être transformés lorsque nous apprenons à écouter et à comprendre notre problème assez profondément. Je ne souscris pas à la philosophie du « Il y a une raison à tout ce qui arrive », car je n'aime pas l'idée de la prédétermination. Je crois au contraire que nous avons tous la responsabilité de chercher du sens à ce qui nous paraît le plus sombre en nous, par respect pour nous-mêmes.

Pour exploiter au mieux nos mentors, nous devons utiliser notre lieu de contrôle intérieur pour faire jaillir l'idée qui se cache entre le stimulus et la réponse – nous devons apprendre à faire une pause lorsque le vent se lève, puis à nous poser quelques questions clés. C'est en plongeant dans nos moments les plus difficiles que nous aurons l'opportunité de nous « déshypnotiser », de nous libérer des chaînes de la victimisation, des habitudes et des vieux conditionnements, afin de saisir cette liberté qui nous est offerte d'être qui nous voulons.

Finalement, l'autosabotage est peut-être la clé de notre succès et de notre évolution, dans la mesure où seules les difficultés nous donnent la chance de transcender notre zone d'(in)confort. Nous devons juste nous souvenir d'entrer de notre propre chef dans ces expériences problématiques. Nous y trouverons la magie cachée.

Évolution 4

Une métaphore de la plénitude

Dans cette dernière « Évolution », je voudrais que vous fabriquiez une image mentale de ce à quoi votre monstre pourrait bien ressembler une fois qu'il se sera métamorphosé en mentor.

Nous savons déjà que c'est la résistance qui rend le monstre monstrueux. Nous savons également que l'acceptation est la seule réponse à ce problème de résistance, et qu'afin d'accepter nos peurs les plus cachées et les plus honteuses, celles que nous avons tant combattu pour les garder secrètes, nous devons renouer avec une certaine fluidité émotionnelle. Alors, comment faire avec cette partie de nous que nous avons nommée « monstre » ?

Voici une des citations de Brené Brown que j'aime le plus : « L'empathie est l'antidote le plus efficace contre la honte. »

Moins nous parlerons de ce qui nous fait nous sentir « pas assez », plus nous donnerons de pouvoir à nos monstres de honte. Une relation authentique, empathique, au contraire, va *soigner* la douleur du « pas assez ». Et si nous avons résisté à un aspect de notre personnalité au point de l'expulser vers le territoire de l'Autre, cette relation authentique devient encore plus vitale. Elle nous permettra de renouer avec nous-mêmes et d'inviter cette part que nous avions rejetée à réintégrer notre « moi ».

Ce dont nos monstres ont vraiment besoin pour changer, c'est que nous fassions le premier pas. À nous de leur tendre la main pour établir une connexion empathique avec eux. En agissant ainsi, nous leur permettrons de se débarrasser de leurs récits pleins de honte et d'évoluer vers un état plus sain d'intégration psychologique.

C'est, de fait, ce que vous avez fait tout au long de la lecture de ce livre, tout d'abord en prenant le temps de comprendre votre part émotionnelle (première partie), puis en écoutant les messages qu'elle vous envoie (deuxième partie), et enfin en apprenant à communiquer directement avec elle (troisième partie).

Dans cette quatrième partie, je vais vous aider à vous concentrer sur une visualisation toute simple, pour que vous preniez le temps d'observer comment votre (ancien) monstre peut répondre à votre besoin d'acceptation. Peut-être avez-vous déjà une idée de ce à quoi il ressemblera une fois transformé en mentor, ou bien serez-vous surpris par l'image que vous allez créer. Quoi qu'il en soit, ouvrez grand votre esprit...

LA VISUALISATION

Avant de fermer les yeux, vous allez choisir un moyen de visualiser cette connexion si importante. Je vous conseille d'utiliser un outil qui vous est déjà familier, votre couleur d'ancrage.

Maintenant que vous êtes prêt à évoluer aux côtés de votre monstre, fermez les yeux, et faites monter en vous une image de cette partie de votre personnalité qui provoque en vous l'autosabotage (n'importe quelle image fera l'affaire).

Ensuite, tout en respirant lentement et régulièrement, imaginez votre couleur intérieure circuler entre vous et cet aspect de votre personnalité, et accordez-lui tout le temps nécessaire à sa transformation.

Prenez un moment pour vous lancer dans cette visualisation, et observez simplement ce qui se passe.

À quoi ressemble votre mentor lorsque vous vous connectez à lui de cette façon ? Certains, en faisant cet exercice, imaginent que leur mentor ressemble à une partie d'eux-mêmes. D'autres y voient un personnage sage, ou quelque chose de symbolique, comme un lac paisible ou une fleur qui s'ouvre. On m'a déjà parlé de visages démoniaques qui se sont mis à sourire gentiment ou de bêtes affreuses qui deviennent des créatures agréables douces comme des chatons.

De mon côté, quand j'envoie un rai de lumière dorée sur la pénombre qui représentait auparavant mon monstre, je retrouve la petite fille de cinq ans qui émerge de cette nuit d'encre. La visualisation me rappelle que ma peur de l'échec est une menace vieille et dépassée : que je gagne ou que je perde, je mérite d'être aimée. En définitive, cette lumière dorée me permet de regarder au-delà de cette ancienne tache sombre et de voir à la place ce qui m'amène de la joie : la possibilité d'évoluer, d'apprendre, l'amour et le fait de pouvoir partager tout cela avec les personnes dont je me sens proche.

Si vous n'avez pas l'impression que votre métaphore a évolué, il y a différentes façons d'encourager ce mouvement. Peut-être votre mentor a-t-il besoin d'une sorte de contact physique avant de pouvoir confortablement s'installer dans son nouveau rôle ? Ou d'un message qu'il peut entendre et voir en même temps ? Voici quelques questions pour y arriver :

- Quel a été le grand message que vous avez délivré à votre « moi » plus jeune au cours du réarrangement du souvenir (par exemple : « Pas besoin de gagner l'affection des uns ou des autres, je la mérite, tel que je suis. ») ? Observez ce qui se passe lorsque vous le communiquez à votre mentor.
- Peut-être votre mentor a-t-il besoin de se sentir accepté non seulement par vous-même mais aussi par les autres. Qui était la figure importante durant ce réarrangement ? Pourrait-elle interagir avec votre mentor ?
- Enfin, peut-être votre mentor se sentirait-il mieux si vous lui présentiez un nouvel environnement. Si cela vous semble être une bonne idée, vous pouvez imaginer l'amener dans la métaphore créée au chapitre 10, et encourager son évolution de cette manière.

Comme c'est votre histoire à vous, si vous pensez à quelque chose de meilleur à donner, à montrer ou à communiquer à cet aspect de votre personnalité afin de l'aider à se métamorphoser, n'hésitez pas ! Fermez les yeux un moment et connectez-vous avec votre mentor de la façon qui vous semble la plus intense. Cette fois, si cela vous convient, vous pouvez laisser la communication se faire dans les deux sens. Cette partie de votre personnalité a peut-être déjà quelque chose à vous dire à présent que vous l'avez acceptée.

Comme toujours, je voudrais que vous couchiez sur le papier ce que vous avez imaginé. Vous avez peut-être déjà dessiné votre monstre (ou vous voulez le faire maintenant). Un espace est prévu page 540 pour que vous représentiez votre mentor. Ou, si vous êtes plus habitué à écrire, prenez le temps de décrire la visualisation de votre mentor avant de continuer.

L'INTÉGRATION

Maintenant, si vous vous sentez prêt pour l'étape finale, invitez cette partie de vous à réintégrer votre identité dans sa plénitude. Et voici donc une dernière question :

▶ *S'il existait une façon d'imaginer comment réintégrer votre mentor afin qu'il fonctionne en tant que partie intégrante et saine de vous-même, comment feriez-vous ?*

Une fois encore, laissez venir à vous les idées. Vous pouvez imaginer absorber votre mentor dans votre corps physique ; ou juste lui prendre les mains, l'embrasser ou n'importe quoi d'autre. Vous pouvez à nouveau utiliser votre couleur pour rendre cette suggestion encore plus intense.

Fermez les yeux et visualisez pendant un moment l'intégration de votre mentor, en faisant particulièrement attention à vos émotions et à vos sensations.

Vous pourrez noter par écrit page 539 comment vous avez imaginé ce processus d'intégration.

Exercice : Plonger vers l'évolution continue

Tous les outils et les processus que vous avez appris à utiliser dans ce livre sont à votre disposition. Si vous voulez revenir au moment où vous avez identifié une faille émotionnelle ou comportementale dans votre vie, vous pourrez vous servir de ces visualisations. Tout comme votre couleur d'ancrage, vous pouvez utiliser l'image de la métamorphose de votre monstre ou celle de l'intégration de votre mentor (peut-être même les deux en même temps) comme des outils propres à contrer l'autosabotage. Le but est de vous rapprocher de plus en plus de l'acceptation totale de vous-même.

La façon la plus efficace d'utiliser ces nouvelles et importantes suggestions sera peut-être de les ajouter au processus de plongée. Ainsi, avec seulement quatre questions et un peu de temps pour visualiser, vous allez pouvoir entraîner votre esprit à s'éloigner du conflit et des problèmes, et à aller plutôt vers les solutions, tout en vous assurant que vous ne résistez pas à vos émotions ou aux histoires de votre monstre, et que vous questionnez bien votre cartographie de la réalité. Cet exercice complet vous permettra d'aller vers l'acceptation et l'évolution.

C'est la dernière variation de la technique que nous étudions. En voici les étapes :

1. Demandez-vous : « À quoi je pense ? »
2. Demandez-vous : « Qu'est-ce que je ressens ? »
3. Demandez-vous : « Quelle est l'histoire du monstre ? »
4. Maintenant, respirez... et laissez votre monstre évoluer.

Je suis certaine que ce processus vous est désormais familier. Cependant, à titre de rappel, voici un résumé de la manière de l'utiliser.

Commencez par choisir votre point de vue : rappelez-vous une situation ou un contexte que votre monstre a pu saboter.

ÉTAPE 1 : « À QUOI JE PENSE ? »

Afin de bien identifier vos pensées en relation avec le point de vue que vous avez choisi, observez et décrivez votre dialogue intérieur par rapport à ce problème.

ÉTAPE 2 : « QU'EST-CE QUE JE RESSENS ? »

Maintenant, plongez à l'intérieur de votre corps afin d'observer la représentation physique des émotions liées à la situation. Soyez attentif à vos sensations, afin de créer un symbole métaphorique qui les représente.

ÉTAPE 3 : « QUELLE EST L'HISTOIRE DU MONSTRE ? »

Afin de vous assurer que vous savez bien ce que vous affrontez, et que vous voyez bien les choses depuis un lieu de contrôle intérieur, écoutez votre expérience profonde afin de discerner clairement ce à quoi vous répondez vraiment. Puis complétez cette phrase :

« Je me sens [émotion X], car une partie de mon esprit veut croire [l'histoire de votre monstre]. »

ÉTAPE 4 : MAINTENANT, RESPIREZ... ET LAISSEZ VOTRE MONSTRE ÉVOLUER

Respirez profondément et régulièrement pendant que les idées font surface, sur au moins trois expirations. Pendant ce temps, relaxez consciemment vos muscles et observez l'émotion (que vous voyez, entendez ou ressentez) qui traverse votre corps.

Ensuite, faites évoluer vos images en agissant comme suit :

a) Imaginez-vous en connexion avec votre monstre, et laissez-le devenir mentor en utilisant votre couleur d'ancrage (ou tout ce qui vous semble le plus efficace dans cette situation).
b) Imaginez votre mentor revenir en vous.

FINIR

Comme toujours, je vous recommande de finir en questionnant votre cartographie de la réalité avec cette question :

► *« Si je devais réécrire cette histoire du monstre, comment la ferais-je différemment ? »*

Vous trouverez une description pas à pas de tout le processus de plongée, avec les diverses variantes (et un ajout) dans l'Appendice I, page 515.

Avancer

Enfin, avant de refermer ce livre, nous allons voir où votre évolution peut vous amener. Ce dernier chapitre de *Fight* s'intéresse au meilleur parti que vous pouvez tirer de ce que vous avez déjà accompli.

14

Se (re)configurer

Au-delà de la victoire et de la défaite

Je suis sur un balcon qui domine la forêt de Dean, dans le Gloucestershire. Devant moi, la masse verte des arbres et le ciel brumeux du matin.

Je ne suis pas chez moi mais dans un bon hôtel. Je me suis offert ce plaisir plutôt que de partir loin en vacances, pour pouvoir me concentrer totalement sur les derniers chapitres de ce livre, comme je le souhaitais. Je suis venue trouver ici l'espace dont j'ai besoin pour coucher mes mots sur le papier et apprécier au mieux le processus de l'écriture.

C'est si beau, si calme. Le soleil se lève derrière la canopée, créant des halos de lumière dorée, et tandis qu'un nuage blanc s'élève au-dessus de la vallée, j'ai l'impression de flotter dans le ciel. Je bois mon thé à petites gorgées, et je me rends compte, en voulant décrire le moment présent, que je ne me suis jamais sentie aussi bien que maintenant.

Pourtant, ce ne sont ni le lieu ni la vue qui donnent tant de magie à l'instant que je vis. C'est comme si j'avais trouvé un sens – au-delà de ce livre, et même au-delà de ma propre personne. J'ai l'impression de comprendre le sens de la vie.

Je ne voudrais pas avoir l'air d'être satisfaite de moi-même, ni donner l'image d'un gourou condescendant vautré dans le luxe, qui explique à tout le monde comment il faut vivre. Ai-je totalement dominé mes différents autosabotages ? Non. Ai-je découvert un état de sérénité intérieure et de calme infini ? Absolument pas. En revanche, je peux vous dire que je suis bien plus heureuse, plus calme, plus confiante que je l'étais auparavant, que je mène une vie bien plus saine, même si je n'ai plus toutes ces choses que je considérais comme indispensables pour être « assez » auparavant.

À l'époque où j'arborais ces « signes de reconnaissance » – mes médailles, mon corps fin et musclé, des commentaires sur les réseaux sociaux sur mes dernières victoires –, j'avais pourtant sans cesse une sensation d'angoisse au centre de mon sternum, comme un coup de poignard. C'était tranchant et vif. Cela me disait que je ne méritais pas les compliments que je voulais tant recevoir, et que j'étais ridicule de ne rêver qu'à cela. Je ne voyais pas la peur dans cette sensation – j'ai mis longtemps à la distinguer – mais je sais qu'elle était là puisque je sens qu'elle n'y est plus.

Désormais, que je sois devant un paysage de forêt, dans ma cuisine ou en séance avec un patient à mon cabinet, si je cherche à l'intérieur de mon corps ce que je ressens, je trouve – tout du moins, bien plus souvent qu'auparavant – de la gratitude, de l'enthousiasme et une envie de me lier avec les autres. Le paradoxe de tout cela, c'est que je dois en remercier mon monstre. Et quand je pense à tous ceux avec qui je peux partager ces nouvelles émotions, je constate qu'elles ont tendance à se renforcer. Ça, c'est vraiment formidable.

Évolution

Le processus thérapeutique m'a conduite à mieux définir mes buts, et j'ai eu la chance de pouvoir les mettre en pratique dans ma carrière, ainsi que dans d'autres domaines de ma vie.

En y repensant, je sais bien que la bataille que j'ai menée avec moi-même était nécessaire. Si je n'avais pas été forcée de regarder mon « pas assez » droit dans les yeux, je ne l'aurais sûrement jamais reconnu. Et je n'aurais donc pas pu l'utiliser.

Le jour des championnats nationaux féminins de boxe, j'ai pu profiter de ma victoire grâce au sentiment d'unité qui était en moi. Et très vite, cette sensation intérieure est devenue encore plus intéressante, elle a dépassé les limites de mon « moi » et est allée vers les autres. Presque tout dans ma vie s'est ensuite métamorphosé au rythme des changements de mon monstre.

Peu de temps après, j'ai arrêté la compétition et j'ai mis toute mon énergie dans la pratique thérapeutique sans jongler avec deux carrières. J'ai pu abandonner le combat sans regret parce que mon ancien besoin de gagner ne me rongeait plus. J'ai trouvé bien plus de sens et de plaisir à aider les autres à dépasser leurs problèmes de « pas assez ».

Je n'ai pas pour autant abandonné la boxe. J'aime toujours entraîner et je refuse rarement une occasion de faire du sparring avec un adversaire. Je ne vois plus ce sport de la même façon, il ne s'agit plus seulement de moi. Tout cela est bien plus intéressant qu'avant.

Rétrospectivement, je réalise que rien n'aurait été possible à l'époque où mon monstre contrôlait mon existence. Je devais me libérer de la honte et de l'angoisse qui monopolisaient mes pensées et m'empêchaient d'être véritablement en contact avec autrui. Mon impression d'avoir trouvé un sens désormais vient aussi du fait d'être passée par toutes ces étapes. J'ai *grandi* grâce aux défis de mon petit monstre « pas assez ». Actuellement, il est bien intégré en moi, en position de mentor. Je fais ce que j'aime et je sens que ma contribution est réelle et intéressante.

Le but

Le but est l'ultime pièce du puzzle du bonheur. Il donne de l'espoir, de l'inspiration et de la profondeur à la conscience de soi que nous avons pu construire en résolvant nos problèmes.

Les gens qui ont un but dans la vie ont confiance en eux et s'estiment, ils souffrent moins d'angoisse, d'ennui et de dépression. En ayant un but, nous ne sommes plus tirés vers le bas, et nous pouvons regarder au-delà de nous-mêmes et de notre ego fragile.

Il faut en revanche bien comprendre ce qui se cache derrière ce terme de « but ». On pourrait croire qu'il s'agit d'atteindre un objectif important, comme guérir le cancer ou fournir de l'eau potable au continent africain. Si c'était le cas, peu d'entre nous auraient trouvé ce « but ». C'est bien plus que cela, et l'importance sociale de ce but ne compte pas. C'est « être » plutôt que « faire ». C'est moins une question d'action ou de mission que d'intention. Le but est la compréhension, au moment présent, du *pourquoi* nous faisons ce que nous faisons. L'inspiration qu'il donne va nous accompagner tout au long de notre vie, même lorsque ce que nous faisons n'aboutit pas.

L'importance de s'ouvrir aux autres

Beaucoup de gens ont un but dans la vie, mais ce but se concentre sur eux-mêmes. Souvent, ils veulent être à tout moment les meilleurs dans ce qu'ils font. Même si c'est toujours mieux que de ne pas avoir de but du tout, c'est quand même insuffisant, et ils risquent de ne pas se sentir bien. Notre sixième (et plus important) besoin humain réclame en effet lui aussi d'être satisfait : c'est le besoin de contribution.

Nous savons déjà que le fait de contribuer est quelque chose d'un peu magique. Dans le chapitre 4, quand j'ai listé nos besoins, j'ai bien précisé que le besoin de contribuer avait une place spéciale à cause de son pouvoir de satisfaire tous les autres besoins. Lorsque nous apportons quelque chose d'important aux autres, nous trouvons de la sécurité dans la cohérence entre notre intention et l'impression d'être utiles ; comme notre action ne concerne pas que nous, nous y trouvons beaucoup de variété ; nous sommes reconnus pour ce que nous faisons ; les liens créés entre nous et ceux à qui s'adresse notre contribution, ou avec qui nous la réalisons, satisfont notre besoin d'amour et de connexion ; et comme tous nos besoins sont comblés, au moins en partie, nous pouvons nous concentrer plus encore sur notre besoin d'évolution.

Donner de soi est bon pour la santé. De nombreuses études ont démontré qu'il existe un lien entre la générosité et l'amélioration des maladies chroniques ou une moindre probabilité de mourir des personnes âgées.

Quand je dis que le but est l'ultime pièce du puzzle du bonheur, je veux dire qu'un but altruiste nous fera nous sentir mieux, plus heureux et plus accomplis.

Le rôle de l'empathie

Par chance, comme l'empathie est une partie importante du processus, notre capacité et notre désir de contribuer réellement à quelque chose augmentent quand nous choisissons de transformer nos monstres en mentors. En apprenant à vivre pleinement, nous faisons croître notre capacité à nous lier aux autres.

Cette connexion authentique est aussi améliorée par notre meilleure conscience de nous-mêmes, car nous distinguons mieux les monstres des autres, ainsi que leurs effets, mais aussi, *au-delà*, ce qu'ils sont vraiment. Dans la mesure où rien ne nous menace, l'empathie nous permet d'identifier et de soigner ce qui fait souffrir ceux avec qui nous interagissons. L'intelligence émotionnelle dissout en effet les limites entre le moi et les autres : avec l'empathie, nous pouvons ressentir leur douleur comme si elle était nôtre.

Cela peut paraître dangereux, mais c'est tout le contraire. En comprenant la souffrance des autres, nous réalisons que nous ne sommes pas seuls : cela nous fait du bien. Cela nous montre que toutes nos émotions sont humaines, naturelles et, finalement, plutôt belles – car ce sont elles qui nous rassemblent, qui font de nous des humains. L'empathie est l'antidote à la honte, on l'a vu ! Nous n'avons plus à cacher nos sentiments par crainte d'être rejetés. Nos émotions ne nous isolent pas ; au contraire, ce sont elles qui nous relient les uns aux autres.

L'empathie ne s'arrête pas à nos proches. Elle ne s'arrête pas aux gens en général. Notre Enfant intérieur nous donne la possibilité de nous connecter avec le monde entier et tout ce qu'il contient, si nous le voulons : les individus, les groupes, les animaux ou l'environnement ; l'art, le savoir universitaire, la philosophie, la littérature, la science, le sport, la cuisine, l'artisanat ou la construction, etc. Consacrer une partie de votre temps à quelque chose que vous *ressentez* comme important vous permet de mener une existence plus heureuse.

Dissolution du moi

Le sentiment de connexion empathique, lorsqu'il est à son maximum, détourne complètement notre attention de notre petite personne, à un point tel que nous pouvons même nous en oublier nous-mêmes (au moins temporairement). Cet état où le « moi » est aboli, où l'ego et toute son angoisse sont dissous, est peut-être le plus beau cadeau qu'un but dans la vie puisse offrir.

Le psychologue Steve Taylor qualifie cet état optimal de « trans-intentionnel », c'est-à-dire qui transcende nos intentions. Il le décrit ainsi : « Cet état apparaît quand nous arrêtons d'être fixés sur l'ego, quand nos désirs, nos centres d'intérêt et nos peurs perdent de l'importance et que nous nous connectons à une source supra-consciente plus grande, dont nous devenons l'expression. Nous dévoilons ainsi le but le plus profond et le plus authentique en nous – un but qui nous est naturel, qui est l'expression de nos potentiels cachés et de nos préférences – et nous nous alignons sur lui. »

Dans ces moments-là, ce que nous sentons, ce n'est pas seulement que nous avons un but dans la vie, c'est plutôt comme si nous étions portés *par* ce but. Sans aucun effort. En combattant nos monstres, nous nagions à contre-courant ; lorsque le but est là, nous sommes comme portés par le courant. En d'autres termes, l'empathie nous permet d'être beaucoup plus fluides. Nous ouvrir nous aide à être totalement *impliqués* dans ce que nous entreprenons, les choses plaisantes comme les défis les plus difficiles, sans que le résultat compte plus que ça. Comme Mihály Csíkszentmihályi l'a démontré (voir page 93), plus nous connaissons de moments fluides, plus nos vies seront heureuses. Mais avant d'y arriver, nous devons cesser de lutter, car la fluidité ne peut être atteinte que dans l'espace entre la victoire et la défaite.

Ajouter du sens

Rien ne se perd, rien ne se crée,
tout se transforme.

Premier principe
de thermodynamique

Alors, comment découvrir ce « but le plus profond et le plus authentique en nous » ? Je ne vais pas vous expliquer comment vous trouver un but dans la vie en un chapitre, à la fin de ce livre. Nous aurions besoin de beaucoup plus de temps que cela. Mais je crois que nous avons tout de même déjà pas mal de choses en main pour trouver ce but qui a du sens.

La clé, je crois, c'est de laisser la douleur qui constitue notre expérience personnelle nous donner envie de montrer ce dont nous sommes capables. Utilisons l'(in)confort de notre « pas assez ». Il va définir le type d'impact que nous aimerions avoir sur le monde. C'est l'évolution ultime du monstre : donner un nouvel objectif à l'énergie que nous aurions autrement dépensée à nous battre contre nous-mêmes, et la diriger loin de nous afin d'en faire bénéficier autrui.

Mon expérience est un peu particulière. Nous n'allons pas forcément tous devenir thérapeutes, entraîneurs ou écrire un livre pour satisfaire notre besoin de contribution. Il ne s'agit pas non plus de tout abandonner pour vouer notre existence à une cause précise. Apporter une contribution réelle peut avoir un sens dans des actions grandes ou petites, il suffit de constater et de ressentir l'effet que nous produisons sur les autres. Nous pouvons être en empathie en écrivant une lettre, en appelant un proche ou en étant vraiment présents auprès de quelqu'un qui ne va pas bien ; mais aussi contribuer en achetant de façon responsable ou en faisant l'effort de ne pas polluer ou gaspiller les énergies naturelles ; ou apporter notre pierre à l'édifice en allant à des cours du soir pour apprendre quelque chose d'important pour nous, ou en travaillant avec une organisation caritative ou un groupe politique dont nous partageons les convictions.

Expression

D'une certaine façon, la souffrance cesse d'être souffrance au moment où elle trouve un sens.

Viktor FRANKL, neurologue
et psychologue autrichien,
et survivant de l'Holocauste

Beaucoup de gens ont peur de montrer leurs sentiments les plus profonds – de quelque manière que ce soit – tout simplement parce qu'ils pensent que leur expérience ne vaut pas le coup d'être partagée. Mais il n'y a pas d'expression qui soit supérieure à une autre. Pour exprimer ce que vous ressentez, vous pouvez blogger, peindre, danser ou parler du fond du cœur. Vous pouvez écrire des poèmes, de la musique, des romans ou des pièces de théâtre. Vous pouvez être terre à terre ou abstrait, et vous n'avez pas besoin d'être publié ou exposé pour que cela compte.

C'est la raison pour laquelle j'ai ajouté des pages pour écrire et dessiner dans ce livre – pour que vous notiez vos pensées tout au long de votre lecture, que vous exprimiez vos sentiments de façon créative. Peu importe que des gens voient le résultat ou non ; ce sont des façons de se libérer de la douleur intérieure et de laisser un peu d'air frais entrer en vous.

Le but du processus de plongée est le même. En faisant une pause pour vous poser les quatre questions clés, vous vous donnez la possibilité d'exprimer vos pensées, vos sentiments et vos pensées limitatives au moment opportun. Après la conclusion, vous trouverez un résumé final du processus de plongée, auquel j'ai ajouté un nouvel élément basé sur l'image de votre « moi » plus jeune. J'aimerais que, lorsque vous aurez fini la lecture de ce livre, vous disposiez d'un outil puissant qui vous permette de devenir l'auteur de votre propre vie n'importe où et à n'importe quel moment.

Communiquer

Quels que soient les moyens d'expression avec lesquels vous êtes le plus à l'aise, l'expression d'émotions authentiques peut vous aider à trouver un sens à votre vie. Vous vous dévoilerez et vous sentirez peut-être vulnérables, c'est vrai, mais c'est une bonne chose. L'empathie est l'antidote contre la honte, et l'expression est le moyen par lequel elle se manifeste. Cela emmène nos monstres dans un espace où ils peuvent nous soigner, nous et ceux qui nous entourent.

Croyez-moi, je sais d'expérience que cela fait peur de libérer ce qui nous a fait nous sentir « pas assez ». Mais lorsqu'il s'agit de honte, communiquer est ce qu'il y a de mieux à faire. Au départ, nous n'avons pas très envie de révéler les aspects les plus sombres de ce que nous avons vécu ; notre esprit pense qu'il est plus sûr pour nous que nos monstres restent cachés dans la pénombre. Mais c'est parce qu'il n'a pas idée de la beauté de ce qu'ils nous apporteront en remontant à la surface, au grand jour.

Monstres aimables

Finalement, percevoir nos réactions inconscientes comme des monstres ou des mentors dépend entièrement de notre perspective du moment. Choisir d'être l'auteur de notre propre vie signifie s'ouvrir à l'évolution, surtout lorsque nous ressentons quelque chose de douloureux. C'est ce que nous allons faire en allant volontairement à la rencontre de nos émotions les plus difficiles à vivre, en réécrivant nos histoires limitatives et en construisant des métaphores autour desquelles vivre.

Le changement n'est jamais immédiat. Et nous aurons beau « travailler » sans cesse, il nous arrivera sans doute de croiser encore notre monstre ; nous connaîtrons de nouveaux moments d'angoisse et de fragilité, et d'autres aussi où nous ferons n'importe quoi. Mais ça ira – ces difficultés font partie de l'expérience humaine.

Voici le plus grand paradoxe : ce que nous aimons le moins en nous, c'est ce qui va nous donner un but, nous relier à autrui et nous donner envie d'aimer.

Ne tuez pas votre monstre, je vous en conjure. Chérissez-le, écoutez-le, et envoyez-le évoluer dans le monde. Il a encore beaucoup à nous apprendre.

APPENDICE I

Le processus de plongée complet

Dans cet ouvrage, nous avons exploré quatre variations du processus de plongée : dans le chapitre 8, nous avons présenté la plongée comme une façon d'augmenter la conscience de soi et de questionner notre cartographie de la réalité (page 313-314) ; dans le chapitre 9, nous l'avons utilisé pour créer un changement émotionnel en introduisant des suggestions métaphoriques (page 359) ; dans le chapitre 12, nous avons intégré la couleur d'ancrage dans le processus, pour atteindre un état d'acceptation de soi (page 441) ; et dans la quatrième « Évolution », nous y avons ajouté la transformation du monstre en mentor et son intégration dans notre moi (page 499).

Les trois premières étapes du processus ne changent pas :

Étape 1 : Demandez-vous : « À quoi je pense ? »

Observez vos processus de pensée et écoutez votre dialogue intérieur.

Étape 2 : Demandez-vous :
« Qu'est-ce que je ressens ? »

Descendez en vous-même, et observez avec curiosité les émotions liées à ces pensées à l'intérieur de votre corps.

Étape 3 : Demandez-vous :
« Quelle est l'histoire du monstre ? »

Laissez la pensée limitative ou la peur flotter dans votre conscience en vous demandant : « De quoi ai-je *vraiment* peur maintenant ? » Puis créez une distance entre cette idée et la réalité en y insérant l'histoire du monstre dans la phrase suivante :

« Je me sens [émotion X], car une partie de mon esprit veut croire [l'histoire de votre monstre]. »

Étape 4 : Maintenant, respirez...

Il y a quatre variantes pour cette étape. Elles ont une fonction légèrement différente à chaque fois. En voici le résumé :

1) Maintenant, respirez...
et questionnez votre cartographie de la réalité

La question la plus simple est de respirer et de se poser cette question :

► *« Si je devais réécrire cette histoire du monstre, comment la ferais-je différemment ? »*

Cette question peut être utilisée dans n'importe quelle situation. L'idée est de simplement regarder au-delà de sa norme d'(in)confort, et d'entraîner votre esprit à y trouver une pépite (page 286).

2) Maintenant, respirez... et jouez avec la métaphore

C'est la variante du chapitre 9. Vous pouvez insérer des suggestions pour un changement d'état émotionnel en jouant avec la représentation métaphorique des sensations que vous avez créée et en vous posant la question : « Qu'est-ce que je ressens ? »

Cette variante fonctionnera mieux lorsqu'une émotion compréhensible mais étonnamment intense vous empêche de faire ce que vous aimeriez faire. Des exemples simples : angoisse avant de devoir faire quelque chose en public, insomnie ou ressentiment venu d'un Triangle du drame tapi dans l'ombre.

Comme toujours, commencez par respirer et par relâcher vos muscles. Puis posez-vous cette question :

▶ *« Si je pouvais faire quelque chose avec ce symbole, qui encouragerait une évolution positive de la manière dont je me sens, qu'est-ce que ce serait ? »*

Fermez les yeux et concentrez-vous sur la métaphore tout en passant en revue les réponses possibles. Restez relâché et curieux tandis que vous jouez avec ces possibilités, répétez celles qui fonctionnent, et continuez la conversation en changeant celles qui ne sont pas valides. Une fois que vous aurez créé le changement que vous voulez, posez-vous la question :

▶ *« Si je devais réécrire cette histoire du monstre, comment la ferais-je différemment ? »* (Voir page 321.)

3) Maintenant, respirez... et convoquez votre ancrage

C'est la variante présentée au chapitre 12. Elle nécessite d'utiliser la couleur que vous avez créée et ancrée à un état d'acceptation durant le réarrangement du souvenir. Cette variante sert à entrer dans un état d'esprit plus paisible et plus détendu, ou à diriger votre attention sur autre chose que vous-même (la personne à qui vous parlez, ou le travail que vous êtes en train de faire).

Assurez-vous que vous respirez bien et que vous relâchez vos muscles. Imaginez votre couleur en train de circuler dans votre corps pour vous permettre de trouver le calme, ou à l'extérieur, vers ce sur quoi vous aimeriez vous concentrer de façon plus précise.

Une fois la visualisation finie, comme toujours, posez-vous la question des « nouveaux territoires », celle de la réécriture de l'histoire du monstre, afin de trouver de nouvelles façons d'agir ou pour parler différemment dans la situation donnée (voir page 461).

4) Maintenant, respirez... et connectez-vous à votre « petit monstre » (ajout)

Une de mes visualisations préférées pour me débarrasser de ma peur de l'échec est de m'imaginer petite fille en train de courir le plus vite possible. La raison pour laquelle cette visualisation est si puissante pour moi, c'est qu'elle me permet d'accepter cette adorable petite fille avec toutes ses imperfections naturelles et humaines qui la rendent encore plus craquante. Si un moment particulier dans vos souvenirs pourrait représenter une sorte d'acceptation inconditionnelle de vous plus jeune, utilisez-le pour cette plongée.

Rappelez-vous cette image en respirant et en relâchant vos muscles. Puis questionnez votre cartographie de la réalité en vous posant la même question :

▶ *« Si je devais réécrire cette histoire du monstre, comment la ferais-je différemment ? »* (Voir page 438 pour le processus de réarrangement d'un souvenir.)

5) Maintenant, respirez...
et faites évoluer votre monstre

Enfin, vous pouvez ajouter l'image que vous avez créée dans la quatrième « Évolution ». La variante, ici, est d'imaginer que vous envoyez votre couleur d'ancrage à votre monstre, afin de le métamorphoser en mentor, ou de visualiser le processus d'intégration de votre mentor dans votre « moi » complet. Vous pouvez également combiner ces visualisations en un seul processus fluide.

À chaque fois que vous faites ce genre de suggestion, vous allez imposer l'idée que vous acceptez même les aspects les plus difficiles de votre expérience, et vous créerez ainsi l'opportunité de grandir et de vous développer. Comme cette variante est un peu plus abstraite que les autres, vous pouvez l'appliquer à tout type de situation ou problème.

Une fois encore, posez-vous la question clé :

▶ *« Si je devais réécrire cette histoire du monstre, comment la ferais-je différemment ? »*

Pour plus de détails, allez voir page 505.

Quelle que soit la visualisation que vous choisissez, il va falloir vous assurer que vous acceptez ce que votre mentor voudra vous apprendre, et également agir. Vous n'avez pas besoin de nouvelles questions pour déclencher ce genre d'information. Vous connaissez déjà bien les deux manières différentes de considérer une action responsable : la question du faire et, peut-être encore plus importante, la question bonus. Les voici :

- *« Est-ce que je peux faire quelque chose maintenant ? »*
- *« Qu'est-ce que je peux créer à partir de tout cela ? »*

Comme toujours, si vous avez la réponse à l'une de ces questions, plus vite vous agirez, mieux ce sera. Enfin, sachez-le, s'accepter soi-même peut permettre de prendre des décisions de façon plus simple, mais cela ne veut pas dire que ce sera une partie de plaisir. Le vieux penchant à l'(in)confort est toujours présent, même s'il est moins fort. Mais vous avez peut-être envie d'entendre autre chose que cette vieille rengaine, non ?

APPENDICE II

Évaluation
Suivre ses progrès

Au début du livre, vous avez rempli un formulaire pour vous aider à quantifier objectivement votre degré de bien-être émotionnel. Le voici à nouveau. Sans regarder vos premiers résultats, complétez ce nouveau formulaire en pensant aux deux dernières semaines de votre vie, en retenant la première note qui vous vient à l'esprit pour chaque catégorie.

Échelle du bien-être émotionnel	0 Jamais	1 Rarement	2 Parfois	3 Souvent	4 Tout le temps
Je suis optimiste quant à l'avenir					
Je me sens utile					
Je me sens détendu					

Échelle du bien-être émotionnel	0 Jamais	1 Rarement	2 Parfois	3 Souvent	4 Tout le temps
J'ai bien géré les problèmes					
J'ai réfléchi avec les idées claires					
Je me suis senti proche des autres					
J'ai réussi à me faire mon propre avis					
J'ai eu des idées créatives					
J'ai exprimé mon avis et mes opinions					
J'ai pris du plaisir dans mes activités					
J'ai eu le sentiment d'apprendre et d'évoluer					
J'ai eu l'impression de contribuer à quelque chose d'important					
Total					

Comparez maintenant votre résultat avec votre score initial. J'aimerais que vous ayez opéré au moins un changement positif dans l'une de ces catégories.

Bien sûr, cela dépendra du temps écoulé depuis que vous avez entamé la lecture de ce livre, de votre état avant de commencer, et de ce qui s'est passé depuis. Quel que soit votre score, gardez précieusement ce formulaire ainsi que votre « audit intégral des besoins » (page 164). Ces deux outils conserveront une trace de votre état et vous aideront à identifier les contextes spécifiques de votre vie sur lesquels vous pourriez avoir envie de vous concentrer un peu plus.

Je vous laisse sur une question, une dernière :

▶ *Lesquelles de ces catégories ont obtenu les plus petits résultats et quelles mesures pourriez-vous prendre aujourd'hui afin d'améliorer ces parties de votre vie ?*

Comme toujours, si vous avez une réponse (ou plusieurs) à cette question, vous savez quoi faire. L'heure est venue d'agir !

APPENDICE III

Liste des exercices, outils, conseils et processus

Toutes les techniques et outils que vous avez appris en lisant ce livre sont résumés ici.

Page 45 : Évolution 1 : Identifier l'autosabotage

Les quatre sections « Évolution » sont moins des exercices auxquels vous pourrez revenir que des balises qui vous permettront de repérer vos progrès au cours de votre lecture. Dans cette première « Évolution », je vous invite à regarder votre monstre (cet aspect du « moi » qui est responsable des moments d'autosabotage).

Page 85 : Questionnement analytique : Pour comprendre un problème particulier

Ces questions permettent d'analyser un problème particulier. Parfois, la simple délimitation d'un problème – son contexte, les gens qui en font partie, ce que vous en pensez, les émotions qu'il provoque en vous – peut contribuer à le résoudre. Au cas où cela ne suffirait pas, ce questionnement analytique vous aidera à aller un peu plus loin pour utiliser ensuite les autres outils du livre.

Page 137 : Faire le tour du propriétaire

Un processus rapide pour explorer les idées que vous inspire votre enfance.

Page 140 : Réécrire le futur

Une visualisation sur l'avenir.

Page 148 : Comprendre vos motivations

Un processus pour identifier vos motivations (valeurs) dans un contexte particulier.

Page 152 : La hiérarchie de l'importance

Un processus pour hiérarchiser vos valeurs.

Page 164 : Faire un audit intégral de nos besoins

Des questions pour évaluer le degré de satisfaction de vos besoins.

Page 174 : Envisager de meilleures stratégies

Des questions pour savoir à quels besoins vos comportements d'autosabotage portent atteinte. Puis des questions pour identifier les besoins non satisfaits qui sont les plus problématiques dans le contexte que vous avez choisi, et pour vous concentrer un peu sur vos besoins d'évolution et de contribution, par souci d'équilibre.

Page 186 : Créer un scénario symbolique

Un processus rapide pour identifier les émotions qui se mettent en route dans votre scénario premier.

Page 192 : Monstres et mirages

Pour identifier vos valeurs.

Page 200 : Identifier les histoires favorites de votre monstre

Un moyen de faire la différence entre valeurs avant et valeurs arrière, et d'identifier les pensées limitatives qui les sous-tendent.

Page 212 : Le défi

Un exercice pour se détourner des valeurs arrière.

Page 227 : Évolution 2 : Affronter le monstre

Il s'agit là de regarder à nouveau votre monstre. Cette fois-ci, vous lui faites face.

Page 262 : Identification du Drame

Des questions pour identifier le Triangle du drame (relations malsaines, conflits divers et variés, mauvaises habitudes).

Page 280 : La question du faire

Une question magique pour prendre vos responsabilités et reconnaître l'autosabotage.

Page 285 : La question bonus

Une seconde question magique pour découvrir ce que vous pouvez faire dans les moments de défi.

Page 286 : Que pouvez-vous créer ?

Un exercice lié à la question bonus.

Page 300 : Le choix

Des questions pour identifier comment votre esprit résiste aux émotions.

Page 306 : Technique de respiration

Pour se relaxer.

Page 323 : Plongée vers la conscience de soi

C'est le processus de base de la plongée. Vous apprenez à utiliser quatre questions importantes tout en respirant, dans le but d'explorer vos pensées conscientes et inconscientes dans une situation difficile donnée, tout en étant certain de ne pas résister à votre histoire du monstre.

Page 343 : Évolution 3 : Ce qui appartient au monstre

Vous faites face à votre monstre, à nouveau, mais cette fois-ci il assume la responsabilité de l'histoire qu'il raconte.

Page 368 : Plongée vers la fluidité émotionnelle

C'est la première variante du processus de plongée. Vous apprenez à faire des suggestions métaphoriques pour obtenir un changement positif de votre état d'esprit.

Page 388 : Raconter sa propre histoire

C'est le premier des deux processus approfondis dans la troisième partie. Vous créez un récit métaphorique pour suggérer à votre inconscient un comportement que vous désirez avoir, un état d'esprit, une émotion.

Page 403 : Avoir accès à l'ensemble de la situation

Un exercice supplémentaire pour votre récit métaphorique : vous voyez la situation sous différents points de vue.

Page 418 : Créez votre carte temporelle

Vous apprenez comment créer une visualisation de votre vie sous la forme d'une ligne temporelle, une *timeline*.

Page 445 : Débrancher vos fils conducteurs

C'est le second processus approfondi dans la troisième partie. Vous apprenez à réarranger le souvenir d'une expérience difficile, afin d'arrêter de répéter le vieux traumatisme.

Page 454 : Une couleur comme ancrage

À la suite du précédent processus, vous apprenez comment utiliser une certaine couleur liée (ancrée) à un sentiment de sécurité, d'amour ou de satisfaction des besoins.

Page 460 : Plongée vers l'acceptation de soi

Vous apprenez à utiliser votre couleur d'ancrage comme antidote à la honte et à l'autosabotage, ou comme moyen d'être plus connecté aux autres.

Page 495 : Évolution 4 : Une métaphore de la plénitude

Dans cette dernière « Évolution », vous utilisez votre couleur d'ancrage pour encourager votre esprit à accepter votre monstre et à le faire fonctionner comme un mentor.

Page 500 : Plonger vers l'évolution continue

C'est la variation finale de la plongée. Vous utilisez les images de la quatrième « Évolution » pour être en empathie avec votre monstre et le réintégrer dans votre « moi » complet.

APPENDICE IV

Pages de dessins des exercices « Évolution »

Évolution 1

Sur la page 534, dessinez une représentation de ce que vous avez imaginé au cours de l'exercice de visualisation des pages 48 à 50.

Et pensez à cette interrogation :

► *Si vous pouviez faire quelque chose à la partie de votre personnalité qui produit l'autosabotage, ou lui donner quelque chose, une chose qui résoudrait le problème, qu'est-ce que ce serait ?*

....

....

....

....

....

Évolution 2

Sur la page 536, dessinez une représentation de ce que vous avez imaginé au cours de l'exercice de visualisation de la page 229.

Évolution 3

Sur la page 538, dessinez une représentation de ce que vous avez imaginé au cours de l'exercice de visualisation de la page 343.

Évolution 4

Sur la page 540, dessinez une représentation de ce que vous avez imaginé au cours de l'exercice de visualisation de la page 500.

Notes sur la réintégration :

....

....

....

....

....

APPENDICE V

Formulaires d'exercices
Formulaires à remplir
pour les chapitres 4 et 5

Motivations (page 148)

Contexte choisi :	
1	
2	
3	
4	
5	
6	
7	
8	

9	
10	
11	
12	
13	
14	

Hiérarchie des valeurs (page 152)

Contexte choisi :	
1	
2	
3	
4	
5	
6	
7	
8	
9	
10	
11	

12	
13	
14	

Monstres et mirages (page 192)

Question	Réponse
Valeur 1	
Qu'est-ce qui est important dans la valeur 1 ?	R1 :
Qu'est-ce qui est important dans la réponse 1 ?	R2 :
Qu'est-ce qui est important dans la réponse 2 ?	R3 :
Valeur 2	
Qu'est-ce qui est important dans la valeur 2 ?	R1 :
Qu'est-ce qui est important dans la réponse 1 ?	R2 :
Qu'est-ce qui est important dans la réponse 2 ?	R3 :
Valeur 3	
Qu'est-ce qui est important dans la valeur 3 ?	R1 :
Qu'est-ce qui est important dans la réponse 1 ?	R2 :
Qu'est-ce qui est important dans la réponse 2 ?	R3 :
Valeur 4	
Qu'est-ce qui est important dans la valeur 4 ?	R1 :

Question	Réponse
Qu'est-ce qui est important dans la réponse 1 ?	R2 :
Qu'est-ce qui est important dans la réponse 2 ?	R3 :
Valeur 5	
Qu'est-ce qui est important dans la valeur 5 ?	R1 :
Qu'est-ce qui est important dans la réponse 1 ?	R2 :
Qu'est-ce qui est important dans la réponse 2 ?	R3 :
Valeur 6	
Qu'est-ce qui est important dans la valeur 6 ?	R1 :
Qu'est-ce qui est important dans la réponse 1 ?	R2 :
Qu'est-ce qui est important dans la réponse 2 ?	R3 :
Valeur 7	
Qu'est-ce qui est important dans la valeur 7 ?	R1 :
Qu'est-ce qui est important dans la réponse 1 ?	R2 :
Qu'est-ce qui est important dans la réponse 2 ?	R3 :
Valeur 8	
Qu'est-ce qui est important dans la valeur 8 ?	R1 :

Question	Réponse
Qu'est-ce qui est important dans la réponse 1 ?	R2 :
Qu'est-ce qui est important dans la réponse 2 ?	R3 :

Déclarations arrière et pensées limitatives (page 200)

Déclarations arrière :
Pensées limitatives :

Dessinez votre monstre et ses histoires préférées sur la page suivante.

Remerciements

J'ai une longue liste de personnes à remercier et à qui témoigner mon amour indéfectible, notamment pour l'aide qu'ils m'ont apportée lors de l'écriture de ce livre.

Tout d'abord, j'ai une pensée pour mon fiancé, un homme extraordinaire, Luka Spik, pour son soutien sans faille, son réconfort et ses tasses de thé ; pour ma mère, Sue Gale, ainsi que ma sœur, Tess Gale, qui ont supporté mes élucubrations à propos de monstres, de mirages et de mentors pendant plus d'un an et demi.

Un grand merci également à mon agent, Rachel Mills, et mon éditrice, Tamsin English, pour leur aide constante durant tout le processus d'élaboration de cet ouvrage ; ainsi qu'à mon éditeur freelance, Edward Tripper, qui m'a donné l'idée d'écrire un livre et m'a fait bénéficier de tout son savoir-faire dans l'édition pour faire aboutir ce projet, et le livre lui-même.

Merci du fond du cœur à ma chère amie et collègue Eva Parmiter, pour avoir été toujours à l'écoute et m'avoir donné de nombreux coups de main dans la mise au point du contenu de *Fight*. Et aussi à un autre ami très cher, Neil Brown, qui m'a aidée sans compter ses heures à en perfectionner chaque détail. Sans oublier une autre éditrice freelance, Annie Mckie, que j'ai rencontrée dans la forêt de Dean. La lecture d'Annie a été passionnante et essentielle les deux fois où j'ai été la voir pour m'immerger dans l'écriture.

Mes pensées vont également à tous ceux avec qui j'ai appris à devenir thérapeute : tout d'abord l'équipe de l'Institut d'hypnothérapie clinique où j'ai débuté ma formation ; à Trevor et Rebecca Silvester, qui ont fondé l'Institut Quest, pour m'avoir acceptée en tant qu'étudiante, m'avoir appris tant de choses et m'avoir tant aidée ; à mon superviseur Russell Davis, pour son enseignement et son coaching au cours de l'écriture de ce livre.

Un grand merci, bien évidemment, à Han-Ter Park, qui a créé les illustrations et diagrammes du livre (ils furent réalisés, il faut bien l'avouer, au cœur de la nuit, avec de grands bols de café à la clé).

Pensées amicales également à Lucy Fry, Henry Johnson, Ellen Price, Alan Henderson, Jayne Newman, Sharon Cavanagh, Sophie Chisholm, Jonathan Crocker, Sean Heneghan, Joanna West, Lydia Durkin-George, Kyran O'Neill et Simona Dvorackova pour leurs lectures qui m'ont fait avancer.

Sans oublier tous ceux qui ont fait de moi une combattante. Stuart Lawson et tous ceux de chez Paragon, où j'ai découvert mon amour pour le sport de combat, puis les clubs d'ABA où je suis devenue boxeuse – Gator ABC et Islington Boxing Club. Un remerciement particulier à Audi Kinga, le meilleur entraîneur que je connaisse, ainsi qu'à mes partenaires de longue date, Valerian Spicer et Oriance Lungu, qui m'ont beaucoup inspirée.

Enfin, merci à tous mes patients, sans qui je n'aurais pas pu comprendre toutes les idées contenues dans ce livre (quelle que soit la qualité des études que vous avez faites, ce sont vos patients qui vous en apprennent le plus). Une pensée spéciale à tous ceux parmi eux qui m'ont autorisée à évoquer leur expérience dans ce livre (certains de façon anonyme, d'autres non). Vous êtes tous des êtres humains exceptionnels.

Cet ouvrage a été composé et mis en page
par Nord Compo à Villeneuve-d'Ascq

Imprimé en France par CPI
en mars 2020
N° d'impression : 3037262

S30596/01